HEYNE MILLENNIUM

GABRIELLE
ROTH

Leben ist Bewegung

Fünf radikale Wege zur Selbstbefreiung

Aus dem Amerikanischen
von Tom R. Schulz

WILHELM HEYNE VERLAG
MÜNCHEN

HEYNE MILLENNIUM
Herausgegeben von Michael Görden

Titel der amerikanischen Originalausgabe:
SWEAT YOUR PRAYERS.
First published by Jeremy P. Tarcher/Putnam, New York, NY.

Maude Meehans Gedicht »Wahl« (S. 183) aus ihrem Buch *Washing the Stones,* Papier Mache Press, wurde mit Genehmigung vom 4. August 1997 verwendet. Jewel Mathiesons Gedichte »Maria, aller Pflichten ledig« (S. 210) und »Mein Geist nimmt den Wind im Handstreich« (S. 234) stammen aus ihrem Buch *Silk Tracks Purging Silences from Cells.* Die übrigen Gedichte sind noch nicht publiziert. Sie erscheinen hier erstmals in deutscher Übersetzung.
Der Songtext von Tim Booth auf S. 191 entstammt dem Album *Laid* der Band James.
Der Songtext von Tim Booth auf S. 193 entstammt dem Album *Booth & The Bad Angel.*

Umwelthinweis:
Dieses Buch wurde auf chlor- und säurefreiem Papier gedruckt.

Published by arrangement with Linda Michaels Limited, International Literary Agents.
Lektorat: Renate Schilling
Umschlaggestaltung: Atelier Ingrid Schütz, München
Innenillustrationen: © 1997 by Hans Li
Satz: Leingärtner, Nabburg
Druck und Bindung: Wiener Verlag, Himberg
Printed in Austria

ISBN 3-453-14828-2

Für meine Mutter

- mit ihrem großen Herzen

und ihrem gütigen Geist

Inhalt

Vorbemerkung des Übersetzers

Die Fünf Rhythmen erscheinen auch in der deutschen Übersetzung mit ihren englischen Bezeichnungen: *Flowing, Staccato, Chaos, Lyrical, Stillness.* Zum einen sind vier der fünf Begriffe lautlich und von der Wortbedeutung her dem Deutschen ohnehin nah verwandt, zum anderen benutzen die Praktizierenden der Fünf Rhythmen diese Originalbegriffe, aus welchem Land sie auch kommen mögen.

Die Archetypen wurden mit einer Ausnahme alle ins Deutsche übersetzt: Mutter, Geliebte, Madonna, Vater, Sohn, Heiliger Geist; Künstler, Liebender, Suchender und Alchemist. Die Ausnahme bildet der *Shapeshifter*, für den sich im Deutschen kein allgemein gebräuchliches Äquivalent findet. (Im Schamanismus wird teilweise vom »Gestaltwandler« gesprochen.) Da die Autorin die Eigenschaften des *Shapeshifters* ausführlich beschreibt und erklärt, scheint es gerechtfertigt, auf eine Übersetzung des Wortes zu verzichten.

Es liegt in der Natur der englischen Sprache, daß ein *Lover*, ein *Seeker*, ein *Alchemist*, ein *Shapeshifter* und ein *Artist* sowohl männlichen als auch weiblichen Geschlechts sein kann. Im Deutschen muß man sich entscheiden, will man die unschönen Bildungen KünstlerIn, LiebendeR etc. vermeiden. Obwohl die Entscheidung hier jeweils zugunsten der männlichen Form fiel, ist bei jedem dieser Begriffe immer auch die weibliche Verkörperung gemeint. Ebenso wie die drei weiblichen Archetypen Mutter, Geliebte und Madonna auch im Manne vorkommen und entsprechend die drei männlichen Archetypen Vater, Sohn und Heiliger Geist auch in der Frau, gelten auch die aus der Verschmelzung der Archetypen entstehenden Typen für Menschen beiderlei Geschlechts.

Die Zitate von Hermann Hesse und C. G. Jung wurden rückübersetzt.

Wellen sind die Praxis des Wassers.
Von Wellen zu sprechen ohne Wasser
oder von Wasser ohne Wellen, ist eine
Täuschung. Wasser und Wellen sind eins.
Großer Geist und kleiner Geist sind eins.

Shunryu Suzuki,
Zen-Geist, Anfänger-Geist

Prolog

GOTT, SEX UND MEIN KÖRPER

Seit meiner frühesten Kindheit verspüre ich einen bohrenden Hunger auf spirituelle Rituale. Als ich sechs Jahre alt war, wohnten wir gegenüber einer Kirche fundamentalistischer Christen. Jeden Sonntag, wenn meine süßen, jungen Eltern sich in ihrem Schlafzimmer einschlossen, schlich ich mich davon, versteckte mich im Gebüsch, hörte den Priester wider die Sünde wettern und die Leute in ihrem Gesang Gott lobpreisen. Ich liebte den Gesang, konnte aber nicht verstehen, weshalb der Priester so zornig war.

Ich war ein seltsames kleines Kind; verrückt nach Jesus, verrückt nach Heiligen, verrückt auf alles, was heilig war. Mit sieben flehte ich darum, auf die katholische Schule zu dürfen. Der Traum wurde erfüllt: Meine Eltern meldeten mich dort an.

Im selben Jahr erblickte ich zum ersten Mal in meinem Leben eine Ballett-Tänzerin. Ich spähte gerade durch das Fenster einer Tanzschule, die sich ganz in der Nähe unseres Hauses befand. Da erschien sie, wie eine Vision, ganz in Pink, kostbar und stolz. Ich wäre so gerne sie gewesen. Im folgenden Jahr klammerte ich mich an der Rückenlehne eines äußerst wackligen Rohrstuhls fest und mühte mich mit Ballettpositionen aus einem Buch ab, das ich aus der Bücherei ausgeliehen hatte. Fürs Ballett hatte ich nur ein paar Gramm Talent, aber das hielt mich nicht vom Träumen ab.

Mein erster Tanzunterricht, in dem es hauptsächlich um akrobatische Kunststücke ging, fand über einer Schlachterei statt. Wenn mir langweilig wurde, schaute ich aus dem Fenster und betrachtete die kopflosen Hühner, die auf dem Hof ihren Todestanz vollführten. Später nahm ich dann richtige Ballettstunden. Dort rammte ich mir einen Splitter in den Hintern und zog mir schwere Minderwertigkeitskomplexe zu. Meine Lehrerin war eine alte Frau mit gekräuselten, rot gefärbten Haaren, lustigem Akzent und einem langen, dünnen Stock. Ich hatte solchen Schiß, etwas falsch zu machen, daß ich meistens tatsächlich etwas verkehrt machte. Wenn sie »Grand battement!« rief, machte ich ein Grand plié. Klatsch! Hätte ich bei den Hühnern besser aufgepaßt, hätte ich gewußt, daß ich meinen Kopf loslassen und meinen Füßen folgen mußte, wenn ich wirklich tanzen wollte.

Trotz der Schelte und der Schläge geriet in mir etwas in Bewegung, wenn ich tanzte. Etwas, das sich nicht abstellen ließ, das mich forttrug und zwischen zwei Welten spannte, die Welt, die ich kannte, und eine leuchtende Welt, in der alles diffus und wie im Traum erschien, so wie auf Fotos, die durch eine mit Vaseline verschmierte Linse aufgenommen wurden. Wie lange diese Momente dauerten, konnte ich nie vorhersagen. Plötzlich war ich wieder da und wußte, daß etwas geschehen war. Nur wußte ich nicht genau, was. Obwohl ich an diesem verzauberten Ort meistens ganz selig war, hatte ich Angst, dabei ertappt zu werden, wie ich unbewußt dort verweilte.

Dieselbe Angst verspürte ich auch immer in der Schule, wenn mich eine der Nonnen mit ihrem durchdringenden Blick musterte, mit diesen aufs Auffinden der Sünde abgerichteten Augen. Eines Freitags stellte eine Ordensschwester ihren Blick auf ein Stück Mortadella scharf, das sich zwischen zwei Weißbrotscheiben verborgen auf dem Weg zu meinem Mund befand. Schwere Sünde. Katholiken essen freitags kein Fleisch. Aber ich war so hungrig, daß ich nicht anders konnte. Die Nonne jagte im Sturzflug auf mich herab, zerrte mir die Wurst geradewegs aus dem Mund, pflanzte sich vor mir auf und starrte mich voller Abscheu an. Irgendwo in der Tiefe des unförmigen schwarzen Gewands, das um ihren beinahe kahlrasierten Schädel wallte, fühlte ich Gott in einem Zorn erbeben, der mich zu verschlucken schien.

Ich wollte eine Heilige sein, damit mich nie wieder jemand so anschauen würde.

Ich haßte meinen Hunger und meinen Körper dafür, daß sie mich so verleitet hatten, und schwor in diesem dummen Augenblick, daß ich meinem Appetit niemals mein Bestes geben würde. Statt dessen eiferte ich wie besessen Heiligen, Ballett-Tänzerinnen und ausgemergelten Unberührbaren nach. Ich mußte mich in den Griff kriegen: meine Zehenspitzen aufstellen, meinen Magen leer lassen und meinen Geist auf Gott gerichtet halten. Mit zehn Jahren hatten sich meine Vorstellungen über das Selbst, den Körper, Sex und Sünde zu einem fest verknoteten Ball verdichtet, der in meiner Bauchhöhle saß. Es war kein Zufall, daß uns Schwester Alberta im selben Jahr eine Lektion über die Keuschheit hielt. Die Botschaft in einem Satz: Bleib Jungfrau oder fahr zur Hölle.

Mit dreizehn war ich ein Wrack. Mein Körper begann zu knospen. Jeden Tag schaltete sich ein neuer Teil von mir an, der wieder abgeschaltet werden mußte. Meine Brüste wuchsen über Nacht von Körbchengröße A zu C. Vor der Frau, die da aus den Tiefen meiner Knochen heranwuchs, vor ihren irrationalen Sehnsüchten und unstillbaren Gelüsten, hatte ich eine Heidenangst. Um sie zu unterdrücken, trug ich mein eigenes schwarzes Ordensgewand – Kaffee. Statt zu essen, trank ich Kaffee. Jeden Tag verfütterte ich mein Essensgeld an die Jukebox des Cafés, das der Schule am nächsten lag, drückte fünfmal hintereinander »Earth Angel« und stellte mir dabei vor, wie ich auf einem Motorrad saß und mit James Dean in ein Motel brauste, wo wir mit einer Lust übereinander herfielen, die das Verspechen auf hundertmal himmlische Erlösung in den Schatten stellte. Manchmal riß mich der quälende Duft von Pommes frites aus meinen Träumen. Doch niemandem, nicht einmal mir selbst, gestand ich ein, wie rasend gern ich eine fettige braune Tüte voller gerade richtiger Fritten aus den Händen eines dieser armen, arglosen, pickelgesichtigen Kinder gegrapscht und in mich hineingestopft hätte.

Statt dessen betete ich, daß mir die Kraft zuteil werden möge, den Versuchungen des Fleisches zu widerstehen und reiner Geist zu werden. Ich betete zu Gott, er möge meine Brüste wieder zu sich nehmen und meine Periode abstellen. Ich wollte all das schmutzige, unkontrollierbare Frauenzeug verdrängen, wollte ein braves Mädchen sein, gute Zensuren kriegen und dünn wie eine Rasierklinge bleiben, genauso rechtwinklig und scharfkantig, wie Audrey Hepburn es in dem Film *Die Geschichte einer Nonne* war, in den mein Vater mich einmal mitnahm, als er im Autokino lief.

Unterdessen hatten meine Eltern nie aufgehört, einander zu berühren. Ständig flirteten sie miteinander, lagen zusammen auf dem alten, grünen Sofa und zogen sich stundenlang hinter verschlossene Türen zurück. Auch ich sehnte mich mit Leib und Seele nach Liebe und konnte nicht begreifen, was denn, wenn doch Gott meinen Körper geschaffen hatte und dieser Körper Sex wollte, daran falsch sein sollte. Irgend jemand hatte den Sex aus Gott und Gott aus meinem Körper herausgenommen. Und ich wollte mich selbst wieder zusammensetzen.

Der Rock 'n' Roll wurde zu meinem Retter. Wenn ich bei voll aufgedrehtem Radio allein in meinem Zimmer war, fand ich in meine Füße, und meine Füße fanden den Beat. Die Musik stellte ich so laut, daß sie alle Stimmen in meinem Kopf übertönte, die mir sagten, was ich nicht konnte, nicht durfte, was ich falsch machte, und daß ich nicht gut genug sei. Ich tanzte einfach.

Dabei erwachte etwas in mir. Etwas Beängstigendes, Unermeßliches, das meinen Kopf mit meinen Hüften verband und meine Hüften mit meinen Händen und meine Hände mit meinem Herzen und mein Herz mit meinen Füßen, bis ich mich fühlte, als sei ich überall und nirgends zugleich.

Auf dem College verliebte ich mich in einen katholischen Jurastudenten. Er nannte mich Flower. Ich war sehr scharf auf ihn und hatte es satt, mich noch länger zurückzuhalten und meine Begierde zu verleugnen. So taten wir es eines Nachts im April auf einem Hausboot in Sausalito, das den Eltern eines seiner Kommilitonen aus der Studentenverbindung gehörte. Mein ganzes Weltbild ging auf diesem Boot zu Bruch.

Schon beim ersten Mal wurde ich schwanger. Auf die gefühllose Reaktion meines Freundes, dem ich die Nachricht am Telefon überbrachte, war ich durch nichts in meinem Leben vorbereitet worden. Ich war wie vor den Kopf geschlagen; für diesen Mann hatte ich mich aufgespart, hatte mit Football-Spielern auf Autorücksitzen gerungen und Weltkriege auf ausgeblichenen Sofas überstanden! Soviel zum Thema Märchenprinz.

Als er mich zurückrief, unterbreitete er mir einen Plan. Drei Tage später fuhren wir über die Grenzen dreier Bundesstaaten an den Ort, an dem er die Abtreibung arrangiert hatte. Es war schrecklich.

Als ich wieder zu Hause war, setzten Blutungen ein, und ungefähr zehn Minuten lang dachte ich, daß die Nonnen recht gehabt hatten und daß dies nun meine Strafe sei. Ich dachte, ich würde sterben, doch seltsamerweise fiel mir das Loslassen leicht – meine Zeit war gekommen, mein Martyrium war da.

Dann dämmerte mir: Ich war nicht im Begriff, mein Leben zu lassen, sondern meine Seele. Ich konnte spüren, wie sie im Schwall meines Blutes und im Strom meiner Tränen meinen Körper verließ. Bis dahin hatte ich immer gedacht, meine Seele lebe irgendwo anders, sie warte im Himmel, bis ich gut genug, rein genug sei, sie zu empfangen. Aber sie war immer in mir. Meine Seele war der Teil in mir, dem das Herz gebrochen war, nicht durch irgendeinen gefühllosen Lover, sondern durch das Opfer dieses winzigen Samens von einem Kind, das den Geist der Mutter in mir erweckt hatte.

Nach der Abtreibung fühlte ich mich wie ein grausamer Engel, der seine Flügel verloren hatte und auf die Erde gestürzt war. Ich konnte mir nur schwer verzeihen, und auch dem Freund zu vergeben war nicht leicht, der natürlich ins Schwitzen darüber geraten war, was ein ungewolltes Kind aus seiner zukünftigen Jurakarriere machen würde. Wir waren uns in einem heiligen Moment begegnet, den er nicht geehrt hatte, und das tat weh. Was noch mehr weh tat, war, daß ich selbst diesen Moment nicht geehrt hatte, daß ich darauf gedrillt gewesen war, meinen Körper als Feind zu betrachten und Sex als einen Teil des Teufelswerks.

Mein Prinz war ein Frosch. Ich hatte ihm etwas Heiliges gegeben, das ich nie mehr zurückbekommen würde. Aber ich konnte vom Rücksitz runterklettern und selbst das Steuer übernehmen. Männer waren nicht notwendigerweise Götter, stellte ich fest, obwohl es von Gott hieß, daß er männlichen Geschlechts sei. Als ich anfing, für meine sexuelle Energie selbst die Verantwortung zu übernehmen, erwachte in mir eine spirituelle Kraft, mit der ich an allen weltlichen Dingen vorbei in eine brennende Helle hineintanzte, die meine Begrenzungen verwischte und mich an etwas auslieferte, das größer war als ich selbst.

Während der ganzen College-Zeit tanzte ich weiter. Beim Tanzen konnte ich mir jene Sünde vergeben, die ich nicht benennen konnte und die begangen zu haben ich mich nicht erinnerte, so als trüge ich sie für jemand anderen und steckte nun darin fest. Um diesem Gefühl der Scham nachzugehen, mußte ich weit zurückgehen, bis ich bei meiner Schwester Eva anlangte. Ich verstand, daß der Keim zu meiner Unzufriedenheit in ihrer vermeintlichen Missetat gesät worden war. Aber das war nicht nur einfach eine biblische Geschichte. Die ganze Welt war gegen das Weibliche, und alles, was ich tun konnte, war tanzen.

Ich liebte das Training für meinen Körper, aber ich haßte die Spiegel und daß ich mich immerzu so zu bewegen hatte, als sei ich jemand anderer. Eine meiner Lehrerinnen war klein und hatte winzige Füße. Die ganzen komplizierten Tanzschritte schaffte sie zehnmal so schnell wie ich, und wenn ich versuchte, ihren Stil zu kopieren, war ich jedesmal völlig frustriert. Ich stand an der Ballettstange, als sei ich wieder zehn Jahre alt, stierte in den Spiegel und kam mir vor wie ein rosa Elefant, häßlich, linkisch, ein hoffnungsloser Fall.

Doch so häßlich und linkisch ich mich auch fühlte, ich ging regelmäßig hin, bis sich eine frühere Knieverletzung wieder meldete und man mir sagte, daß ich wohl nie wieder tanzen könnte. Ich war wie vernichtet, wie aus meinem eigenen Traum ausradiert. Ich hatte mich immer für eine Tänzerin gehalten. Wer war ich, wenn ich nicht tanzen konnte? Ich schlitterte in eine tiefe Depression. Eine Freundin, die total auf persönliches Wachstum abfuhr, riet mir zu einer Gruppentherapie in Esalen, dem Geburtsort des *Human Potential Movement*.

Ich ging hin, aber ich fand es grauenhaft. Ich landete in einer Encountergruppe, in der wir mit 25 Leuten im Kreis saßen. Einer von uns ging in die Mitte. Es war ein Freistilkampf jeder gegen jeden. Die Gruppenmitglieder konnten sich da über die »Probleme« auslassen, die sie mit einem hatten. Nachdem ich an der Reihe gewesen war, fühlte ich mich wie durch den Reißwolf gedreht, erniedrigt, behandelt wie ein Stück Dreck, und das von einer Gruppe eigentlich fremder Leute. Ich ging nie wieder hin. Statt dessen vertrieb ich mir den Rest der Woche die Zeit in den Bädern, und ohne es zu ahnen, veränderte ich damit den Lauf meines Lebens. Dort traf ich meine erste Mentorin, Molly Day Shackman, die das Esalen-Massageprogramm leitete. Vielleicht dachte sie, es sei besser, mich vor diesen heißen Schwefelbädern zu retten, ehe ich mich in eine Backpflaume verwandeln würde, jedenfalls lud sie mich ein, in ihrem Massagekurs mitzumachen. Zwei Wochen später rief sie mich in San Francisco an und bot mir einen Platz im Team der Esalen-Masseure an. Ich wollte nicht wirklich nach Big Sur ziehen, aber es war an der Zeit, die Großstadt zu verlassen und etwas Neues auszuprobieren.

Big Sur war so roh und unzivilisiert wie ein alter Western. Jeden Tag kreuzte ein neuer einsamer Reiter in einem rostigen Pickup auf der Suche nach dem Sinn seines Lebens auf. Die Frauen jagten einem neuen Selbst hinterher, das ursprünglich war und den Tatsachen entsprach und das man in den Modezeitschriften vergeblich suchte.

Die Natur regiert diese zerklüftete Küste. Stürme bliesen hier nicht einfach, sie tobten und ließen jeden von uns demütig an seinem Platz bleiben. Die Sterne leuchteten so hell, daß ich nachts mit Sonnenbrille rumlaufen konnte. Mein Vermieter, ein Mann in den Sechzigern, brachte mir frische Ziegenmilch. Über seiner langen Unterwäsche trug er ein rosafarbenes Tutu. Er war die unumstrittene Königin der Küste. Esalen selbst schließlich war der Ankerplatz für entwurzelte Herzen und Körper, die eine Wiedergeburt dringend nötig hatten.

Durch all das fühlte ich mich wie befreit, aber das Tanzen fehlte mir sehr. Trauernd saß ich am Rand eines schwarzen Lochs und kam mir vor wie eine chinesische Prinzessin, der man die Füße eingebunden hat. Ich war von einem tiefen und schönen Teil meiner selbst abgeschnitten, dem einzigen, den ich wirklich liebte. Obwohl ich immer hart mit ihm ins Gericht ging, wußte ich doch, daß dies der Teil von mir war, der am meisten in Verbindung mit meiner Seele stand. Fritz Perls, das beherrschende Genie von Esalen, rettete mich. Er hatte mitbekommen, daß ich während meiner College-Zeit im Agnew State Mental Hospital Bewegung unterrichtet hatte, und lud mich ein, dies auch in seinen Therapiegruppen zu tun.

Anfangs unterrichtete ich die Gruppen teilweise im Speiseraum von Esalen, weil das der einzige Raum mit einem Holzfußboden war. Leider waren auf einer Seite lauter Panoramafenster, und deshalb standen draußen oft Leute rum und gafften uns an. Das war geradezu tragisch, denn die meisten Schüler waren bis zur Lähmung befangen, wenn es darum ging, ihren Körper zu bewegen. Ich war erstaunt, wie verriegelt und verschüchtert diese Leute, die in ihrem Leben sonst soviel bewegten, plötzlich waren. Mit Hilfe eines Songs von den Rolling Stones versuchte ich die Stimme in ihren Köpfen zu übertönen, die ihnen sagte, daß sie sich nicht bewegen könnten. Andererseits wußte ich genau, wie sie sich in ihrem Knast aus Knochen fühlten; schließlich hatte ich selbst zehn Jahre lang den Keuschheitsgürtel getragen. Ich ließ sie sich auf den Rücken legen und bat sie, die Augen zu schließen und ihr Becken zum Rhythmus zu bewegen. Die meisten betrachteten meine Stunde als Pause von der ernsthaften Kopfarbeit, die sie anderswo verrichteten. Wenn sie sich dann als ein Häuflein schluchzenden Elends auf dem Fußboden wiederfanden, waren sie ganz schön schockiert. Manchmal bewirkten zwei Stunden Bewegung soviel wie zwei Jahre auf der Couch. Ich entdeckte, daß der Körper nicht lügen kann; ist er erst einmal in Bewegung gesetzt, kommt die Wahrheit ans Licht.

Leute aus allen Schichten pilgerten zu diesem Mekka am Meer, um sich ihren Dämonen zu stellen. Doch ihre Dämonen wollten nicht, daß sie tanzten.

Trotz all ihrer Doktorgrade und ihrer coolen Klamotten wußte keiner meiner Schüler, wie man atmet. Sie atmeten nicht tiefer als bis zu ihrem Hals, als sei ihr Kopf der einzige Teil ihres Körpers, von dem sie fanden, daß er es wert war, am Leben erhalten zu werden. Obwohl ich auf einen Haufen Yogaübungen mit seltsamen Namen und Körperstellungen, die der Kontrolle des Atems dienen, hätte zurückgreifen können, riet mir mein Instinkt, das Gegenteil zu tun. Ich wollte den Atem befreien und all die angestaute Energie im Körper lösen, die ihn davon abhielt, sich zu bewegen und inspiriert zu sein.

Als Kind war ich vom Heiligen Geist deswegen so fasziniert gewesen, weil niemand erklären konnte, was das sei. Selbst die Nonnen gerieten darüber ins Stottern. Der Herausforderung, diesem Mysterium auf den Grund zu gehen, konnte ich nicht widerstehen. Eines Tages, ich saß gerade im Bad, fiel es mir wie Schuppen von den Augen: Der Heilige Geist war nichts Geringeres als die Lebenskraft, der Atem selbst! Wenn es mir gelänge, die Leute dazu zu bringen, bis in ihre Zehenspitzen hinunter zu atmen, dann wäre das eine kleine Revolution. Mir schien, daß die Vertreter der etablierten Ordnung – Politik, Religion, Gesellschaft, sogar Eltern und Partner – ein Interesse daran hatten, daß wir nicht in unsere Tiefe finden. Denn wären wir ganz und gar lebendig und spontan, wären wir unmöglich zu kontrollieren. Meine Mission war klar: die Menschen dazu verlocken, in ihren Körper, in ihre von Gott gegebene Kraft zurückzufinden. Das betrachtete ich als eine heilige Aufgabe.

Je länger ich unterrichtete, desto deutlicher wurde mir, daß dies nicht leicht sein würde. Die meisten hatten eine tiefsitzende Angst vor dem Körper. Manche kontrollierten jede ihrer Gesten, manche gaben sich dem exzessiven Essen oder Trinken hin, manche ließen sich völlig gehen und drehten total ab. Im Kopf waren wir einsame Spitze. Wir schwebten weitab von jedem wahren Selbst und hatten keine Ahnung, was sich in uns da Heiliges und Tiefes vollzog. Ich sah Leute, die sich zur wildesten Rockmusik vollkommen ausdruckslos bewegten, besonders dann, wenn sie mit einem Partner tanzten. Cool sein ist cool, aber wie ein Eisblock sein, das ist etwas vollkommen anderes. Am liebsten wollte ich meine Hände auf ihre Hüften legen und sie zum Schmelzen bringen. Ich wollte sie aus ihrer kollektiven Trägheit wecken, an ihren Knochen rütteln und ihre Seelen durchschütteln. Und mehr als alles andere wollte ich selbst wieder tanzen.

Es war nur eine Frage der Zeit, bis all die Tänze, die sich in meinem Inneren aufgestaut hatten, schließlich aus mir herausbrachen. Damals gab es in Esalen auch eine Truppe exzentrischer Trommler. Bis ich sie hörte, steckte ich zwangsläufig in der Rille der Dreiminutensongs vom Plattenteller fest. Die Stücke der Trommler dagegen schienen endlos lange zu dauern.

In einer heißen Vollmondnacht fuhr mir ein unwiderstehlicher Rhythmus bis ins Mark. Zum erstenmal seit Monaten stand ich auf und fing an, mich zu bewegen. Ich vergaß mein Knie und vergaß alles andere, bis auf den Trommelschlag. Unter seinem Bann gab ich mich auf; ich hielt nichts zurück, nicht das kleinste bißchen. Ich verlor mich an den Geist des Tanzes und fand in ihm einen Weg, der mich zum tiefsten und lebendigsten Ort führte, an dem ich je gewesen war. In all den Jahren, in denen ich in rosa Ballettschuhen Pliés geübt und mich in Rosenkränzen verheddert hatte, in denen ich nach Jukeboxes süchtig gewesen war und es auf einer ganzen Reihe von unbequemen Sofas getrieben hatte, war dies genau das gewesen, wonach ich immer gesucht hatte. Gott hatte ohne Worte zu mir gesprochen.

Mein Knie wurde von selbst wieder heil. Ohne großen Eingriff, einfach durch eine Pause. Es muß damals unter der Last der großen Erwartungen, mit denen ich es beschwert hatte, zusammengebrochen sein. An diesem Abend tat ich nicht mehr, als meiner Energie nachzugehen, so wie ich es allein zu Hause getan hatte, bloß daß diesmal nicht mein Vater vor der Tür stand und brüllte: »Stell den Scheißlärm leiser!« Die Trommeln spielten unablässig, und ich tanzte, bis ich im Tanz verschwand, bis von mir nur noch der Rhythmus meines Atems übrigblieb. In diesem Rhythmus fühlte ich Körper und Seele eins werden. Endlich hatte ich verstanden, was heilige Kommunion bedeutet.

Ich trat in ein anderes Universum ein, wechselte in eine neue Dimension, in der es keine Begrenzungen gab; alles war Energie, und ich war bloß ein Partikel davon, das auf der alles umfassenden Welle ritt. Ich fühlte mich, als sei ich an die göttliche Hauptstromleitung angeschlossen, als lüde sich das Leben in mir auf. Dabei erschuf es eine Klarheit, die ich nie zuvor gekannt hatte. Ich konnte das Lied jedes einzelnen der sieben Trommler hören und spüren, wie verschiedene Teile meines Körpers darauf antworteten.

Am nächsten Tag dämmerte mir, daß im Vergleich zu dem, was in der vergangenen Nacht geschehen war, die Offenbarung, die ich nach der Abtreibung gehabt hatte, nur ein schwacher Schimmer gewesen war. Die Seele war nicht verlorengegangen; sie war tief in unseren Knochen vergraben. Unter der Last von jahrhundertelangen Traditionen, die dazu dienten, unser natürliches Bedürfnis nach Ekstase zu unterdrücken, war sie dorthin zurückgedrängt worden. Wir hatten uns von uns selbst als heiligen Wesen entfremdet. Jetzt wußte ich, was meine Schüler sich von meiner Arbeit erhofften, auch wenn sie selbst es nicht wußten oder ihnen die Sprache dafür fehlte oder sie zu verängstigt waren, es zuzugeben: Sie wollten Ekstase. Und ich war dazu bestimmt, einen Weg zu finden, auf dem sie zu diesem heiligen Ort gelangen würden.

Nach diesem Erlebnis änderte sich mein Unterricht. Jetzt sah ich die Körper meiner Schüler mit anderen Augen. Genauso, wie die Nonnen darauf erpicht gewesen waren, meinen Energiefluß zu unterbinden, war ich nun darauf versessen, ihn in jedem einzelnen meiner Schüler zu finden. Ich wollte wissen, wo ihr Energiefluß anfing, wo er aufhörte, welcher Rhythmus ihn anzuregen oder zu beenden schien. Mein Instinkt sagte mir: Du bist, wie du dich bewegst. Das war der Schlüssel zu einem Wissen, das nun in mir zum Vorschein kam.

Um das Feld zu verstehen, in dem sie sich entfaltete, versuchte ich, die Energie intuitiv zu erfassen, in der ich mich in meiner Trance befunden hatte. Ich wollte wissen, auf welche Weise ich in diesen ekstatischen Zustand hineingeraten war und wie ich ihn wieder verlassen hatte. Ich wußte, daß es in den Füßen angefangen hatte, dann den Bauch hinaufgestiegen war und zu den Händen wieder herauskam. Ich erinnerte mich daran, wie ich die Trommeln mit meinen Händen gelockt hatte, als wollte ich die Schwingungen, die von ihnen ausgingen, zu mir leiten. Ich hatte den Beat eingeatmet und war in ein Kontinuum von Bewegungen geraten, ohne Unterbrechungen, ohne Kanten, wie ein alter Kreis, ein zeitloser Raum, der in meinem Bauch seinen Anfang und sein Ende nahm. Diesen Rhythmus nannte ich *Flowing*.

Bald wurde mir klar, daß ich mich beim Unterrichten in einem anderen Energiefeld bewegte. Da ging es nicht mehr um mich, sondern darum, Beziehung herzustellen. Da konnte ich mich nicht im Kreis meiner eigenen Energie verlieren, sondern mußte mich ausdehnen und die Herzen meiner Schüler berühren. Dazu verwendete ich Rockmusik, in deren pulsierendem 4/4-Takt der Schmerz millionenfacher Pubertät enthalten ist und die unserem Verlangen Form und Kontur verleiht. Rockmusik war ein Bindeglied zwischen uns, und sie stellte die Verbindung jedes einzelnen zum Rhythmus seines Herzens her. Sie brachte mich darauf, die Leute sich nach ihrem Herzschlag bewegen zu lassen – perkussiv, kurz, in kantigen Bewegungen. Ausatmen, Loslassen, Hervorstoßen. Diesen Rhythmus nannte ich *Staccato.*

Eines Nachts – ich hatte ausdauernd getanzt, war schweißnaß und fühlte mich wie unter Strom – erlag ich der verhängnisvollen Anziehungskraft eines mageren weißen Burschen. Die Nacht mit ihm war nicht von der Art »Rein-raus, rein-raus, und schönen Dank auch, junge Frau«. Er begegnete mir in meinem natürlichen Rhythmus, meinem *Flow.* Unsere Körper verschmolzen miteinander. Er folgte meinen Bewegungen, und als sich die Energie langsam aufbaute, änderte sich die Dynamik. Nun war ich es, die folgte; ich gab mich dem Rhythmus seines Herzens anheim, das wie ein unwiderstehlicher Drummer den Beat vorgab und uns beide schließlich hinwegfegte. Wir waren ein riesiger Herzschlag, der pochte und pochte, bis es uns über alle Grenzen in einen urtümlich pulsierenden Raum äußerster Hingabe trieb. Es war derselbe Raum, in den ich auf dem Gipfel des Glücks beim Tanzen geriet. Mein Verstand explodierte in meinem Körper, mein Herz schlug zwischen den Beinen, und meine Hände tasteten nach Gott. Dies war *Chaos*, der Tanz des wilden Verstands.

Hals über Kopf verliebte ich mich in diesen Lover mit den langen Beinen, der nirgendwo ohne seinen Hund hinging. Er hörte nicht nur auf meine Worte, sondern auch auf den Raum zwischen ihnen. Meiner Seele spürte er über meinen ganzen Körper nach. Er ertastete seelische Verletzungen und Haltungen, die schon lang in stummen Formen begraben lagen, und gab ihnen mit seinen Händen Trost. Er gab keine

Ruhe, bis er mein tiefstes Geheimnis ergründet hatte: die Sehnsucht nach einem Kind.

Im roten Backsteinflügel des Hospitals, in dem ich zur Welt gekommen war und das nur ein paar Blocks von meiner alten Schule *Star of the Sea* entfernt liegt, in der ein Teil meiner Seele starb, eröffnete mir Dr. Kreiss, daß ich schwanger sei. Als ich, in einen kotzgrünen Kittel gehüllt, auf der Kante des schmalen Untersuchungstisches saß und sie vollkommen perplex anglotzte, wußte ich, daß soeben die letzte Phase meiner Wiederauferstehung begonnen hatte.

Die nächsten neun Monate verbrachte ich wie unter einem Zauber. Die Schwangerschaft war nicht leicht, aber die Beschwerlichkeiten berührten mich kaum. Ich befand mich in einem Zustand süßer Hingabe und lieferte mich bereitwillig einer Kraft aus, die soviel stärker war als ich, daß ich sie kaum begreifen und schon gar nicht kontrollieren konnte. Ich folgte einfach. Ehrfürchtig beobachtete ich die Veränderungen meines Körpers. Der Bauch wurde so dick, daß ich meine Füße nicht mehr sehen konnte, aber das Tanzen unterbrach ich deswegen nicht. Mit einem Kind im Bauch zu tanzen war eine vollkommen neue Erfahrung. So schwer ich auch war, fühlte ich mich doch durchlässig, wie eine Blume, die es bloß nach Licht verlangt. In diesem lichtdurchfluteten Zustand entdeckte ich einen neuen Rhythmus, *Lyrical.* Dies war das Stadium der Verzückung. Ich wußte, daß es darin eine tiefe Verbindung zur Seele gab. Was für eine Ironie, daß ich, eine Frau, die sich Zeit ihres Lebens nach Geist verzehrt hatte, neue Ebenen des Erwachens ausgerechnet mit diesem dicken Bauch erlangte!

Die Wehen setzten schnell und heftig ein. In den Vorbereitungskursen für natürliche Geburt hatten sie erzählt, daß ich noch rumtrödeln und Plätzchen backen könne, wenn die ersten Wehen kämen, aber ich sauste durch den *Flowing*-Teil geradewegs in *Staccato.* Ich weiß noch, wie ich vom Haus zum Auto stakste, denn ich hatte in meinen Füßen jedes Gefühl verloren. Wie ein großer, schwarzer Ballon mit einem seltsamen Lächeln darauf segelte ich auf einen Volvo zu – und auf ein ganz neues Leben. Das war nachmittags um fünf nach halb sechs. Nach ein paar Stunden, in denen ich hechelte wie ein Hund und das ganze Universum in meinem Bauch *Chaos* tanzte, drückte ich abends um vier Minuten vor halb zehn einmal kräftig, und ein siebeneinhalb Pfund schwerer Junge strömte aus mir heraus. Etliche Ärzte hatten ein Mädchen prophezeit, deshalb war ich einen Augenblick über ihren Penis verwirrt. Glückseligkeit! Das *Lyrical*-Nachspiel. In der vollständigen Hingabe an die Kräfte der Natur erfuhr ich eine neue Leichtigkeit des Seins, die Trance im Transzendentalen.

Als man mir den Baby-Buddha an die Brust legte, traten wir beide in *Stillness* ein, einen Zustand, den vermutlich nur der Gott in uns kennt. Im Bauch der Seligkeit fand ich einen neuen Tanz. Ich erkannte ihn – seit meiner Kindheit hatte ich ihn vermieden, denn ich fürchtete, daß meine Welt zum Stillstand käme und ich von ihrem Rand fiele, wenn ich still säße. Ich hatte recht: Die Welt hielt an, aber ich brauchte deswegen keine Angst mehr zu haben. Ich mußte daran denken, wie gern ich in der zehnten Klasse immer den Song *In the Still of the Night* gehört hatte. Endlich war ich in der Stille der Nacht angekommen, und ich würde mich nie mehr allein fühlen.

Mit einem Säugling an der Brust und einer Handvoll neuer Einsichten über die Rhythmen ging ich wieder an die Arbeit. Ich verstand jetzt besser, wie die Rhythmen zum Leben, zur Liebe, zum Sex, zur Macht und zum Schöpfungsvorgang in Beziehung standen. Wenn ich morgens um drei im Schaukelstuhl saß, meinen Sohn stillte und dabei Pfefferminztee trank, wußte ich, daß ich nicht viel wußte, aber eines doch: Mein Sohn sollte ohne Haß und Mißtrauen seinem Körper gegenüber aufwachsen, ohne Angst vor Sex. Sexualität sollte er als etwas erfahren können, das mit dem Heiligen auf einer Stufe stand. Sex war ein Akt Gottes; das Kind der Liebe in meinen Armen war dafür der Beweis. Ich hatte meinen größten Lehrer zur Welt gebracht. Während fast alle meine Freunde ganz Indien nach einem Guru absuchten, war ich zu Hause geblieben und hatte einen erschaffen, ganz aus dem Nichts.

Fast alle Menschen, die ich kannte, waren dazu erzogen worden, Sex zu unterdrücken, zu beurteilen und zu fürchten, so daß er zu einer zerstörerischen Kraft in ihrem Leben geworden war. Ich war von einem Extrem ins andere geraten – erst war ich der »Stern der Meere, Jungfrau der Jungfrauen«, dann überließ ich meinen Körper sogar Leuten, denen ich nicht mal mein Auto leihen würde. Die ganze Kultur vollzog damals diesen Wechsel in eine lange überfällige Pubertät. Das blieb nicht ohne Folgen. Einmal pro Woche fuhr in Esalen eine Klinik auf Rädern für Geschlechtskrankheiten vor. Die Leute, die auf eine Behandlung warteten, standen um diesen runtergekommenen Wohnwagen herum Schlange. Woche für Woche wurde die Schlange länger, ringelte sich um das ganze Gelände und legte sich schließlich über das ganze Land wie ein müdes Reptil. Der Körper hatte sein unüberhörbares Widerwort gegeben.

In den darauffolgenden drei Jahrzehnten tanzte ich von Disco zu Dharma, von Freud zu Feng-Shui, von Kerouac zu Kevorkian, von Warhol bis zu Wayne's World, von Joints zu Saftbars, von Gucci bis zur Göttin des Grunge, von den Beatles über die Bee Gees bis zu den Beastie Boys. In dieser Zeit habe ich eine Menge Freunde an einen gemeingefährlichen Virus verloren und zugesehen, wie sich mein Land vom Liberalismus zum Konservatismus und von dort zu einem Hin und Her zwischen beiden entwickelte. Viele meiner Helden wurden erschossen, aber ich bin noch immer frei von Paranoia. Ich bin faxbar, furchtlos und freischaffend und ewig dankbar dafür, daß ich selbst mich mit der Wiederkehr der Kondome nicht befassen mußte. Ich habe erlebt, wie die Seele die Bestsellerlisten erklomm und habe tief im Bauch die Verzweiflung und die Sehnsucht erfahren, die sie dorthin befördert hat. Bei all dem haben mir die »Fünf Rhythmen« Halt und Hoffnung gegeben. Sie haben mich geschaukelt und gewiegt und mir den Weg zur Seligkeit gewiesen.

In meinem Körper spüre ich meine Seele – beim Tanzen, beim Lieben, und in den Zeiten dazwischen meistens auch. Und wenn ich meinen Schülern beim Tanzen zuschaue, sehe ich die Seele auch in ihren Körpern. Doch ihr Licht wird meist durch die Schleier der Trägheit verdunkelt. Ich möchte meine Schüler dazu verführen, die Schleier abzustreifen, damit sich das Licht ihrer Göttlichkeit zeigen kann. Doch um ans Licht zu gelangen, müssen wir erst das Herz der Finsternis durchqueren. Aber ist es nicht die Dunkelheit, aus der das Licht gemacht ist?

Ich glaube, daß wir alle einen Funken des ursprünglichen Lichts der Schöpfung in uns tragen. Ich habe gesehen, wie es die Gesichter und die Körper tanzender Menschen erleuchtete. Auf mannigfache Weise hat sich mir offenbart, daß Gott selbst der Tanz ist und daß wir nur in ihm zu verschwinden brauchen, um die sexuellen, die schöpferischen und die heiligen Aspekte der Seele zu befreien.

Rhythmus ist unsere Muttersprache. In der Hingabe an die wilde, ekstatische Umarmung des Tanzes habe ich eine Sprache von Mustern entdeckt, die uns zuverlässig zu universellen Wahrheiten führt, die älter sind als die Zeit. Im Rhythmus des Körpers lassen sich die Spuren unserer Heiligkeit nachzeichnen, die Wurzeln, die zu allem Anfang zurückführen. Der Rhythmus führt uns in Seinszustände, in denen sich alles Persönlichkeitsbildende in einem ewigen Energiefluß auflöst.

Energie bewegt sich in Wellen. Wellen bewegen sich in Mustern. Muster bewegen sich in Rhythmen. Ein menschliches Wesen besteht aus eben diesen Dingen: aus Energie, Wellen, Mustern und Rhythmen. Aus nicht mehr. Aus nicht weniger. Aus einem Tanz.

LEBEN IST BEWEGUNG

Erstes Kapitel

DIE GROSSE SPALTUNG

Schwitzen ist Beten. Im Schweiß bringen wir unser tiefstes Inneres als Opfer dar. Schweiß ist Weihwasser, das den Körper hinabfließt. Es löst die Vergangenheit von uns ab und salbt uns in einer Taufe, die im Feuer vollzogen wird. Schweiß verbrennt Karma und reinigt den Körper und die Seele.

Schweiß ist ein altes Mittel zur Selbstheilung, das überall wirkt, beim Sport, in der Sauna oder in der Schwitzhütte. Bei mir entfaltet er seine Wirkung, wo immer ich tanze. Je mehr wir tanzen, desto mehr geraten wir in Schweiß. Je mehr wir schwitzen, desto intensiver wird unser Gebet. Je intensiver wir beten, desto näher kommen wir der Ekstase.

Ich gehe den Pfad des Tanzes. Ich habe keine Tradition, keine Wurzeln, und ich muß ohne den Rat einer weisen, alten Stammesseele auskommen. Die wurden alle vor ein paar Jahrhunderten auf dem Scheiterhaufen verbrannt. Damals ging die Angst vor Schamanen um, vor Menschen, die so lange tanzten, bis sie sich in ein Gebet aus Schweiß verwandelt hatten und als ein Haufen in Ekstase geratener Knochen auf Mutter Erde fielen.

Ich stehe in Flammen, lachend. Meine Asche lebt!
Ich sterbe tausendmal.
Tanzend kehrt meine Asche zurück –
Tausend neue Gesichter.
Rumi

Nach einem Workshop an einem drückend heißen Tag kam eine Teilnehmerin ganz schüchtern zu mir und gestand, daß sie sich nicht getraute, zum Essen zu gehen. Sie genierte sich für ihren verschwitzten Körper. Ich sprühte ihr etwas *China Rain*, meinen Lieblingsduft, auf und erinnerte sie daran, daß sie gerade wie ein wirbelnder Derwisch ihre ganze Energie in der Ekstase losgelassen und nun wirklich eine kleine irdische Stärkung verdient hätte.

Es ist ein Jammer, daß der Körper soviel Scham und Angst mit sich herumträgt. Vermutlich geht das auf den Sündenfall zurück, auf Evas Geschichte mit dem Apfel – mir hat übrigens immer gefallen, daß sie Adam abbeißen ließ; das zeigt doch, daß sie wenigstens nicht selbstsüchtig war. Nachdem sie sich den Apfel geteilt hatten, fielen Adam und Eva aus dem Geist hinab ins Fleisch, und sie war an allem schuld. Und welches Bild hält uns die Bibel als Symbol dafür entgegen, wie tief sie gefallen und wie unwürdig sie damit geworden waren? Zeigt es uns, wie Adam und Eva grausam gegeneinander wurden oder Fliegen die Beine ausrissen oder den Wald niederbrannten oder Joghurt aßen, der nicht fettarm war? Nein. Das Bild zeigt uns ihr *nacktes Fleisch.*

Und was ließ Gott sie fühlen? Scham. Sie stürzten aus der Glückseligkeit in die Befangenheit, und wer jemals befangen war, der weiß, wie scheußlich sich das anfühlt. Welch grausame Strafe – wegen des eigenen Körpers befangen zu sein, sich für ihn zu schämen, Angst vor ihm zu haben, ihn vielleicht sogar zu hassen. Ein wahrhaft schreckliches Erbe.

An einem schwülen Sommerabend in einem Wohnzimmer in Manhattan sah ich einmal ein neunjähriges russisches Mädchen im orangefarbenen Sommerkleid mit weißen Socken, das einen traditionellen indischen Tanz zu einem tibetischen Gesang aufführte. Winzig kleine Schweißperlen traten auf ihr leuchtendes Gesicht. Welten trafen in ihren zarten Händen aufeinander, die um ihren Körper wirbelten, mit denen sie zu Gott sprach und die mit einem Partner tanzten, den nur sie sehen konnte. Mal war sie Krishna, mal war sie Shiva. Der ganze Raum war von ihrem Zauber wie gebannt. Plötzlich hörte sie auf, machte eine niedliche Verbeugung und fragte ganz unvermittelt: »Darf ich jetzt Fernsehen gucken?«

Ihr Tanz war ganz ohne Scham, ohne Schuld und ohne verborgene Angst. Sie konnte in diesem göttlichen Mysterium nach Belieben ein und aus gehen, als gäbe es für sie gar kein Mysterium, als wäre der Schleier gelüftet. Wenn Jesus sagt: »Wenn ihr nicht werdet wie die Kinder, so werdet ihr nicht ins Himmelreich kommen«, meint er bestimmt nicht, daß wir uns wie Kinder aufführen sollen, sondern daß wir nackt sein sollen wie sie. Dazu müssen wir unsere Masken abwerfen und unser wahres Gesicht entdecken, das weder Scham kennt noch Furcht. Und wir müssen uns auf die Suche nach unserer ursprünglichen Unschuld begeben, ohne Vorwände und Absichten, ohne Vergangenheit und Zukunft, nur mit einem feurigen Geist.

Wir alle müssen auf diese Weise unsere Seele wiederfinden, um eine alte Wunde zu heilen. Sie entstand vor Tausenden von Jahren, als einige Männer im Namen Gottes die Abtrennung alles Geistigen vom Fleisch beschlossen. Das Fleisch wurde geächtet, der Körper zum Feind. Seine Energie, seine Leidenschaften, seine Instinkte, seine Launen und seine Impulse waren plötzlich verdächtig geworden. Dies war ein tragischer Augenblick in der Geschichte der westlichen Zivilisation. Infolge der völligen Trennung des Geistes vom Fleisch verloren wir den Respekt vor dem Körper, und bald hatten wir vergessen, daß er ein Bestandteil unserer Heiligkeit ist. Im Verlauf dieser Entwicklung ging uns auch der Respekt vor dem Weiblichen verloren, das zuvor eine Metapher für all das gewesen war, was mit der Erde in Verbindung steht. Da das Weibliche mit der Dunkelheit assoziiert wurde, verloren wir auch den Respekt vor den Schattenseiten in den geheimsten Winkeln unserer Seele.

Dies ist unsere größte Wunde: die vollständige Trennung des Geistes vom Fleisch, des Männlichen vom Weiblichen, des Lichts von der Dunkelheit. Sie führt zum Verlust der Seele. Die Seele kann nur dort gegenwärtig sein, wo Körper und Geist eins sind; losgelöst vom Körper kann die Seele nicht sein, nicht atmen und sich nicht bewegen. Deine Eltern haben deinen Körper zur Welt gebracht. Er ist das Gefäß für deine Seele. Die Geburt der Seele ist eine jungfräuliche Geburt; du mußt sie selbst vollbringen. Das zu tun ist ein Liebesdienst an dir selbst, doch wie wir wissen, ist Dienen nicht einfach. Wenn du dein wahres Selbst gebären willst, mußt du tief in deinen Körper hineinhorchen und auf das Heulen deiner Seele hören.

Wer seine Seele wiederfinden will, hat ein hartes Stück Arbeit vor sich. Es ist nicht damit getan, sich bei einem Workshop anzumelden oder einem Guru zu folgen oder sich einen Kristall zu kaufen. So viele Buddha-Statuen du auch in deiner Wohnung haben magst – sie nützen nichts, solange du nicht den Buddha in dir entdeckst. Wer auf der Suche nach Erleuchtung die eigene Seele im Körper, im Denken oder im Ruhm eines anderen zu finden hofft, ist auf dem Holzweg. Wie leichtfertig geben wir oft unsere Kraft aus der Hand! Um geistig frei zu sein, braucht es Disziplin.

Dies ist eine Herausforderung; sie anzunehmen bedeutet, in die rätselhaften Tiefen deiner Seele hinabzutauchen. Wenn du nicht von dir selbst fasziniert bist, wirst du auch niemand anderen faszinieren, und ich habe noch nie jemanden getroffen, der nicht faszinierend sein wollte. Die Faszination, von der ich spreche, hat nichts mit Narzißmus zu tun, sondern mit einer lebendigen Beziehung zu dem göttlichen Mysterium in dir, das sich in deinem Körper, in deinem Blut offenbart. Dein Körper ist wie eine Bettelschale für den Geist. Wird ihm der Geist entzogen, ist der Körper nicht mehr inspiriert. Weil der Geist dafür sorgt, daß alles in Bewegung bleibt, fällt der Körper ohne ihn in einen Zustand tiefer Trägheit. Gefühle geraten ins Stocken, ebenso Gedanken und Muskeln. Alles verstopft.

In diesem Zustand fließt nichts mehr, und nichts bewegt sich mehr auf harmonische Weise. Der Körper fühlt sich vom Herzen abgetrennt, das Herz vom Verstand, und der Verstand vom Körper. Oft denken wir das eine, fühlen das andere und tun etwas drittes. Das führt zu einem Leben in dauerndem Widerspruch. Kein Wunder, daß wir verwirrt sind und leiden. Unsere Seele ist ohne Zuhause, und wir können nicht einfach so tun, als wüßten wir das nicht. In der Seele liegt unsere Essenz, in der Trennung von ihr unsere tiefste Wunde. Bis wir sie geheilt und unsere Seele wieder regeneriert haben, werden uns unsere alltäglichen Schmerzen groß erscheinen und die großen Schmerzen unerträglich. Die Seele kann unsere Schmerzen lindern, denn sie vermag das Leiden in Weisheit zu verwandeln.

Schmerz bleibt Schmerz, egal, wo er herkommt. Ob wir Mißbrauch erlebt haben, eine Amputation oder einen Nervenzusammenbruch, ob wir einen Vater hatten, der uns verließ, oder eine Mutter, die blieb, oder ob wir mit einer Sucht zu tun hatten, die uns ganz in ihren Klauen hielt: Nie geht es um den Schmerz an sich, sondern um das Verhältnis, das wir zu ihm entwickeln. Man kann sich derart an den Schmerz anklammern, daß man schließlich denkt, man sei der Schmerz, und zuläßt, daß er das ganze Leben bestimmt. Man kann sich deswegen für etwas ganz Besonderes halten und glauben, daß man sich ein paar Bonus-Punkte verdient hätte. Oder der Selbstwert ist so tief gesunken, daß man denkt, man hätte es eben nicht besser verdient. Das Problem liegt in der Anhaftung. Anhaftung ist Trägheit. Wie bei jeder Trägheit ist auch hier Bewegung die beste Medizin.

Ich möchte in diesem Buch Wege aufzeigen, wie wir unsere Seele über unseren Körper zurückholen können. Nicht trotz des Körpers oder anstelle des Körpers, sondern durch eben dieses Fleisch, das unsere Anwesenheit auf dieser Ebene der Realität definiert. Wir beginnen diesen Prozeß, indem wir uns beiden öffnen, dem Körper und dem Geist, und sie als die weibliche und die männliche Energie unserer Natur zum Ausdruck bringen. In der alchemistischen Hochzeit dieser beiden Kräfte vollzieht sich die Geburt der Seele. Sie ist weder die eine noch die andere dieser beiden Kräfte, sondern eine dritte Kraft: die Beziehung zwischen diesen Polaritäten und allen weiteren Polaritäten, die in unserer Natur angelegt sind. Unsere Seele ist *Suchende*, *Liebende* und *Künstlerin*; auf ihrem Weg durch unsere archetypischen Energiefelder wechselt sie ihre Form und begleitet uns zwischen Dunkelheit und Licht, zwischen Körper und Geist, zwischen Himmel und Hölle bis zu jenem süßen Augenblick der Hingabe, in dem wir tanzend im Tanz aufgehen.

Wenn du aus zweien eins machst,
wenn du das Innen nach außen kehrst,
und das Außen nach innen,
und das Oben nach unten,
und das Unten nach oben,
und wenn du das Männliche
und das Weibliche eins machst,
so daß das Männliche nicht männlich
und das Weibliche nicht weiblich ist,
dann wirst du ins Königreich eintreten.
Jesus, Thomas-Evangelium

Wenn unsere Seele die Regie übernimmt, verwandelt sich unser Leben in eine Liebesgeschichte. Diese Liebesgeschichte zwischen uns und unserem Selbst, zwischen uns und allen anderen, zwischen uns und dem Göttlichen spielt sich in besonderen Energiefeldern ab, in Bereichen der Seele, die wir gemeinsam erkunden wollen. Mit diesem Buch möchte ich dich dazu verführen, das Staunen über deine Seele zu erwecken: darüber, wie sie sich bewegt, wie sie riecht, wie sie sich anfühlt, wie sie schmeckt, wie sie spricht, was sie tut und sogar, wie sie sich anzieht. Und vor allem, wie sie zu dem Teil von dir wird, der dich zu einem faszinierenden, geheimnisvollen Wesen werden läßt.

Wir sehnen uns nach unserer Seele, nach jenem Teil in uns, der berührbar ist: vom Rasseln der Knochen von Patti Smith, von der ungeschminkten Wahrheit eines Stücks von Sam Shepard, vom Rhythmus des Herzens von Jerry Garcia, von der einzigartigen Anmut eines Joshua-Baums, von der furchteinflößenden Körperhaltung eines Butoh-Tänzers, vom Geheul eines einsamen Wolfs.

Ich liege auf dem Boden, höre Nusrat Fateh Ali Khan den »Nightsong« singen und spüre, wie sich meine Sehnsucht in seiner auflöst. Wir sehnen uns danach, von etwas bewegt zu werden, wir sehnen uns nach Kontakt mit unserer Seele. Surfer erleben dieses Verbundensein auf dem Meer, Skifahrer in den Bergen. Mönche im Gesang. Schauspieler auf der Bühne. Trommler im Rhythmus. Ich erfahre es beim Tanzen.

Am Anfang tanzten wir alle. Unsere religiösen Ursprünge reichen mindestens 75000 Jahre bis zu schamanischen Traditionen zurück, die auf den Rhythmen der Natur basierten: dem Phänomen von der Nacht, die zum Tag wird, der atemberaubenden Kraft von Donner und Blitz, dem Wunder von Geburt und Tod. Diese Wechsel waren unsere Lehrer und die Quelle unserer Inspiration, indem sie uns die eigene Natur widerspiegelten. Die Wissenschaft mag ihre Theorien haben und die Kirche ihre Dogmen, doch in Wahrheit wissen wir noch immer nicht, wie und warum das Universum seinen Tanz begann.

Unsere Vorfahren tanzten, bis sie im Tanz verschwanden, bis sie die ganze Kraft des Geistes erfuhren, der ihre Seelen entfesselte. Das war ihre Religion; sie war ekstatisch, sie war individuell und stammesbezogen, und sie bewegte sich durch die Zeit wie eine Schlange. Bis sie sich im falschen Garten wiederfand.

Zunächst verhielten die Kirchenväter sich noch gönnerhaft. Sie integrierten die ekstatische Tradition – »Laßt sie doch ruhig in die Wälder gehen und ein bißchen tanzen! Kein Problem. Was macht das schon, wenn sie dabei nur den Heiligen Geist erwecken?« Das Problem dabei war nur, daß die Leute, wenn der Heilige Geist tatsächlich in ihnen erwachte, die Erfahrung einer direkten Verbindung zum göttlichen Mysterium machten. Darauf waren die Patriarchen nicht erpicht; es konnte sie ihren Job kosten. In Zungen reden und sich zum Kanal der Stimme Gottes machen – das sollte den Priestern vorbehalten bleiben. Spontane spirituelle Ekstasen wurden als umstürzlerisch gebrandmarkt, denn die ganze dadurch entfesselte Kraft kehrte sich gegen die Autorität der Kirche. Die Kirchenväter versuchten zwar, diese Kraft der Ekstase zu zähmen und zu kontrollieren, aber Lebenskraft läßt sich nicht kontrollieren.

Die Tradition ekstatischer Tänze mag auf dem Scheiterhaufen verbrannt worden sein, doch ihr Geist erhebt sich daraus wie Phönix aus der Asche. Wir wurden zur rechten Zeit und am rechten Ort geboren, um beim Beten wieder richtig ins Schwitzen zu kommen. Richard Tarnas erwähnt in *Idee und Leidenschaft – Die Wege des westlichen Denkens* einen italienischen Mystiker namens Joachim von Floris, der im 13. Jahrhundert lebte. Der schaute tief in seinen Verstand, der einer Kristallkugel glich, und sah darin »drei Zeitalter wachsender Spiritualität – das Reich des Vaters (das Alte Testament), das Reich des Sohnes (das Neue Testament und die Kirche) und das künftige Zeitalter des Heiligen Geistes, in dem die ganze Welt vom Göttlichen durchströmt sein wird und die Kirche als Institution nicht länger notwendig ist«. Könnte es sein, daß wir uns auf der Schwelle zu dieser Zeit befinden, die er so klar geschaut hat? In meiner Vision werden wir diese Schwelle tanzend überschreiten.

DER HERR DES TANZES

Ich tanze am Morgen am Anfang der Welt,
Und ich tanze im Mond und den Sternen und der Sonne,
Und ich stieg vom Himmel herab und tanzte auf der Erde.
In Bethlehem kam ich zur Welt.

Ich tanzte für den Schriftgelehrten und den Pharisäer,
Aber sie wollten nicht tanzen und mir folgen.
Ich tanzte für die Fischer, für Jakobus und Johannes,
Sie kamen mit mir, und der Tanz ging weiter.

Ich tanzte am Sabbath und heilte die Lahmen,
Das sei eine Schande, sagten die Heiligen Leute.
Sie schlugen und peitschten und hängten mich
Hoch an das Kreuz zum Sterben.

Ich tanzte an einem himmelschwarzen Freitag.
Es ist schwer, mit dem Teufel im Rücken zu tanzen.
Sie vergruben meinen Körper und dachten, ich wäre fort.
Doch ich bin der Tanz, und es gibt mich noch.

Sie nahmen mich ab, und ich sprang in die Höh'.
Ich bin das Leben, das nie und nimmer stirbt.
Ich werde in dir leben, wenn du in mir lebst.
Ich bin der Herr des Tanzes, sagte er.

Shaker-Hymne

Ich gehe den Weg des Tanzes. Meine Bibel ist der Körper, denn er kann nicht lügen. Mein Meister heißt Rhythmus. Im Tanz gibt es kein Dogma. Wenn wir unseren Körper tanzen lassen, streifen wir augenblicklich die Lügen und die Dogmen ab, und was übrigbleibt, ist nichts als der Geist des Lebens. Bewegung ist Medizin. Ich bin davon überzeugt, daß die Psyche, ist sie erst einmal in Bewegung gebracht, sich selbst heilen wird.

Neuerdings scheint es so etwas wie ein Tanz-Revival zu geben – Tango und Steptanz, Samba und Salsa. Die Menschen haben offenbar ein Bedürfnis danach, auch wieder miteinander zu tanzen, nachdem man dreißig Jahre lang allein tanzte. Darin spiegelt sich ein kulturübergreifendes Verlangen wider – nicht nur nach der Wiedervereinigung von Körper und Geist, sondern auch nach der von Männern und Frauen und von Liebenden aller Neigungen. Unser Instinkt hat uns zum Rhythmus und in den Körper zurückverholfen, damit wir unsere Verwirrung klären können. Ob wir nun über feste Schrittfolgen zum Tanzen finden, die ganze Nacht in Clubs durchraven oder Aerobic machen, bis wir Pobacken aus Stahl haben: Immer geht es um *Bewegung*. Hat dein Körper sich erst einmal der Bewegung hingegeben, erinnert sich deine Seele an ihren Tanz.

Wir müssen durch das Dunkel hindurchtanzen, um das Licht zu finden. Wir müssen zur Quelle all unserer Wunden vorstoßen, zu der einen großen Wunde, der Trennung des Geistes vom Fleisch. Wir müssen diese Wunde heilen, wenn wir je die Sehnsucht nach dem wahren Selbst, dem seelenvollen Selbst, dem großen, überragenden Selbst stillen wollen, jenem Selbst, das mit dem göttlichen Geliebten schläft.

Ich möchte dich an einen Ort des puren Zaubers führen, an dem alles geht und alles sich verändert, wie in einer Bar, die rund um die Uhr geöffnet ist und die die beste Jukebox hat, die man sich vorstellen kann. Bloß daß man hier Jazz nicht hört, sondern selbst zum Jazz wird. Eine Jam-Session aller deiner Teile. Leistungssportler nennen diesen Ort die »Zone«, Buddhisten nennen ihn Satori, Raver nennen ihn Trance. Ich nenne ihn die Silberne Wüste. Es ist ein Ort reinen Lichts, das das Dunkel in sich birgt. Ein Ort des reinen Rhythmus, der die Stille in sich birgt. Es ist ein Ort in dir.

Tanznärrin

Nein,
kein Narrenstreich.
Ich tanze nicht einfach nur.
Ich zerlege das Gedächtnis der Muskulatur
und forme die Dinge, die da kommen werden.
Ich tanze nicht einfach nur.
Ich reinige meine mediendurchtränkte Seele
von Systemen und Hugh Hefners.
Ich tanze nicht einfach nur.
Ich reiße das Unkraut heraus, das aufgegangen ist
in den Rissen meines Herzens.
Ich tanze nicht einfach nur.
Ich opfere meine Knochen
der Kontinentalbrücke.
Ich tanze nicht einfach nur.
Ich bete.
Ich bete.
YA, YA, DER GEIST REISST AUF,
DER GEIST REISST ALLES AUF:
Reißt alles auf wie niemand sonst,
niemand sonst,
wie jedermanns Narr,
jedermanns Närrin.
Ya, Jewel die Närrin,
Jewel, die Närrin.

Jewel Mathieson

Zweites Kapitel

DIE PRAXIS

Gott achtet uns,
wenn wir arbeiten.
Aber er liebt uns,
wenn wir tanzen.

Alte Sufi-Weisheit

Gleich neben meinem Loft liegt eines der angesagtesten Fitneß-Studios von Manhattan. Ich bin dort nicht Mitglied, denn Maschinen locken mich nicht. Um ehrlich zu sein, ich verlange mehr von meinem Training – ich will Gott. Wenn ich tanze, fühle ich die Gegenwart einer göttlichen Kraft, und nach der bin ich süchtig. Dieser Sucht Nahrung zu geben ist ganz einfach. Ich brauche bloß die richtige Musik aufzulegen und mich darin zu verlieren. Die »Fünf Rhythmen«, wie ich meine Praxis nenne, bringen mich immer wieder dazu, das fallen zu lassen, was mich gerade bedrückt, und mich in ein neues Ich, in einen neuen Körper hineinzubewegen, der von allem Ballast frei ist und von der Seele gespeist wird.

Das Ziel der Rhythmen liegt darin, zur Essenz von sich selbst zu erwachen und dabei die Intuition und die Vorstellungskraft ebenso auszudehnen wie den Körper. Die Rhythmen sind formlose Form; sie erweitern das Vokabular unserer körperlichen und emotionalen Ausdrucksmöglichkeiten und führen uns zu verloren geglaubten Bereichen unserer Psyche. Sie fördern intuitive Intelligenz und künstlerische Sensibilität. Wir sollten uns von unserem Training inspirieren lassen, anstatt auf dem Tretrad zu strampeln und dabei die *Bunte* zu lesen. Denn in der *Bunten* geht es um andere, nicht um dich. Das Training sollte wie eine Unterhaltung zwischen Körper und Geist sein, persönlich, intim und heilig, und nicht langweilig und qualvoll monoton.

Statt Hanteln zu stemmen, tanze ich. Kein Ballett, kein Modern Dance, sondern eine andere Art von Tanz. Inzwischen habe ich die Fünf Rhythmen, die ich vor Jahren entdeckte, in Bewegungsmuster übertragen und zu meiner alltäglichen spirituellen Praxis gemacht, zu einem Training für den Körper und die Seele.

Spirituelle Praxis erfordert Bewußtheit: Achtsamkeit gegenüber dem Ganzen und Aufmerksamkeit gegenüber jeder Einzelheit. Wie in allen anderen Lebensbereichen bestimmt auch hier das Ausmaß an Bewußtheit, mit der wir bei der Sache sind, die Qualität der Lehren, die wir daraus ziehen können. Spirituelle Praxis verlangt auch Disziplin, also die Bereitschaft und die Übereinkunft mit sich selbst, nicht nur körperlich anwesend zu sein, sondern auch geistig und emotional. Schließlich weist spirituelle Praxis den Weg zur Unendlichkeit, denn sie läßt uns die ganze Kraft unserer schöpferischen Einzigartigkeit spüren, mit der wir uns jedesmal aus dem Nichts neu erschaffen. »Ein Gramm Praxis wiegt ein ganzes Kilo Theorie auf«, sagte einmal ein weiser Taoist.

Jeden Morgen nach dem Frühstück mache ich mich auf einem zwei mal dreieinhalb Meter großen Stück Fußboden meines Wohnzimmers bereit, im Schweiße meines Körpers mein Gebet zu verrichten. Der Platz wird auf der einen Seite von einer Kollektion seltener Trommeln begrenzt und auf der anderen von einem alten, mit einem Kelim bespannten Stuhl, den ich aus Santa Fe mitgebracht habe. Manchmal bin ich schon geduscht und fertig zum Ausgehen, manchmal ziehe ich Tanzklamotten an. Zu Hause tanze ich immer barfuß.

Bevor ich Musik auflege, bewege ich mich ein paar Minuten, um meine Energie zu spüren. Ist sie eher oben oder unten, nervös oder aufgeregt, angespannt, zerstreut oder verträumt? Ich setze immer da an, wo ich gerade bin, und suche eine entsprechende Musik aus. Wenn ich viel Kraft in mir spüre, bewege ich mich zur Trommelmusik meiner CD *Endless Wave*, die mit einem Zitat von Rumi beginnt: »Tanze, bis du in Stücke brichst«. Der Satz erinnert mich immer daran, weshalb ich tanze – nicht weil ich dabei hübsch aussehen oder eine Serie tadelloser Tanzschritte hinlegen will, sondern um mich ganz dem Geist der Bewegung hinzugeben.

Während ich mich vom Kopf bis zu den Füßen durch meinen Körper hindurchbewege, opfere ich mich ganz bewußt Stück für Stück dem Tanz. Zuerst tanze ich mit dem jeweiligen Körperteil allein, zum Beispiel nur mit dem Kopf. Dann folge ich ihm mit dem ganzen Körper. Meine Hingabe an den Tanz ist wie ein Gebet; ich lasse mich von ihm durch innere Landschaften aus Fleisch und Blut, aus Herz und Händen, aus Träumen und Sehnsüchten führen.

In jeden Körperteil lausche ich hinein. Ich nehme seine Energie wahr und lasse zu, daß sich seine Geschichte entfaltet. Zweitausend Jahre lang hatte mein Kopf mit all seinen vorgefertigten Ideen, Überzeugungen und Dogmen meine Hüften fest unter Kontrolle. Jetzt holen sie all die vertane Zeit auf. Heute wollen sie sich schütteln und weit ausladende Kreisbewegungen machen. In meiner rechten Hand steckt noch ein alter Ärger fest, an den ich nicht richtig rankomme. Im Rhythmus der Musik balle ich die Hand zur Faust, aber das sagt mir auch nichts Neues. Meine Knie sind heute richtige Jammerlappen. Dafür fühlen sich meine Ellenbogen wie die Schwingen eines Raben an. Meine Wirbelsäule ist locker und schlangenhaft, und mein steifer Hals möchte mir etwas sagen. Ich nehme einfach nur wahr und höre aufmerksam zu, was mein Körper mir in der Bewegung mitteilen möchte. Ich nehme seine Kommentare und Klagen zur Kenntnis und lasse sie wieder los, bis ich zu jenem inspirierten Zustand gelange, in dem außer meiner Seele nichts mehr von mir übrig ist.

Die Musik wechselt, und ich bin in *Flowing*, dem ersten der Fünf Rhythmen. Ich breche aus meinem Zwei-mal-dreieinhalb-Meter-Raum aus und folge meinen Füßen auf ihrem Weg durch den schmalen Korridor, tanze an der Küche vorbei in mein Schlafzimmer, wo ich dem perlenbesetzten Fell eines Silberwolfs und dem goldenen Buddha-Kopf aus Bali zuwinke, die dort an der Wand hängen. Dann ziehe ich auf dem Rückweg durch den Flur meine Kreise, nehme bei jedem Einatmen meinen Bauch wahr und lasse meinen Körper los, damit er jede nur erdenkliche kreisförmige Bewegung vollführen kann. Heute kann ich mich diesem Rhythmus vollkommen überlassen, heute bin ich ganz im Fluß. Ich bewege mich wie Blut, schwer und rund. Bevor mir langweilig werden könnte, ändert sich die Musik.

Ob ich will oder nicht, jetzt bin ich in *Staccato*. Heute will ich. Mein Körper zieht sich zusammen und zwingt mich dazu, ganz tief aus dem Bauch heraus auszuatmen. Der Ausatem ist so stark, daß ich meine Arme in kantigen, heftigen Stößen von mir schleudere. Mit diesem knochigen Tanz mache ich meine Anwesenheit im Raum unmißverständlich klar. Jetzt fühle ich mich total in meiner Kraft, so als würde ich heute alles schaffen – sogar mein Büro aufzuräumen. Im Ausatmen mache ich auch meinen Kopf ganz leer. Der Kater liegt auf der Couch und macht große Augen. In diesen Rhythmus gerät er nie. Doch wenn ich ihn dabei beobachte, wie er sich manchmal wie ein mit Tranquilizern abgefüllter Bruce Lee bewegt, lerne ich viel über *Staccato*. Ich werfe dem Kater eine Kußhand zu und tue so, als sei ich Janet Jackson. Gerade als ich mich darüber gräme, daß ich weder ihre Haare habe noch ihren Hintern und daß ich mich auch nicht so wie ihr Bruder bewegen kann, der unbestrittene *Staccato*-Meister im Federgewicht, da wechselt die Musik zu *Chaos*.

Chaos denken und *Chaos* tanzen zugleich ist unmöglich; es geht nur das eine oder das andere. Deshalb schüttle ich aus meinem Kopf alle Gedanken heraus und richte meine ganze Aufmerksamkeit auf die Füße. Abwechselnd übernehmen sie mein Gewicht und entlasten dabei den Rücken, die Schultern und die Ellenbogen. Der Klang der Djembé pulsiert durch meinen Körper und schaukelt mich in einem Rhythmus, aus dem es kein Entrinnen gibt. Als mich eine Welle der Freude überspült, bin ich ziemlich angetörnt und fühle mich mit dem ganzen *Tribe* verbunden. Plötzlich kehrt mein Kopf zurück und erinnert mich daran, was ich heute noch alles erledigen muß. Das lenkt mich ganz schön ab;

jetzt bin ich mal im Rhythmus und dann wieder draußen, so wie mein Kopf, der sich ein- und wieder ausschaltet. Ich bemühe mich, alles loszulassen und weiterzutanzen. Nachdem ich einen Schluck Wasser getrunken habe, lasse ich mich wieder vom Beat tragen. Gerade als so etwas wie eine weitere Zwiebelschicht von mir abfällt, wechselt der Rhythmus erneut.

In *Lyrical* machen die Trommeln genauso weiter wie in *Chaos*, aber ihr Ton wird leichter. Jetzt tanze ich auf den Zehenspitzen. Im Grunde mache ich die gleichen Bewegungen wie vorher, aber in einer anderen Absicht. Als ich an meinen Zimmerpflanzen vorbeihüpfe, winkt mir der Ficus zu. *Lyrical* ist der Rhythmus der Pflanzen, wenn sie dem Licht entgegenstreben. Ich stelle mir vor, ich sei eine Tigerlilie, und spüre, wie meine Kultur, meine Konditionierungen und alle weltlichen Belange von mir abfallen. Der Beat nimmt mich in eine andere Dimension mit, in der ich mich von Licht durchströmt fühle, als sei in mir ein Regenbogen. Meine Füße sind federleicht, mein Herz steht in Flammen, und mein Kopf ist leer.

In diesem Zustand der Gnade gleite ich in *Stillness*, in den Atem des Rhythmus, drehe mich um meine Achse und drifte sacht in einen Tagtraum ab. Ich werde zu einer Abfolge sich immer wieder auflösender Gestalten. Die Einzelheiten meiner Wohnung verschwimmen in dem gleißend hellen Licht, das durch die vom Boden bis zur Decke reichenden Fenster fallt. Mein Korper fuhlt sich leer an, wie eine Höhle, die nur von einem Knochengerüst gestützt wird. Innen und außen umgibt mich nichts als leerer Raum. Gleichwohl spüre ich eine elektrische Anziehungskraft, wie zu einem Geliebten. Sie geht von meinem göttlichen Geliebten aus, von dieser unsichtbaren Kraft, der ich meinen Tanz verdanke und die in mir ein und aus geht, ohne eine Spur zu hinterlassen. Im Kreislauf meines Atems erreiche ich den Ruhepunkt innerhalb des Tanzes. In meinen langsamen Bewegungen nehme ich die Unermeßlichkeit jeder Sekunde wahr. Grenzen verschieben sich und verschwinden; es gibt kein Innen, kein Außen mehr. Ich fühle mich, als sei ich überall.

Da klingelt das Telefon. Der Anrufbeantworter schaltet sich ein. Ich höre die Stimme; sie scheint Lichtjahre entfernt zu sein. Ich höre sie, aber ich tue nichts, denke nicht einmal.

Heute habe ich dreiunddreißig Minuten lang getanzt und bin durch alle fünf Rhythmen durchgekommen. Gestern war es nur eine Viertelstunde, morgen werden es vielleicht nur fünf Minuten sein. Diese Übung, die ich »die Welle« nenne, ist sehr flexibel. Sie dient eher dazu, das jeweilige Energieniveau zu spiegeln, und verlangt nicht, daß man ihr mit sturer Disziplin gerecht wird. Es geht nur darum, daß du mitmachst und daß du zu jenem Teil deiner selbst stehst, der sich zur Bewegung entschieden hat. Es gibt zwar fünf Rhythmen, aber es ist ganz in Ordnung, wenn dir heute nur nach einem ist und morgen vielleicht nur nach dreien. In dieser Praxis gibt es kein »richtig« oder »falsch«. Du wirst schnell lernen, auf deinen Körper zu hören und das zu tun, was für dich gerade passend ist. Wir ändern uns ständig; darum sollte jede Praxis, die uns zu Authentizität verhelfen will, diesen fortwährenden Fluß unserer Natur widerspiegeln.

Praxis sollte niemals zur Routine werden, niemals etwas, das man mechanisch, unbewußt und ohne Verstand betreibt. In den ersten Jahren in Esalen hielt ich bei den Massagen genau die Reihenfolge ein, die Molly Day von uns verlangte. Einmal, beim Mittagessen, hatte ich ständig das Bild eines langen, behaarten Beins im Kopf, bis mir schließlich klar wurde, daß es dem Mann gehörte, den ich am Morgen massiert hatte. Da ging mir auf, daß ich vergessen hatte, die Vorderseite seines linken Beins zu massieren. Ich war nämlich so in der Routine drin, daß ich, während ich an seinem Körper herumknetete, gleichzeitig damit beschäftigt gewesen war, im Geiste einen Einkaufszettel zusammenzustellen. Das war die letzte vorschriftsmäßige Massage, die ich je gab. Von diesem Tag an hörte ich immer auf den Körper, den ich berührte, und ließ meine Hände nur noch meinen Impulsen und der Intuition folgen. Seitdem konzentriere ich mich nicht mehr auf Technik, sondern darauf, ganz da zu sein, ganz im Moment und mit wachen Sinnen. Jahre später bat ich einmal den Tierwärter von *Marine World* in Florida, er möge mich doch zuschauen lassen, wenn er mit den Delphinen arbeite. »Gern«, sagte er, »aber wir wissen nie, wann sie auftauchen. Wir folgen ihrer Stimmung. Wenn wir aus dem Training eine Routine machen würden, dann würden sie nichts mehr mit uns zu tun haben wollen.« Ich übe meine Praxis im Geist der Delphine, und das empfehle ich dir auch.

Wie oft man es tun sollte? Auch dafür habe ich eine Geschichte. In den frühen 70er Jahren wohnte ich in Los Angeles und übte dort mit einem fabelhaften Meister Tai Chi. Der Haken bei der Sache war nur, daß sein Kurs in einem Park bei Sonnenaufgang stattfand. Für mich als Nachtmensch war das eine ziemliche Herausforderung, und ich war ihr nicht immer gewachsen. Ich kreuzte nur ungefähr jeden zweiten Tag auf, während meine Freunde mit religiöser Strenge jeden Tag dort antraten und mich wegen meines offenkundigen Mangels an Disziplin ihre Mißbilligung spüren ließen. Schließlich wurde mein Schuldgefühl so groß, daß ich eines Morgens nach dem Unterricht zu meinem Lehrer ging und stammelte: »Sie sind ein großartiger Lehrer, und ich finde Tai Chi wirklich ganz toll. Bitte nehmen Sie meine Faulheit nicht personlich.« Er lächelte ein unergründliches Lächeln und sagte: »Nix schlimm. Einen Tag kommen, einen Tag nix kommen; ist perfektes Tai Chi.« Und da hatte ich die Erlaubnis, es in meinem eigenen Rhythmus zu tun.

Entschuldigungen, Entschuldigungen

In den letzten Monaten vor meinem College-Abschluß bat ich einmal meine Freunde, mir jede nur erdenkliche Entschuldigung zu nennen, die sie sich auf der High School hatten einfallen lassen, um den Unterricht zu schwänzen. Ich hatte gerade eine Anstellung als Lehrerin für die zehnte bis zwölfte Klasse bekommen, wo ich Englisch, Theater und Geschichte unterrichten sollte. Ungefähr 120 Entschuldigungen kamen zusammen – es waren einfallsreiche Freunde. Ich vervielfältigte diese höchst erstaunliche Sammlung und händigte sie am ersten Schultag allen Schülern mit den Worten aus: »Wenn euch eine einfällt, die noch nicht auf meiner Liste steht: nur zu!« Die anderen Lehrer taten mir ein bißchen leid, aber schließlich muß man ja sehen, wo man bleibt.

Ich erwähne diese Geschichte deshalb, weil dir möglicherweise 120 Entschuldigungen einfallen, weshalb du nicht tanzen kannst oder willst. Ich kenne sie alle, und sie lassen mich alle völlig kalt. Hier kommen meine Top Ten:

1. Ich hasse meinen Körper.

Meine Freundin Lori ist eine energiegeladene, lockenköpfige Königin auf dem Racketball-Platz. Sie fährt rasant Auto, läßt ihren Kaugummi knallen und zeltet gerne. Sie ist Firmenberaterin und leitet nebenberuflich Selbsterfahrungskurse für Manager, die am Wochenende extreme Naturerfahrungen suchen. Lori gehört zu denjenigen, die mit Vorliebe auf Bäume klettern und von Klippen springen. Bei einem Milchkaffee an einem verregneten Dezembertag, es war kurz nach ihrem 40. Geburtstag, erzählte Lori mir eine erstaunliche Geschichte. Am Tag vor ihrem 30. Geburtstag war sie allein auf die Spitze des Mt. Tamalpais in Mill Valley geklettert, um die Sonne ihrer 20er Jahre untergehen zu sehen. Wie sie da so saß, wurde sie ziemlich traurig, denn sie dachte darüber nach, wie sie die letzten zehn Jahre verzweifelt damit zugebracht hatte, immer dieselben zehn Pfund abzunehmen. Am Tag vor ihrem 40. Geburtstag ging sie wieder auf den Gipfel des Mt. Tam, diesmal, um die Sonne ihrer 30er Jahre untergehen zu sehen. Und wieder klagte sie sich ihr Leid über all die Zeit und die Kraft, die sie darauf verwendet hatte, ihren Körper für die nämlichen zehn Pfund zuviel zu hassen. Zwanzig von der Waage überschattete Jahre. »Jeden Morgen steige ich auf die Waage, um zu prüfen, ob ich eine liebenswerte Person bin. Ich föne mir sogar die Haare, bevor ich mich wiege. Wie meine Mutter!« Dabei stellte sich heraus, daß auch ihre Mutter ihr Leben lang gegen diese zehn Pfund angekämpft hatte. »Vielleicht«, sagte ich ihr, »sind diese zehn Pfund das Wichtigste an dir. Betrachte sie doch als Familienerbstück, das von Generation zu Generation weitergegeben wird. Genieße sie. Sie unterscheiden sich nicht von deinen restlichen 120 Pfund, abgesehen von deiner Haltung zu ihnen. Man kann ja nun wirklich nicht behaupten, daß du eine Stubenhockerin bist. Wenn diese zehn Pfund bei all deinen waghalsigen Sprüngen und Klettereien keinen Schiß vor dir bekommen haben und auch nicht mit all den Schweißperlen verdunstet sind, die du beim Tanzen der Fünf Rhythmen abgesondert hast, dann gehören sie ganz offensichtlich zu dir. Nicht jede ist dazu auserkoren, als ätherisches Etwas mit flachen Titten und Knabenhüften durch die Welt zu laufen! Du bist nach deinem eigenen Bild erschaffen, und du bist göttlich!«

Neulich, während eines Warm-ups, kamen wir zu den Hüften, und ich sagte den Workshop-Teilnehmern: »Benutzt sie, Leute, benutzt eure Hüften. Je mehr ihr habt, desto besser.« Man konnte hören, wie manchen vor Entzücken der Atem stockte. Das erinnerte mich an meine Freundin Myrtle, die die letzten 40 Jahre in der verzweifelten Hoffnung auf schmalere Hüften zugebracht hat. Ich sage ihr immer wieder: »Schau dir deine Knochen an. Das wird nie was.« Vor ein paar Jahren hat sie bei einem meiner Theater-Workshops mitgemacht, bei dem während einer Performance über den Körper eine schöne schwarze Frau auf die Bühne kam. Sie legte die Hände auf ihre ausladenden Hüften und sah das Publikum unverwandt an. »Das sind meine Hüften«, sagte sie, während sie sich sinnlich in ihnen wiegte. »Mit diesen Hüften habe ich meinen Mann verführt, mit diesen Hüften habe ich geliebt, mit diesen Hüften habe ich meine Kinder ausgetragen. Ich *liebe* meine breiten schwarzen Hüften!« Ich sah zu Myrtle rüber – ihr war die Kinnlade runtergefallen. »Da kannst du dir eine Scheibe von abschneiden!«

2. Ich tanze nicht.

Iris, eine süße, fügsame und doch angespannt wirkende Frau Anfang Dreißig, kam mit einer Freundin zu einem *Waves*-Workshop. Die Freundin hatte sie davon überzeugen können, daß sie danach ihr Leben bestimmt ein bißchen entspannter angehen würde. Iris hatte versucht, ihren Mann zum Mitkommen zu überreden. »Kann ja sein, daß du tanzt«, hatte er ihr geantwortet, »aber ich tanze nicht. Das brauche ich nicht. Will ich auch gar nicht. Ich will nicht tanzen. Tanzen ist was für Weicheier, aber doch nicht für intelligente Leute.« Der Typ war sich seiner Meinung ganz sicher.

Als der Workshop dem Ende entgegenging, fiel mein Blick auf einen großen, eckig wirkenden Mann mit stechenden grauen Augen, der gerade mit Iris sprach. Das war ihr Mann. Er war eine Stunde früher gekommen, um sie abzuholen. Nach ein paar Minuten hatte sie ihn dazu überredet, drinnen zu warten. Der Workshop fand in einem runtergekommenen Schuppen irgendwo im Zentrum statt. Die Trommler waren gerade wieder in einen Zustand größter Einheit untereinander und mit den Tänzern geraten. Die Energie floß in einer pulsierenden Trance durch den Raum. Sogar der Boden wogte. Aus dem Augenwinkel sah ich Iris' Gatten mit dem Fuß wippen. Ich glaube, er merkte es nicht einmal; seine Knie entspannten sich, und er fing an, den Rhythmus mit der Hand mitzuklopfen. Er hatte ganz vergessen, daß er nicht tanzt.

Ein paar Wochen später meldete sich Iris. Sie rief an, um sich für den Workshop zu bedanken und um mir mitzuteilen, daß sie am letzten Abend des Workshops ihren Mann mit einer neu erwachten Leidenschaft verführt hätte. Die Rhythmen hatten ihr Bett zum Schaukeln gebracht. Am nächsten Morgen hatte er sie gefragt: »Sag mal, wann ist denn der nächste dieser Tanzworkshops?«

3. Es ist zu spät, ich bin zu alt.

Evelyn, eine Frau in den Sechzigern, fiel mir zuerst deswegen auf, weil sie sich bei einem meiner Sommerworkshops in Esalen ganz hinten in der Ecke zusammengekauert hatte. Sie sah aus wie ein silberner Origami-Vogel, die Flügel völlig eingefaltet. In ihren Augen stand die Angst, und ich fragte mich, was um alles in der Welt sie hierhergeführt hatte. Es war nämlich so, daß gerade zu diesem Workshop lauter heiße, vibrierende, aufgekratzte und hormonell bestens versorgte Singles erschienen waren. Es brodelte förmlich.

Nach der Session setzte ich mich zu ihr, um zu sehen, wie es ihr ging. Sie erzählte mir, daß sie in einem puritanischen Elternhaus aufgewachsen sei, in dem Tanzen verboten war. Sie hatte zwei Kinder und drei Enkel und trug sich mit dem Gedanken, nach 25 Jahren Berufstätigkeit als Lehrschwester in Rente zu gehen. »Es ist Zeit, daß ich in Bewegung komme«, sagte sie mit einem Augenzwinkern, »aber ich fürchte, ich habe mir ein bißchen zuviel vorgenommen.« Sie hatte sich nämlich nicht bloß für das Wochenende angemeldet, sondern gleich auch noch für das Programm der folgenden fünf Tage. Nun machte ihr ihre Arthritis Probleme, und sie wäre wohl ganz gerne gegangen. Ich sagte ihr, sie solle das mitmachen, was sie mitmachen könne, und ansonsten zuschauen und zuhören.

Es kam soweit, daß sie schließlich die ganzen fünf Tage dabeiblieb und sich in eine neue Sichtweise ihres Lebens regelrecht hineintanzte. Nach dem Workshop schraubte sie die Dosis ihrer Arthritis-Medikamente zurück und begann, die Fünf Rhythmen regelmäßig zu Hause zu tanzen. Seitdem ist sie andauernd in Bewegung, nicht bloß körperlich, sondern auch emotional. Sie hat ziemlich abgenommen, und als ich sie das letzte Mal sah, trug sie einen Rock aus fließender Seide und hatte die Nägel knallrot lackiert. Nun gehört sie zu einem *Tribe* von Tänzern, die sie alle lieben und sehr schätzen – als Inspiration, als Ältere, als weise Frau. Evelyn schließt sich an den Energiekreislauf des *Tribes* an und entzündet daran ihre eigene Kraft. Zweimal pro Woche übt sie in der Gruppe, und inzwischen hat sie angefangen, anderen Senioren die Fünf Rhythmen beizubringen. Es ist nie zu spät, den eigenen Fluß zu entdecken.

4. Ich habe keine Zeit.

Einer meiner Studenten schiebt als Unfallarzt 16-Stunden-Schichten. Zwischen Schnellverband und Schleudertrauma kann man ihn hinter zugezogener Tür in seinem Büro finden, wo er, barfuß und den Walkman auf dem Kopf, den Streß in seinem Beruf beim Tanzen auflöst.

Ein paar Minuten genügen, um deine Welt zu verwandeln.

5. Ich habe kein Rhythmusgefühl.

Kurze Realitätsprüfung. Du bist Rhythmus. Jeder Atomphysiker wird dir bestätigen, daß sich das ganze Universum in ständiger Bewegung befindet und daß du möglicherweise nicht die Ausnahme von dieser Regel bist. Du atmest. Du läufst. Du ißt. Du liebst. All das tust du in Rhythmen. Sogar wenn du sagst: »Ich habe kein Rhythmusgefühl«, ist in deinem Sprechen ein Rhythmus. Da also Bewegung die Natur des Universums ist und du ein Teil von ihr bist, schlage ich vor, daß du dich bewegst.

6. Ich bin zu niedergeschlagen, um mich zu bewegen.
Depression ist Energie, die festsitzt, Traurigkeit, die nicht losgelassen wurde. Bewegung ist die einzige Chance, die Depression zu überwinden. Ya'Acov, ein lieber Schüler und Freund, erzählte mir, wie einmal das Telefon geklingelt habe, als er gerade von einem langen und intensiven Workshop, den er geleitet hatte, nach Hause gekommen war. Eine Schwester vom Hospiz war dran und überbrachte ihm die Nachricht, daß an jenem Nachmittag sein bester Freund nach langem Kampf an Aids gestorben sei. Ya'Acov ging schnurstracks in seinen Tanzraum, entzündete eine Kerze, schloß die Tür, legte Musik auf und tanzte durch all seinen herzzerreißenden Kummer und seinen Zorn darüber, daß sein bester Freund gegangen war. »Ich habe die Musik aufgedreht und Neil all die Erinnerungen zugebrüllt und all das, was ich von ihm gelernt habe. ›Warum auf die Beerdigung warten?‹ dachte ich. ›Zünde eine Kerze an und schick ihm all deine verrückten Tänze.‹ Ich dachte daran, wie er getanzt hatte und wie kein Beat ihn einzudämmen vermochte, wie er tausenderlei Rhythmen tanzte, und alle mit einer *Lyrical*-Note. Ich weinte und tanzte und weinte und tanzte mich von einer Welle zur nächsten. Ich sprach mit meinem Freund, betete um eine gute Reise für ihn und dankte ihm für seine Freundschaft. Bei *Stillness* stellte ich mir vor, wie ich seine stopplige Wange küßte und seine Tränen schmeckte. Das gab mir Trost und half mir dabei, ihn gehen zu lassen.«

In Krisenmomenten wird uns auf einmal klar, weshalb wir Woche für Woche viele Stunden mit spiritueller Praxis zubringen. Wenn dir der Boden unter den Füßen weggerissen wird, ist sie ein gutes Netz.

7. Ich habe nicht viel Energie.
Eine Freundin von mir schreibt und spart sich ihre ganze Energie fürs Schreiben auf. Sie macht Zazen, um ihren Geist zu beruhigen. Dabei kommt unser Geist am schnellsten dann zur Ruhe, wenn wir unseren Körper bewegen. Bei mir funktioniert das immer. Je tiefer mein Tanz ist, desto mehr Energie habe ich, denn dann lasse ich all das Zeug los, das meinen Fluß blockiert. Die Trägheit des Körpers verwandelt sich

früher oder später in schlechte Gedanken. Es ist viel anstrengender, Bewegung zu unterdrücken, als sich ihr zu ergeben. *Das* ist wirklich anstrengend.

8. Ich hab ganz andere Sorgen.

Manchmal laufe ich gegen eine Wand und stehe vor einem Problem, für das ich partout keine Lösung finden kann. Was mir dann hilft: Ich konzentriere mich ein paar Minuten auf das jeweilige Thema, und dann lasse ich es beim Tanzen einfach fallen. Ich glaube, in der letzten Zeit sind alle mit ihren Problemen zu mir gekommen: »Soll ich meinen Mietvertrag verlängern?« »Soll ich bei meinem Freund einziehen?« »Soll ich meine Aktien verkaufen?« »Soll ich mir die Haare schneiden lassen oder nach Spanien gehen?« Mein Rezept lautet immer gleich: Tanze eine halbe Stunde oder wie lange auch immer du brauchst, um das Problem aus dem Kopf zu bekommen. Nach einem Tanz, in dem du alles gegeben hast, so daß dein Herz pocht, der Atem nur langsam wieder in die Tiefe deines Körpers zurückfindet und du dich in einem Zustand energiegeladener Leere befindest, ist die Antwort, nach der du gesucht hast, oft einfach da.

9. Ich habe keinen Platz zum Tanzen.

Gut, du hast also einen Mitbewohner, der Musik verabscheut, Tanzen unerträglich findet und dich nur beurteilen und lächerlich machen würde, wenn aus dir plötzlich eine Serie von Bewegungen herausbräche, die jeden anderen umhauen würden. Oder deine Wohnung ist kleiner als das kleinste Wohnklo. Kann sein, daß Umziehen nicht möglich ist und du auch den Mitbewohner nicht los wirst. Aber es gibt noch andere Möglichkeiten.

Finde heraus, welche Musik dich antörnt, und such dir eine Disco, in der solche Musik läuft. Geh allein hin und tanz allein – für dich, mit dir, dir zum Trotz. Auf diese Weise brauchst du dich um andere nicht zu kümmern, denen du gefallen willst, vor denen du eine Show abziehen müßtest, oder schlimmer noch, mit denen du dich kritisch vergleichen würdest. Als ich jung und hungrig war und einen Platz brauchte, an dem ich bis zur Selbstauflösung tanzen konnte, ging ich immer in Schwulendiscos. Sie spielten die geilste Musik, und keiner störte meinen Tanz mit seiner Anmache – was für ein Segen!

Ich kenne Schauspielschüler, die in ganz Manhattan die seltsamsten Klohäuschen aufsuchen, um vor einem Vorsprechtermin die Rhythmen zu tanzen. Ein Anwalt benutzt für kleine Tanzpausen am Arbeitstag ebenfalls die außerhalb seines Büros gelegene Toilette. Ich habe mein halbes Leben in kleinen Hotelzimmern zugebracht, in denen ich gerade mal zwischen Bett und Fernseher Platz zum Tanzen hatte.

10. Ich bin scheu und befangen. Ich könnte nie vor Leuten tanzen.

Befangenheit kann im Kopf oder im Körper sitzen. Einer meiner Schüler ist unheilbar scheu, aber nur, solange er nicht tanzt. Wenn die Musik losgeht, verwandelt er sich in Mister Selbstvertrauen persönlich, schiebt seinen Körper vor, beseitigt jeden Zweifel an seiner Daseinsberechtigung und befreit die dreistesten Seiten in seinem Selbst. Er nimmt im Tanz Zuflucht, weil dies der einzige Ort ist, der ihn nicht einschüchtert und wo er nicht um Worte verlegen zu sein braucht. Es ist ihm ganz gleich, ob ihm jemand dabei zusieht. Wenn er aufhört, senkt sich der Schleier wieder herab.

Eine andere meiner Schülerinnen ist eine ausgesprochene Quasseltante. In Gesellschaft ist sie wie ein Chamäleon, sie kann sein, wer immer sie sein will – solange sie im Kopf ist. Sie kann einen mit Shakespeare-Zitaten verblüffen und kann mit entlegenen Querverweisen zu obskuren biologischen Fakten aufwarten, aber sowie wir anfangen, uns zu bewegen, sieht sie aus wie eine von der Clique allein gelassene Halbwüchsige, die durch die öde Einkaufszone einer Zwischenwelt streunt. Sie ist in ihrem Körper nicht zu Hause, und nun merkt sie plötzlich, wie unwohl sie sich in ihm fühlt.

Befangenheit saugt unsere Lebenskraft schneller auf als ein Schwamm. Es gibt keinen Ausweg, nur einen Weg mittendurch. Wenn sie mich erwischt, dann übertreibe ich die Befangenheit und mache einen Rollentanz daraus, als wäre ich eine Schauspielerin, die gerade jemand anderen spielt. Ich habe meine eigene Befangenheit inzwischen gut im

Blick und weiß, daß Humor die beste Waffe dagegen ist. Befangenheit ist unbeweglich – wie wenn die Nadel in der Schallplatte steckenbleibt. Die Ironie dabei: In einem solchen Zustand denken wir, daß alle uns anschauen. In Wirklichkeit aber weckt dieses Verhalten niemandes Aufmerksamkeit, nur unsere eigene.

Und hier kommt meine zweite Liga:

1. *Ich brauche Schrittfolgen, damit ich weiß, ob ich's richtig mache.*
   Hier gibt es kein »richtig machen«.
2. *War ich schon. Kenn' ich schon.*
   Konfuzius sagt: »Der ausgeht in Unschuld, wo endet er?«
3. *Ich hab' ein bißchen Fieber, und mein Rücken tut mir irgendwie weh, und ich glaube, ich hab' mir diesen Infekt geholt – wie heißt er noch gleich? Findest du, daß ich in Ordnung aussehe?*
   Also für mich siehst du o. k. aus, aber du klingst zum Gotterbarmen. Du *mußt* geradezu tanzen.
4. *Zeig mir den Saal! Ich tanze sie alle in Grund und Boden!* Überheblichkeit ist extrem wenig anziehend und doof. Todlangweilig.
5. *Wenn ich als Kind bloß Tanzstunden gehabt hätte!*
   Vorbei. Das war früher. Jetzt ist jetzt.
6. *Ich schau lieber anderen beim Tanzen zu.*
   Ja, wir Tänzer sind irre faszinierend, nicht?
7. *Was für eine Art Tanz? Wo? Wie erfahre ich, was ich tun muß? Wann findet es statt? Was soll ich anziehen? Wer kommt außerdem? O Gott, ich weiß nicht, ob ich das machen kann.*
   Steck all diese Energie in einen Paniktanz. Er wird hervorragend sein.
8. *Super! Da zieh' ich eins von meinen neiderregenden heißen französischen Body-Teilen an. Vorher muß ich natürlich noch zu WOM und ein paar neue Scheiben abgreifen. Bevor ich anfange, brauch' ich auch noch ein paar neue Lautsprecher. Ich glaube, ich baue mir einen Tanzraum hinterm Haus. Vielleicht nehm' ich das Teacher-Training auch gleich noch mit. Wann hast du gesagt, soll die Stunde sein? Am Dienstag? Ach, dienstags spiel' ich immer Tennis.*
   Und wie wird das Wetter in der Zukunft?

9. *Ich muß mir vor dem Tanzen erst einen antrinken.*
   Lieber mit Apollinaris oder mit Perrier?
10. *In diesem Leben nicht mehr. Nicht in diesem Körper. Gib mir noch einen Schokokringel.*
   Konzentrier dich auf das Loch in der Mitte.

Die einzige Tanzstunde, die du je brauchen wirst

... verankert
in meiner alten, geraden Spur
flügelweit geöffnete Arme im Tanz
durchbrechen die Pose der
dauernden Entschuldigung
Cora Greenhill

Wie »macht« man denn nun die Rhythmen?

Nur du weißt die Antwort darauf. Jeden Tag wählst du dir deinen eigenen Weg, die Rhythmen zu tanzen, denn deine Bedürfnisse ändern sich von Tag zu Tag. Manchmal ist es besser, sich überhaupt nicht zu bewegen. Heute brauchst du vielleicht tiefe, langsame Bewegungen, aber nur kurz; morgen bringst du dich vielleicht mit einem wilden *Chaos*-Tanz auf Trab.

Im Idealfall machst du die Rhythmen jeden Tag. Aber manchmal hast du dafür nur zehn Minuten Zeit. Es wird auch Tage geben, da hast du nicht eine Minute dafür übrig; dann mach's auf dem Weg zur U-Bahn oder im Parkhaus oder im Fahrstuhl, der dich in dein Büro hochbringt. Manchmal lassen dir die Kinder nicht eine Sekunde, dann bring sie dazu, die Rhythmen mit dir zu tanzen. Manchmal hast du keine Musik zur Hand. Nutze dann die Gelegenheit, deinem inneren Rhythmus zu folgen. Manchmal klingelt mittendrin das Telefon, und es ist jemand dran, mit dem du unbedingt sprechen mußt. Nimm den Hörer ab und tanze weiter – ein schnurloses Telefon kommt da sehr gelegen. Manchmal findest du einfach nicht aus dem Bett. Dann lade dir einen Liebhaber ein, leg ein bißchen sexy Musik auf, und mach die Rhythmen, wie nur du die Rhythmen machen kannst!

Jeder muß seinen eigenen Weg finden. Manche machen es mit der Präzision eines Uhrwerks jeden Tag zur selben Stunde – sie springen aus dem Bett und tanzen gleich los. Andere tun es eher dann, wenn es ihnen gerade einfällt, oder zu ganz unterschiedlichen Tageszeiten. Die Praxis ist flexibel, und man kann sie überall machen. Oft gehen mein Liebster und ich nach dem Abendessen vom Restaurant zu Fuß nach Hause. Da laufen wir manchmal, ohne es zu merken, fünfzig Blocks weit durch die Stadt. Bei solchen Gelegenheiten spüre ich die Rhythmen in meinem Gang: Im Winter bewege ich mich mit großen Schritten in schnellem *Flow*, im Sommer ist meine Gangart viel langsamer. Und dann ist da noch mein Partner – ich beschleunige meinen Schritt etwas, um mit ihm mitzukommen, er verlangsamt seinen etwas. Wenn ich bei Häagen Dazs warte, während er dort für ein Eis ansteht, stehe ich an der Ecke und beobachte die *Stillness* meines Atems, das *Chaos* des Verkehrs, den charakteristischen Tanz eines jeden Passanten. Leben ist Rhythmus.

»Die Rhythmen machen« heißt ganz einfach, unsere Achtsamkeit und unsere Aufmerksamkeit auf jene Energien zu lenken, in denen wir uns gerade befinden. Bewegung zu üben bringt unsere schöpferische Kraft zum Fließen. Die Praxis sorgt nicht nur für ein Loslassen im Körper, sondern öffnet auch das Herz und leert den Verstand. Was immer wir fühlen oder womit wir uns gerade nerven mögen, machen wir zum Bestandteil des Tanzes. Wir entfernen uns von der Oberfläche und geraten mit einem tieferen, weisen Ich in Berührung, das die Einheit wahrzunehmen vermag, die allem als Urgrund dient. Die Rhythmen bringen uns zum Urzustand zurück, von dem aus wir erneut beginnen können, erfrischt und bereichert, sozusagen von Natur aus high.

Als Hilfe zur Vorbereitung auf die Fünf Rhythmen hier fünf Denkanstöße.

1. Ziel/Richtung

Der Zweck der Bewegungsübung besteht nicht darin, die Rhythmen so zu machen, daß man sie von seiner Liste abhaken kann. Er liegt darin, sie um ihrer selbst willen zu tun. Wir sind so zielfixiert geworden, daß wir unseren Orientierungssinn verloren haben, unsere Fähigkeit, unserem Instinkt zu folgen. Inzwischen wird es ja meist als viel wichtiger angesehen, unter allen Umständen anzukommen, wo auch immer, anstatt die Aussicht unterwegs zu genießen.

Das habe ich von acht Thorazin-benebelten Patienten in einer psychiatrischen Anstalt im Mittleren Westen gelernt. Zwei Wochen lang kamen sie jeden Tag zur Bewegungstherapie zu mir. Mit leblosen Augen schlurften sie in den Raum. Auch in ihren Gliedern schien kein Fünkchen Lebendigkeit mehr zu sein. Sie brachen mir das Herz. Ich hatte keine Ahnung, was ich mit ihnen machen sollte. Schon die bloße Vorstellung, daß sie gleich durch die Tür kommen würden, löschte jeden klugen Gedanken aus meinem Hirn. Sie waren so himmelweit von irgendeinem Selbst entfernt, daß es unmöglich schien, sie zu erreichen.

Ich lockte sie mit dem Finger und der verführerischsten Radiosprecherstimme, die ich zustande brachte. Sie eierten auf mich zu, und als sie nah an mir dran waren, rief ich: »Okay, schön, und jetzt wieder zurück!« Mühsam schleppten sie sich wieder zurück, bis ich sie bat, anzuhalten und nun seitwärts zu gehen, erst zur einen, dann zur anderen Seite. Und dann kam der Höhepunkt: »Jetzt dreht euch auf dem Platz einmal im Kreis!« Am fünften Tag konnte ich einen verschlagen aussehenden jungen Mann mit struppigen Augenbrauen und zu Berge stehendem Haar dabei tatsächlich lächeln sehen. Das hielt ich für ein gutes Zeichen.

Diese Übung wiederholten wir jeden Tag genau gleich, und jeden Tag kam ein bißchen mehr von ihnen zurück, bis ich sie am Ende der zweiten Woche soweit hatte, daß sie diese Gehmeditation zum Rhythmus eines damals populären Songs vollzogen. In der letzten Session gab es einen Durchbruch: Plötzlich erwachte in ihnen ein Orientierungssinn. Sie fingen an, für sich zu entscheiden, ob sie nun vorwärts, rückwärts oder seitwärts gehen oder sich im Kreis drehen wollten. Darüber war ich so glücklich, daß ich am liebsten weinend über den ganzen Boden gerollt wäre.

Als ich nach Esalen zurückkam, setzte ich diese Erfahrung gleich in eine Gehmeditation für alle Gruppen um, die ich unterrichtete. Ich demonstrierte die fünf verschiedenen Richtungen und bat die Teilnehmer, durch den Raum zu gehen und dabei den leeren Raum zu suchen, sich ihren Reiseweg von der Leere diktieren zu lassen. Je nachdem, wie groß die Bereitschaft war, sich auf diese Übung einzulassen, konnte ich das Tempo steigern und dadurch das Risiko erhöhen, und, wenn ich Glück hatte, auch das Bewußtsein. Meist jedoch »machten« die Teilnehmer einfach die Übung, indem sie sich unbeirrbar den Weg zu dem Ziel bahnten, das sie angesteuert hatten: »Jetzt geh' ich mal außen lang. Jetzt geh' ich in die Mitte. Ha, den Platz laß' ich ihm nicht.« Ziellosigkeit und Zielbesessenheit sind die zwei Seiten derselben Medaille, die von Orientierungslosigkeit geprägt wird.

Als ich klein war, haßte ich diese plumpen, großen, fremden Leute, die sich mit scheinheiligem Grinsen über meine Zauberwelt beugten und dämliche Fragen stellten wie: »Was willst du denn mal werden, wenn du groß bist? Krankenschwester? Filmstar? Tierärztin?« Offenbar erwarteten sie von mir, etwas zu wissen, das ich nicht wußte, oder etwas zu sein, das ich nicht war. Von klein auf werden wir darauf getrimmt, uns Ziele zu setzen und die Zukunft im Blick zu haben, statt innezuhalten und die Gegenwart zu betrachten. Wir fixieren uns derart aufs Ziel, daß wir darüber unseren Orientierungssinn einbüßen, die innere Gewißheit darüber, wer wir eigentlich sind und wohin uns die eigenen Regungen und Wünsche tragen wollen. Die Gehmeditation wurde zu einer Metapher für das Leben. Denn im Leben ist es manchmal nötig, geradeaus zu gehen, so wie es manchmal besser ist, zurückzuweichen oder zur Seite zu treten oder sich einmal im Kreis zu drehen, bis man den Weg weiß.

Manchmal denke ich, daß meine acht Patienten verkleidete Zen-Meister waren. Sie brachten mir Langsamkeit bei und Einfachheit, jene Eigenschaften, die wir bei dieser Praxis zuerst brauchen. Geh deinen Impulsen, deinen Launen nach, folge dem, was dich anzieht; so kannst du ausgetretene Pfade verlassen. Du brauchst keineswegs jedesmal durch alle fünf Phasen von *Flowing* bis *Stillness* zu gehen. Vielleicht kommst du heute über *Flowing* nicht hinaus. Oder du fängst in *Chaos* an und hörst damit auf. Diese Praxis soll dazu dienen, uns wieder auf Instinkte auszurichten, die tief in unseren Knochen vergraben sind. Wenn wir ihnen vertrauen, werden sie uns nie auf Abwege führen.

Tun (oder nicht tun)

Ziel/Richtung

Während der College-Zeit verbrachte ich die Wochenenden oft mit meinem Freund, der Jura studierte. Wenn wir dann am Montagmorgen zusammen zum College gingen, nahm er zu meinem großen Erstaunen jedesmal genau den gleichen Weg. Das wäre mir nie eingefallen. Ich war viel zu neugierig und wollte immer die ganze Gegend auskundschaften.

Wenn du im Lauf dieser Woche ins Kino oder zur Reinigung gehst oder ins Rheinland, wohin auch immer: Schließ einen Pakt mit dir, daß du auf jeden Fall einen anderen Weg zurückgehst als hin. Finde immer wieder neue Wege zu denselben Orten. Geh an irgendeinen Ort, wo du vorher noch nie warst und über den du nichts weißt. Gehe dort immer der Nase nach. Erkunde beispielsweise einen für dich neuen Stadtteil, oder finde einen neuen Weg für einen Spaziergang.

Vor ein paar Jahren habe ich mir mal das Handgelenk gebrochen und wurde plötzlich zur Linkshänderin. Eine Offenbarung! Schminken, anziehen, schreiben, Haare waschen – alles war neu. Mach einen Tag lang alles mit deiner anderen Hand.

2. Raum

In meinen Gruppen scheint der Saal am Anfang oft aus allen Nähten zu platzen. Wenn ein paar hundert Leute zu einem Tanzworkshop zusammenkommen, neigen sie dazu, Besitzansprüche zu entwickeln und zu denken, daß es selbst dort an Platz mangelt, wo es noch welchen gibt.

Dann füllt sich bald der ganze Raum mit dem Glauben, er sei überfüllt, so daß er sich dann wirklich gestopft voll anfühlt.

Durch die Gehmeditation und andere Übungen verlagere ich die Aufmerksamkeit auf jenen Raum, der noch nicht von jemand anderem besetzt ist. Wie Moses, der die Wogen zerteilt, öffnet sich der überfüllte Saal dann unversehens in freien Raum. Es können Wunder geschehen, wenn jeder nach dem freien Raum sucht, statt sich in die Idee zu verrennen, der Nebenmann beanspruche allen Platz für sich, und darüber zu grummeln und zu stöhnen.

In einer heißen Sommernacht gingen wir mal mit einer ganzen Horde in einen Club namens Tramps, um eine afrikanische Band zu hören. Der Laden war gerammelt voll. Die Trommler erschienen einer nach dem anderen auf der Bühne, bis sie zu sechst dasaßen und jeder seinen eigenen Song spielte. Dann folgten der Bassist und die Gitarristen, und als schließlich der Sänger dazukam, war es unmöglich geworden, den Polyrhythmen noch länger zu widerstehen. Jeder von uns war in seinen Tanz vertieft; keiner störte sich daran, daß wir hier wie die Ölsardinen eingequetscht waren. Es gab nur noch ein einziges, großes Meer kreisender Hüften.

Die Gehmeditation in der Gruppe zu machen ist ganz einfach: Gehen und den freien Raum suchen. Wenn hundert Leute zum selben Rhythmus kreuz und quer durch einen Raum laufen und jeder die Richtung wechselt, sowie sich ihm der Raum dafür öffnet, kann das etwas chaotisch werden. Doch im *Chaos* verbirgt sich ein erstaunlicher Sinn für Ordnung und Muster; im *Chaos* finden wir unsere Bestimmung. Neulich erzählte mir eine Frau, daß diese Meditation ihr Leben verändert habe. Ihr sei dadurch klargeworden, daß sie in ihrem Leben nie nach dem leeren Raum gesucht habe. Vielmehr hätte sie immer das gewollt, was die anderen hatten, und hätte immer dort sein wollen, wo schon andere waren, anstatt bei sich zu bleiben.

In einem anderen Workshop erzählte ein Mann von Katmandu, von wo er gerade zurückgekommen war. Der Verkehr dort sei höllisch gewesen, vollkommen *chaotisch* und für seine Begriffe ziemlich lebensgefährlich. Es gab weder Regeln noch Gesetze. Nach einer besonders qualvollen Fahrt fragte er den Chauffeur: »Wie überleben Sie bloß in diesem völlig ungeregelten Verkehr?« Der Fahrer habe gekichert und gesagt: »Ich suche immer nach dem freien Raum!«

Tun (oder nicht tun)

Raum

Geh in eine Disco, und such nach dem freien Raum auf der Tanzfläche, indem du dich zwischen den Tänzern hindurchschlängelst wie eine Kurve aus Licht. Mach eine Meditation daraus. Oder suche auf einem Bürgersteig voller Menschen nach dem leeren Raum, wobei du weder deinen Fluß unterbrechen noch jemanden anrempeln darfst. Geh durch hohes Gras oder durch den Wald, und tanze in den leeren Räumen, wo immer sie sich auftun.

3. Aufmerksamkeit/Gewahrsein/Handeln

Gestern ging ich
zu McDonald's und sagte:
»Ich hätte gern einmal Pommes.«
Das Mädchen am Schalter fragte:
»Möchten Sie Pommes dazu?«

Jay Leno

Aufmerksamkeit, Gewahrsein und Handeln bilden die Intelligenz der Seele. Manchmal gerate ich beim Tanzen in eine Welt, in der ich und der Tanz eins werden. Mein Körper verschmilzt mit dem mich umgebenden Raum, bis ich ihn nicht mehr als fest erlebe, sondern als flüssiges Licht. In diesem Zustand löst sich meine Empfindung des Getrenntseins in ein Feld des Gewahrseins auf. Dieses Gewahrsein wird durch meinen Körper nicht begrenzt; eher ist es umgekehrt: mein Körper wird durch mein Gewahrsein begrenzt.

Im Körper, in diesem Feld des Gewahrseins, gibt es ein sich bewegendes Zentrum. Dies ist der Teil in mir, der für die Verlagerung meiner Aufmerksamkeit sorgt. Wenn es nicht irgendwo anders festgehalten wird, sitzt dieses Zentrum zwischen den Instinkten und der Intuition in meinem Bauch und wartet auf ein Signal, sich in Bewegung zu setzen. Aufmerksamkeit ist in dem Maß gezielt, wie Gewahrsein ungerichtet ist.

Es braucht Disziplin, um Aufmerksamkeit und Gewahrsein zu entwickeln. Für mich gehört diese Disziplin zum Tanz. Das Gewahrsein in meinem Körper zu halten und es nicht in den Kopf steigen zu lassen, wo es mich auf tausendfache Weise ablenken kann, gehört dabei zu den schwierigsten Übungen. Beim Tanzen übe ich, das Gewahrsein in meinen Füßen zu verankern und meine Aufmerksamkeit auf verschiedene Körperteile zu lenken. Im Idealfall ist die Aufmerksamkeit ein Aspekt des Bewußtseins, der sich im Feld des Gewahrseins bewegt. Gewahrsein ist der Wald, Aufmerksamkeit sind die Bäume.

Beim Tanzen könnte ich mich etwa auf einen Zahnschmerz konzentrieren. Doch soviel Aufmerksamkeit ich ihm auch schenken würde, davon ginge er nicht weg. Um ihn loszuwerden, muß ich handeln, also mir einen Termin beim Zahnarzt geben lassen. Aufmerksamkeit ist die Brücke zwischen der aufnehmenden, weiblichen Energie des Gewahrseins und der nach außen gerichteten, männlichen Energie des Handelns.

Tun (oder nicht tun)

Gewahrsein

Wo auch immer du gerade bist, während du diese Seite liest und den Worten Aufmerksamkeit schenkst: Werde dir deiner Füße gewahr! Wenn sie nicht auf dem Boden sind, stell sie dorthin und spüre die Erde unter dir. Nimm wahr, wie du unwillkürlich die Bewegung deines Atems erfährst, die Spannung in deinen Schultern, den Hunger in deinem Bauch. Geerdetes Gewahrsein macht uns bewußt, was in unserem Körper, im Raum zwischen Kopf und Füßen, vorgeht.

Geh spazieren und richte dein Gewahrsein immer wieder auf deine

Füße. Mach diese Übung den ganzen Tag: wenn du beim Einkaufen an der Kasse anstehst oder am Schalter in der Bank, wenn du an der Ampel auf Grün wartest oder wenn du dir ein Rührei brätst. Finde in deine Füße.

Aufmerksamkeit

Mach Inventur, während du tanzt:

Kopf – In welcher Verfassung ist er?
Schultern – Sind sie verspannt? Was halten sie fest?
Ellenbogen – Folge ihnen durch den Raum.
Rechte Hand – Was will sie dir sagen?
Linke Hand – Fühlt sie sich anders an als die rechte? Inwiefern?
Wirbelsäule – Ist sie locker oder fest? Nimm sie dir vor; lehne dich gegen eine Wand, leg dich auf den Boden, bewege dich wie eine Schlange.
Brustkorb – Eingefallen? Aufgebläht? Welche Haltungen und Gefühle wohnen darin?
Hüften – Sie stecken voller Geschichten. Wie lauten deine?
Knie – Sind sie fest oder locker? Irgendwelche Verletzungen? Was sagen sie dir?
Füße – Auf welchem Teil deiner Füße läufst du? Hast du einen sportlichen Gang, läufst du wie ein Ballett-Tänzer, oder gehst du, als hättest du Schnürschuhe mit hohen Absätzen an?

4. Atem

Der Atem ist ein promiskuitiver Liebhaber. Der Atemzug, den du gerade eingesogen hast, war eben noch in jemand anderem, und wenn du ihn losläßt, geht er zum nächsten. Der Atem hält alles in Bewegung; ohne ihn gibt es keinen Tanz. Tanze also im Gewahrsein deines Atems. Achte auf seinen Rhythmus; achte auf die Körperteile, in die du hineinatmest, und auf jene, die du vergißt. Vielleicht ist eine deiner Schultern unbeweglich, oder deine Hüften sind es; keine Bewegung heißt kein

Atem. Konzentriere dich auf den entsprechenden Körperteil, atme hinein und laß los, was immer du dort festhältst. Der Atem sorgt dafür, daß jeder Teil unseres Körpers seine Aufgabe erfüllt. Das Wichtigste und Lebendigste an dir ist dein Atem. Wenn du nicht atmest, stirbst du. Aber was noch viel schlimmer ist: Wenn du nicht atmest, kannst du nicht tanzen.

Tun (oder nicht tun)

Atem

Der Atem ist Mittel und Metapher für Empfänglichkeit. Schließe deine Augen, und entwickle ein Gespür dafür, was länger anhält, dein Einatem oder dein Ausatem. Atmest du flach? Durch den Mund? Gar nicht? Oder atmest du voll und ganz aus der Tiefe deines Bauches? Schneidest du den Einatem ab und kontrollierst, wie tief er geht? Der Tanz deines Atems enthält deine Geschichte. Atmend bewegt sich der Geist durch die Materie; er ist die einfachste religiöse Bewegung, die man sich denken kann.

Leg ein bißchen schnelle Musik auf, zum Beispiel »Snake« von meiner Platte *Bones*, und tanze, bis du umfällst. Sitze dann und beobachte deinen Atem. Lausche seinem Lied, stimm dich darauf ein wie auf einen inneren Tänzer. Durch den Atem vereint sich der Geist mit dem Fleisch. Stell dir vor, sie seien zwei Geliebte, die lang voneinander getrennt waren, oder zwei enge Schulfreunde, die sich endlich wiedersehen.

5. Musik

Man kann die Rhythmen zu jeder Art von Musik machen – Heavy Metal, Techno, Ethno, klassische Musik. Der Stil ist ganz egal, solange die Musik dich anmacht. In diesem Buch findest du eine Menge Vorschläge, aber ich weiß, daß letztlich nur das zählt, worauf *du* wirklich abfährst. Wenn du keinen Schimmer von Musik hast – mach dir nichts draus. Freu dich, daß ich in den letzten 15 Jahren Musik gemacht habe, die diese Art des Tanzens unterstützt, und daß man sie kaufen kann. Oft wird die Praxis sowieso ohne Musik geübt. Das Ziel ist, ins Fließen zu kommen, ganz in den Fluß, mit nichts zurückzuhalten und auf Eingebungen, Impulse, Wünsche und die Kraft der Intuition zu vertrauen.

Wenn du dir die Musik aussuchst, bereitest du die Bühne für eine Erfahrung; triff deine Wahl bewußt, denn die Musik soll das unterstützen, was du in deiner Übung heute tun möchtest. Soll die Musik eher zurückhaltend sein oder vor Energie übersprudeln? Vielleicht brauchst du eine Dosis *Staccato*, weil heute Vertragsverhandlungen anstehen. Leg also Rock 'n' Roll mit einem soliden 4/4-Takt auf oder sonst etwas, das dich darauf vorbereitet, dreh ordentlich auf, und höre dem Rhythmus mit deinem ganzen Körper zu.

Tun (oder nicht tun)

Musik

Mach die Tür zu, zieh die Jalousien runter, leg ein Stück absolut leidenschaftlicher Musik auf, und stell sie richtig laut. Jetzt leg dich auf den Boden, und laß deinen Körper zum Lautsprecher werden. Hör der Musik mit deinem ganzen Körper zu. Hör mit deinem Kopf, deinen Schultern, deinen Ellenbogen, deinen Händen, deiner Wirbelsäule, deinem Bauch, deinen Schenkeln, deinen Knien, deinen Waden, deinen Füßen. Laß dich von der Musik durchströmen. Spüre ihre Schwingung überall in dir. Welcher Körperteil hört den Baß, welcher die Höhen? Welches Instrument zieht an deinem Herzen, welches an deinen Füßen?

Spiel das Stück noch einmal. Diesmal bewegst du deinen Körper. Tanz mit diesem neuen Gewahrsein gegenüber der Musik.

Musik kann dir dabei helfen, herauszufinden, welcher Rhythmus bei dir vorherrscht. Stell dir dein Leben als Stummfilm vor. Spule ihn ein paar Tage zurück, und beobachte dich dabei, wie du dich von morgens bis abends bewegst. Beobachte deine alltäglichen Bewegungen, beim

Essen, beim Anziehen, beim Gehen, Reden, Warten und beim Staunen. In welchem Rhythmus bewegst du dich, und in welchem Tempo? Hör dir deine Filmmusik an. Welche Musik würde zu deiner Lebensgeschichte am besten passen?

Das Opfer

Die Welle ist eine spirituelle Praxis, deshalb beginnen wir sie mit einem Gebet. Mein Lieblingsgebet heißt: »Gott ist ein wahres Wunder. Gott ist in mir, und ich bin in Gott.« Dann weihe jeden deiner Körperteile dem Tanz. Opfere dem Tanz deine Schultern: »Nimm meine Schultern, gebrauche meine Schultern, befreie meine Schultern, sie sind Dein.« Dann laß deine Schultern den Rest deines Körpers in einen Tanz führen. Mach dasselbe mit den Ellenbogen, den Händen, der Wirbelsäule, den Hüften, den Knien, den Füßen – mit allem, was du hast. Gib alles in den Tanz: »Nimm mich. Gebrauche mich. Bewege mich noch tiefer in Dich hinein.« Tu das, bis dein ganzer Körper erwacht.

Kennst du den Unterschied zwischen führen und folgen? Er ist entscheidend für deinen Sinn für Balance. Manche Leute können nur führen, andere können nur folgen. Wer darin feststeckt, zu führen, der braucht immer jemanden, den er führen kann. Wer darin feststeckt, zu folgen, der sucht immer jemanden, dem er folgen kann. Keiner von beiden ist im Gleichgewicht, und beide sind auf dem besten Weg, sich im Groll einzunisten. Wir müssen beides können, führen und folgen, um frei aus dem Moment heraus richtig zu handeln. In einem Delphinschwarm führt immer gerade der, der vorne schwimmt; wird er müde, fällt er zurück, und wer dann gerade vorne ist, führt weiter. Keine Anhaftung. Keine Wahlen. Keine Politik. Wir sind nicht wie die Delphine, aber wenigstens dort, wo es um die Psyche geht, könnten wir sein wie sie. In dieser Übung lernen wir, zugleich Führer und Folgende zu sein, indem wir einen Teil unseres Körpers führen lassen, während der Rest folgt. So können wir »das Männliche kennenlernen und uns doch an das Weibliche halten«, wie es im Tao te King heißt.

Im Trancetanz kann dich jeder Körperteil zur Ekstase führen – deine Hände, deine Hüften. Wenn du dich im Tanz aufgegeben hast, wird der Rhythmus zu deinen Körperteilen sprechen. Wenn du darin geübt bist, ihnen zuzuhören und ihnen zu folgen, dann wirst du hören, und du wirst folgen, und du wirst getanzt werden.

Tanze, bis du schwitzt.

Dann tanze noch mehr.

Mach es allein.

Mach es mit anderen.

Mach es oft.

Mach es mit Haltung.

Mach es in einer Haltung des Gebets.

Hast Du die
Disziplin, die es
braucht, um ein
freier Geist zu
sein?

Drittes Kapitel

DIE ARCHETYPEN

> Nichts Schlimmeres könnte einem passieren, als vollkommen verstanden zu werden.
>
> C. G. Jung

Es erwies sich bald, daß die Rhythmen zu viel mehr nütze waren, als nur den Körper zu trainieren. Sie wurden zum Training für die Seele. Meine Intuition wurde feiner, meine Vorstellungskraft wuchs, und ich geriet in Bereiche der Inspiration, deren bloßes Vorhandensein ich mir zuvor nicht hätte träumen lassen. Jeder Rhythmus war ein Seinszustand; ein unermeßlicher Raum für tiefe innere Lernprozesse über das Leben und die Liebe, über Geburt und Tod, über Kunst und Gott. Jeder Rhythmus rief Kräfte in mir wach, die mir dabei halfen, mich von meinen Konditionierungen zu lösen, meine ursprüngliche Leidenschaft und Sehnsucht zu entdecken und eine Verbindung zu meiner Menschlichkeit aufzunehmen. Die Rhythmen wiesen mir einen Weg, sowohl die Vorgänge in meiner Psyche nachzuzeichnen als auch die Bewegungen im sich ständig wandelnden Universum. In ihrer Umgebung konnte ich meine weiblichen Wurzeln begreifen und meine männlichen Flügel ausbreiten. Fortan bewegte ich mich auf geflügelten Füßen durch die Welt.

Jeder Rhythmus versetzte mich in einen anderen Seinszustand und offenbarte mir eine andere Facette meines wahren Selbst. Diese Entdeckung begeisterte mich. Doch wie ich sie anderen vermitteln sollte, damit auch sie die verborgenen Reiche ihrer Seele erkunden konnten, war mir schleierhaft. Ich brauchte eine Sprache, einen Wortschatz an Bildern, die klar und nachvollziehbar sein sollten, ohne zu sehr festzulegen oder zu verkürzen. So fing ich an, mit einigen jener Archetypen herumzuspielen, die am meisten zu mir sprachen und die mir am vertrautesten waren: *Mutter*, *Geliebte*, *Madonna*, *Vater*, *Sohn* und *Heiliger Geist*. Während die ersten drei die verschiedenen Energiefelder wiedergeben, die ich im femininen Rhythmus *Flowing* erkannte, stehen die drei anderen für die Energien, die ich beim Tanzen des männlichen *Staccato*-Rhythmus empfand.

Ich mußte bei Null anfangen und alles vergessen, was ich über diese Worte wußte. Denn dem Mißbrauch, der mit ihnen getrieben wurde, verdanken wir 2000 Jahre größter Pein, in denen der Geist vom Fleisch abgetrennt war, der Körper von der Seele und die Sexualität vom Heiligen. Deshalb mußte ich die Archetypen erst einmal von allen religiösen Inhalten befreien. Ich wollte sie in ihrer Reinheit betrachten, ihren ursprünglichen Geist erfühlen und den Tanz hinter dem Dogma finden. Als ich mir den *Sohn* vorstellte, dachte ich nicht an Jesus und auch nicht an meinen Sohn Jonny, sondern an den wilden Teil meiner Seele, der es vierzig Tage und Nächte in der Wüste aushalten würde. Ich dachte an den Maschinenstürmer in mir, an den Teil, der für seine Freiheit alles zu opfern bereit ist.

Als ich die Archetypen in meiner Arbeit einzusetzen begann, stieß ich unerwartet auf Schwierigkeiten. Die Leute nahmen sie zu wörtlich; sie schossen sich auf eine stereotype Bedeutung für jeden Archetyp ein und reduzierten sie so zu bloßen Rollen. Ich mußte ihnen klarmachen, daß die Archetypen nur Metaphern waren, die nicht zu eng ausgelegt werden durften. Ich hatte jüdisch-christliche Archetypen ja nicht deshalb ausgesucht, weil ich ihrem festgefügten kulturellen Überbau in die Hände spielen wollte, sondern um davon zu profitieren, daß sie so tief in uns verwurzelt sind. Diese Begriffe rufen augenblicklich Gefühle aus den Tiefen unseres Leibes hervor, die unter Umgehung des Gehirns prompt im Körper spürbar werden. Hätte ich meine Wurzeln in der indischen, chinesischen oder afrikanischen Kultur, hätte ich Archetypen gewählt, die in jenen Kulturen gebräuchlich sind.

Das Göttliche ist seinem Wesen nach ein Mysterium, das wir mit unserem Verstand nicht zu fassen vermögen. Paradoxerweise gerät es dann in Griffweite, wenn wir uns ihm in Unschuld nähern. Wie sagte Einstein: »Warum kommen mir die besten Ideen immer morgens beim Rasieren?« Die Rasur ist wie eine Meditation mit einem scharfen Gegenstand. Ist der Verstand leer und empfänglich, strömen große Ideen durch alle Zellen unseres Körpers. Wenn wir allzu angestrengt denken, verspannen wir uns, und nichts kann mehr fließen. Dann steckt unsere Energie im Kopf fest. Manchmal müssen wir springen und dabei darauf vertrauen, daß unsere Füße uns schon dorthin bringen werden, wohin wir gehen müssen, auch wenn wir den Kopf ausschalten.

In gewisser Weise wählten die Archetypen mich und nicht ich sie. Ich war nicht beim Rasieren, sondern tanzte gerade, als sie plötzlich in mein Bewußtsein einbrachen. Mit dem Intellekt kam ich ihnen nicht bei, aber intuitiv wußte ich, daß sie Pfade zum göttlichen Mysterium wiesen. Ich folgte ihnen im Tanz. Manche führten mich zu meiner männlichen, manche zu meiner weiblichen Seele. Und in der alchemistischen Hochzeit aller erkannte ich, daß meine Seele in Wirklichkeit androgyn ist.

Vielen Menschen fällt die Unterscheidung der weiblichen Archetypen am schwersten. Vermutlich liegt das daran, daß es vermeintlich nur zwei weibliche Archetypen gibt: *Mutter* ist doch dasselbe wie *Madonna*, stimmt's? Nein, falsch. Wer zwischen den Zeilen liest, stellt fest, daß es tatsächlich drei unterschiedliche Mariengestalten gibt: Maria, Jesu *Mutter*; Maria Magdalena, Jesu *Geliebte* – womit ich nicht sagen will, daß er sie ins Bethlehem Hilton mitgenommen hat, sondern daß sie als Geliebte eher die Ungezähmtheit des Herzens repräsentiert; schließlich Maria, die Schwester von Lazarus und Martha, die zu Seinen Füßen saß und Seine Geschichten und Seine Weisheit in sich aufnahm. Diese dritte Maria verkörpert die kontemplative Seite der *Madonna*. Zusammen repräsentieren die drei Mariengestalten Körper, Herz und Geist – in Ihm wie auch in uns.

Die heilige Dreifaltigkeit der weiblichen Seele ist auf eine Dichotomie reduziert worden: Jungfrau oder Hure. In ihrem Buch *A History of God* vertritt Karen Armstrong die Auffassung, Trinitäten lägen außerhalb dessen, was der menschliche Verstand begreifen kann, und seien daher ein Mysterium in sich. Dichotomien dagegen wiederholen das Muster, das uns im Alltag ständig begegnet: gut und böse, schwarz und weiß, männlich und weiblich. Dadurch, daß die weibliche Trinität auf eine Dichotomie reduziert wird, ist sie ihrer göttlichen Kraft beraubt. Die Auswirkungen, die das sowohl auf den Mann als auch auf die Frau hatte, sind tragisch. Der Sexualität wurde das Heilige genommen, die Frauen gerieten in ein Korsett extrem klischeehafter Verhaltensmuster, und bei den Männern klafft dort, wo ihr feminines Bewußtsein sein sollte, eine große Lücke.

Wenn ich über den weiblichen *Mutter*-Archetyp spreche, dann rede ich also nicht von Heidi Kabel, Nina Hagen oder Hillary Rodham Clinton. Ich rede über dich. Du bist aufgefordert, herauszufinden, wie sich dieser Archetyp in deiner Seele ursprünglich äußert. Die *Mutter* eröffnet den Zugang zu einem Energiefeld, das eine Vielzahl von Rollen enthält, und in diesen Rollen verkörpern sich eine Menge unterschiedlicher Eigenschaften. Während die Teenager-*Mutter* daran denken muß, die Pille nicht zu vergessen, muß die *Mutter* als alte Frau daran denken, ihr Östrogen-Präparat zu nehmen. Die gute und die böse Mutter aus Grimms Märchen, Mutter England, Mutter Oberin und Mutter Beimer – sie alle gehören ins Reich dieses Archetyps. Das Geschlecht spielt dabei keine Rolle: Kleine Mädchen rühren an ihre *Mutter*-Energie, wenn sie mit Puppen spielen, kleine Jungs dann, wenn sie für ihr Haustier sorgen, und große Jungs, wenn sie ihre Freundin trösten.

Weil *Chaos* der Rhythmus ist, in dem wir die Kräfte des Maskulinen und des Femininen in uns zusammenbringen, lag es nahe, die *Chaos*-Archetypen die schöpferische Energie dieser Verbindung reflektieren zu lassen. Der *Künstler* ist der Archetyp, den ich als Repräsentanten für die Verbindung von *Mutter* und *Vater* gewählt habe. Der *Liebende* tritt in Erscheinung für die *Geliebte* und den *Sohn*, die sich gegenseitig verführen. Und der *Suchende* ist die Widerspiegelung der Kommunion der *Madonna* mit dem *Heiligen Geist*.

Der Archetyp von *Lyrical* ist der *Shapeshifter*, der die in allem wirksame Dynamik der Veränderung verkörpert. In diesem Bereich können wir uns verwandeln, wobei wir uns je nach unseren Bedürfnissen unterschiedlicher archetypischer Energien bedienen. Diese Bedürfnisse entstehen und verändern sich unablässig im täglichen Leben. Wenn ich unterrichte, bewege ich mich überwiegend in der *Mutter*; sie wacht über die physische Energie im Raum und sorgt dafür, daß alle sich wohl fühlen. Ist es zu warm? Sollen wir mal lüften? Die Leute wirken müde heute. Ich glaube, ich bringe sie mal mit richtig hartem Rock 'n' Roll in Fahrt. Gleichzeitig spürt die *Geliebte* der emotionalen Energie im Raum nach. Mit Hilfe der *Geliebten* bringe ich die Menschen zum Tanzen und dann dazu, noch tiefer in ihren Körper hineinzugehen. Die *Madonna* trägt die Verantwortung dafür, daß während der ganzen Zeit ein Gefühl für die Heiligkeit des Prozesses gewahrt bleibt. Sie lauscht den Rückmeldungen der Teilnehmer und ermuntert sie, ihren Geist leer zu lassen, frei von ablenkenden Dogmen.

Aber meine männlichen Energien sind auch im Spiel. Der *Vater* setzt Grenzen und stellt Regeln auf: kein Kaugummi, kein Alkohol, kein Reden. Der *Sohn* gibt Kontra, indem er die Leute dazu bringt, etwas zu riskieren und bis an die äußerste Grenze zu tanzen. Er sorgt dafür, daß die Sache nicht zu lieb und zu sicher wird. Währenddessen arbeitet mein *Heiliger Geist* daran, daß wir alle uns dem höheren Selbst entgegenbewegen, jenem tiefen und göttlichen Raum, den wir gemeinsam suchen. Als *Shapeshifter* kann ich jederzeit in all diese Energien hinein- und auch wieder aus ihnen herausschlüpfen. So kann ich die Balance zwischen dem Gewahrsein für das Ganze und der Aufmerksamkeit für das Detail halten, woraus rechtes Handeln erwächst.

Manchmal sind diese Energiefelder wie Treibsand – plötzlich stecken wir in einem bestimmten Archetyp fest und erfahren in seiner Schattenseite die negativen Gemütsbewegungen, die mit ihm verbunden sind. Wir wissen alle, wie es ist, wenn die Mutter zur Glucke wird, wenn jeder Flirt die Züge einer Obsession annimmt und wenn Verspieltheit sich zu gefährlichem Leichtsinn hochschaukelt. Während eine Lehrerin, die in *Mutter* festsitzt, ihre Schüler wie kleine Kinder behandelt, wittert eine, die aus der *Geliebten* nicht herauskommt, in jedem von ihnen eine potentielle Eroberung. Eine junge Frau aus meinem Freundeskreis erzählte mir einmal, wie ihre Mutter sie zur Raserei bringt: Sie ist Therapeutin und kann nicht davon lassen, alles zu analysieren, was ihre Tochter tut oder sagt. Diese Frau steckt in *Madonna* fest. Der *Vater* kann anmaßend werden, der *Sohn* kann außer Kontrolle geraten. Selbst zuviel des *Heiligen Geistes* kann von Übel sein – man denke nur an Leute, die in ihrem missionarischen Eifer glauben, jeden Menschen bekehren zu müssen.

Eigentlich steckt in uns allen das Potential für einen vollmundigen Bordeaux. Doch leider bleiben die meisten von uns ihr Leben lang ein Fläschchen Traubensaft.

Manchmal setzen wir alles auf die Karte eines einzigen Archetyps. Das führt zu einem eindimensionalen Leben. Wie beim Tantra-Mann, dem Mann mit der unersättlichen *Geliebten*. Vielleicht bist du ihm schon mal begegnet – er kommt ganz schön rum. Tantra-Mann weiß, wer er ist, und an seinem prinzipiellen Nicht-Anhaften läßt er nicht den leisesten Zweifel. Warum glauben wir bloß immer, die Ausnahme zu sein?

Oder das Sex-Kätzchen, das in den Raum hineinschnürt, dabei ein »Hallo« schnurrt, sich an dir reibt und dir deine pochende Lust bewußtmacht. Sie ist ganz in ihrem Körper und schämt sich nicht, ihn zu teilen. Sie fühlt ihre Emotionen und hat keine Angst davor, sie zu zeigen. Man hält sie für eine Raubkatze, dabei spreizt sie nur ihr Gefieder. Dein Körper ist ihr Tempel.

Bei anderen wiederum sind bestimmte archetypische Energien nur schwach entwickelt. Freunde können dabei helfen, sie zu fördern. Die Saat dazu ist vorhanden; Gott hat sie gestreut. In uns allen ist das ganze Spektrum enthalten, doch oft werden eine oder mehrere Energien unterdrückt, verdrängt, weggedrückt – bis wir glauben, daß sie gar nicht in uns angelegt seien.

Früher hatte mein Mann Robert eine schwach ausgeprägte *Mutter*-Energie. Damit er sie entwickeln konnte, kaufte ich ihm eine Katze. Bei der Freundin eines Mannes aus meinem Bekanntenkreis war der wilde *Sohn* verschollen. Er bestand darauf, daß sie sich Rollerblades kaufte und Skifahren lernte, bevor er ihr einen Heiratsantrag machte. Meiner

Freundin »Frauke Fußabtreter« fehlt der *Vater*; nachdem ihr letzter Liebhaber eine Druckstelle auf ihrer Brust hinterlassen hatte, schenkten wir ihr einen Taekwondo-Kurs.

Oft ziehen wir Leute an, die unsere Lücken füllen. Ich kenne einen jungen Börsenmakler mit einem schnurgeraden Innenleben, dem es nur ums Geld geht. Er macht regelmäßig sein Fitneß-Training, zieht jeden Abend mit seinen Kumpels los und spielt am Wochenende Golf, aber einen Sinn für das Heilige wird man bei allem, was er tut, vergeblich suchen. Er glaubt nicht daran, daß etwas größer sein könnte als er. Also schuf sein Unterbewußtsein ein Gegengewicht, indem es ihn dazu brachte, eine praktizierende orthodoxe Jüdin zu heiraten.

Und dann gibt es den Typ, der von seinem wilden *Sohn* beherrscht wird. Bei ihm ist alles außer Kontrolle. Seine Gefühlsregungen schlagen Purzelbäume, er geht immer aufs Ganze, steht auf Bungee-Jumping und fährt am liebsten mit einem Bier zwischen den Beinen Auto. Grenzen sind für ihn dazu da, mißachtet zu werden. Er ist so wunderbar verantwortungslos, daß man ihn unmöglich auf irgendwas festnageln kann – seine Meinungen eingeschlossen. Dann verliebt er sich ausgerechnet in eine Frau vom Typ Erdenmutter, die Birkenstock-Sandalen trägt und sofort schwanger wird. Das Kind bringt seine fürsorgliche *Mutter* zum Vorschein, die seine Wildheit ein bißchen erdet.

Ich kenne eine Frau, die eine gute Berufsausbildung hat, in dieser Welt aber nicht für ihren Lebensunterhalt sorgen kann, weil sie nicht in ihr lebt, sondern nur von ihr träumt. Natürlich reicht die Wirklichkeit nie an ihre Phantasien heran, was sie nur noch tiefer in ihre innere Verzweiflung treibt. Sie hat einen total verkümmerten *Vater*, keinen wilden *Sohn*, eine schwache *Mutter* und eine abwesende *Geliebte*. In ihrem Film sind *Madonna* und *Heiliger Geist* die Hauptfiguren. Sie sucht nach einem Ausgleich, indem sie sich immer an Männer mit einer starken *Vater*-Energie bindet, die kompetent sind und es im Leben zu etwas gebracht haben und die auch noch Spuren des wilden *Sohns* in sich tragen.

Der Archetyp, in dessen Verantwortung es fällt, uns aus dem Festgefahrenen zu lösen, uns in unserem Tanz mit den Schatten zur Seite zu stehen und uns ins Licht zurückzuführen, ist der *Alchemist*. Im Reich von *Stillness* verwandelt er Blei in Gold, denn er heilt die Wunden unserer Psyche und repariert den Schaden, den die zerstörerischen Kräfte des Egos in unserer Seele angerichtet haben.

Wenn das Ego die Regie übernimmt, bleiben wir auf Rollenfächer festgelegt. Wenn die Seele an die Macht kommt, eröffnet sich ein unbegrenztes Repertoire an möglichen Rollen. Wir haben unermeßlich viele Möglichkeiten; das einzige, was uns begrenzt, ist unser Verstand. Unsere fixen Ideen darüber, wer wir sind, halten uns in der Angst davor gefangen, das Unbekannte auszuprobieren. Wir sind mitnichten arme Schauspieler, die ihre Stunde auf der Bühne haben und von denen man danach nie wieder hört, wie Shakespeare sagt. Wir sind vielmehr die ganze Theatertruppe – Schauspieler, Direktor, Produzent, Kostümbildner, Lichttechniker und Kartenverkäufer in einer Person. Was wir wann spielen wollen, liegt allein in unserer Hand: Komödie oder Tragödie, Drama oder Abenteuerstück. Wenn wir uns selbst treu bleiben und alle Rollen proben, kann jede Vorstellung zur besten Vorstellung unseres Lebens werden.

Wenn wir ganz aus unserer Seele leben und mit unserer Essenz in Verbindung stehen, dann haben wir Kontakt zu allen unseren Seiten. Wie sich die Alchemie jener einmaligen und sich ständig verändernden Eigenschaften vollzieht, die jeder von uns in sich trägt, wird ein ewiges Geheimnis bleiben. Aber es ist es wert, daß wir ihm unser Leben lang auf der Spur bleiben. Aus der Mischung, die jeder von uns verkörpert und in der jeder von uns verkörpert wird, entsteht die geheimnisvolle Dynamik, die dein *Ich* ausmacht, deine Essenz.

Fassen wir zusammen: Im Rhythmus *Flowing* empfangen wir die Lehren des Femininen, in *Staccato* erfahren wir die des Männlichen, in *Chaos* schaffen wir die Verbindung aus beiden. *Lyrical* ist der Rhythmus der Selbstverwirklichung, in dem unser Selbst sich am stärksten ausbreiten und befreien kann. *Stillness* gibt uns Gelegenheit zur Kontemplation des Geheimnisses, das allem im Universum und auch den verborgensten Nischen unserer Seele innewohnt.

Wie das *I Ging* ist auch die Seele in einem Zustand ständigen Flusses und fortwährenden Wandels. Und so sind auch die archetypischen

Bereiche in der Seele nicht durch festgelegte Rollen, Konventionen oder Grenzen definiert. Dichotomien sind statisch, doch sowie wir ein drittes Element hinzufügen, gerät das System in Bewegung. Die weiblichen Energien wurzeln im Gewahrsein, während es bei den männlichen Energien ums Handeln geht. Wir brauchen einen Katalysator, der zwischen beiden ein dynamisches Gleichgewicht herstellt, und in diesem Fall heißt der Katalysator Aufmerksamkeit.

In den folgenden Kapiteln beschreibe ich jeden Archetyp. Im Anschluß findest du jeweils eine dreiteilige Liste »Tun (oder nicht tun)«. Der erste Teil enthält eine Meditation, die dir dabei helfen soll, ins Gewahrsein zu kommen und dein Denken anzuregen. Der zweite Teil beschreibt etwas, das du tun kannst, um die Praxis zu vertiefen. Im dritten Teil findest du Anregungen, wie du über deine Grenzen gehen

Lyrical
Seele
Shapeshifter
Mutter
Geliebte
Madonna
Vater
Sohn
Heiliger Geist

Stillness
Geist
Alchemist

und in die Außenwelt gelangen kannst, sei es durch einen Dienst, den du leistest, oder durch eine Party, die du gibst, um einen Aspekt deiner Seele zu feiern, der im Mittelpunkt des jeweiligen Abschnitts steht. Wenn du dir in den folgenden Kapiteln deinen Weg durch die fünf Rhythmen bahnst, denk immer daran, daß sie dir nicht nur helfen, dein Leben als Energie in Bewegung zu betrachten, sondern daß sie eine spirituelle Praxis für Körper und Seele sind.

Die Seele entzieht sich jeder Beschreibung; man kann sie nicht aufspießen wie der Sammler einen Schmetterling. Aber ich glaube, daß eine bildliche Darstellung des Terrains, über das wir hier sprechen, Spaß machen und die Vorstellungskraft entfachen kann. Weil ich noch nie in dem Verdacht stand, über gute Koordinationsfähigkeiten zwischen Auge und Hand zu verfügen, habe ich meinen Freund Hans, einen meisterhaften Zeichner, gebeten, diese Aufgabe zu übernehmen.

Wenn du zur Karte für *Lyrical* kommst: Vergiß nicht, daß die Seele sich dort in den *Shapeshifter* verwandelt hat und daß die Möglichkeiten daher unbegrenzt sind. Und laß dich von den Bildsymbolen nicht einschüchtern. Du brauchst sie nicht zu »verstehen«; sie sind dazu gedacht, unterhalb der Schwelle des Verstands zu wirken, wie es die Archetypen ja auch tun. Laß ruhig deinen Geist umherschweifen und deine ganz eigene Bilderwelt entwerfen!

Die Suche nach dem Weiblichen in meinen Knochen

Ich sammelte sie alle auf, fand jeden Knochen.
Nur daß ich meine Hand nicht finden konnte, meine Hand.
Meine Mutter hatte sie.
Ihre schwieligen, hart zuschlagenden Hände hielten mich,
Hatten meinen Geist fest im Griff.
Mit sechs packte sie meine Hand,
Zog ihr Unschuld und Anmut ab.
Mit sieben trennte sie meine Hand ab.
Ich fand sie wieder
In einem ausgetrockneten Flußbett Richtung Norden.
Diese Hand mit der größten Anzahl an Knochen,
An Knochenstücken, Gelenken und Knorpeln.
Ich kann sie nicht öffnen.
Ich habe meine Hand jetzt.
Ich kann beten.
Ich kann wieder beten.
Ich wende mich an die Göttin, bete um Vergebung.
Sie sagt »Es gibt keine Vergebung denn es gibt keine Sünden«.
Sie setzt mir Gott auf die Fingerspitzen
Und auf die Zehenspitzen
Und sagt mir, jede muß beten lernen
Auf die eigene Art.
Auf die eigene Art, mit allem und überall.
Ich sammelte sie alle auf, fand jeden Knochensplitter,
Jedes Bruchstück meiner selbst.
Nun tanze ich,
Meine Knochen zu Boden schleudernd
Wie das I Ging.
Wie das I Ging bin ich,
Wenn ich am Boden aufschlage,
Jedesmal anders.

Jewel Mathieson

Viertes Kapitel

FLOWING

Ein Drachen am Himmel
Die Chinesische Mauer
Trauerweiden
Weizen, der sich im Wind biegt
Skilanglauf
Tai Chi
Wolfsgeheul
Argentinischer Tango
Whoopie Goldberg
Sich die Hände eincremen
Bilder in Zeitlupe
Van Goghs Gemälde *Die Sternennacht (Zypressen und Dorf)*
Grace Kelly
Die Abfertigungshalle von TWA am Flughafen John F. Kennedy in New York
Gläserne Fahrstühle auf dem Weg nach oben
Fliegenfischen
Isadora Duncan
Das Guggenheim-Museum in New York
Der sanfte Schwenk einer 75-mm-Filmkamera
Schatten von Wolken, die übers Land ziehen
Ein einzelnes Blatt, das im Herbst von einem Ahorn fällt
Hanna Schygulla
Toilettenpapier, das weggespült wird
Surfen
Segeln
Delphine
Hula
Michelangelos Gemälde *Die Erschaffung des Adam*
Weben
Seidensamt
Eislaufen
Botticellis *Venus*
Der sich bauschende Rock eines tanzenden Derwischs
Ein Adler im Flug
Kalligraphie
Französisch
Sandberge in der Wüste
Die Architektur von Antonio Gaudí
Die gedrehten Säulen und geschwungenen Treppen des Petersdoms in Rom

Am Sonntag scheint die ganze Welt etwas zur Ruhe zu kommen, sogar in New York City, diesem verrückten Ort, in dem ich zu Hause bin. In den zwanzig Jahren, die Robert und ich zusammen sind, haben wir ein ausgefeiltes Sonntagsritual entwickelt. Er springt aus dem Bett, duscht und geht auf die Jagd nach Zeitung und Brot, während ich mich aus dem Bett rolle, Wasser und Milch für den Kaffee aufsetze, die passende Musik aussuche, die Blumen richte und ihnen frisches Wasser gebe. Wenn ich fertig bin, kommt er mit einer Tüte voller Leckereien aus dem Feinkostladen um die Ecke zurück. Ich gieße meinen Tee auf, er bereitet seinen Kaffee zu, und dann nehmen wir uns jeder unseren Teil von der Zeitung und versinken in der Welt der Wörter.

Weil wir heute Lust auf einen Brunch hatten, haben wir nur eine Kleinigkeit gefrühstückt. Danach machten wir uns in ein kleines Restaurant nach Soho am West Broadway auf. Die Kellnerin führte uns in die Tiefen eines dunklen, engen, höhlenartigen Raumes. An den roten Ziegelsteinwänden waren Weinflaschen aufgereiht, und von der Decke hingen Ventilatoren herab, die sich träge wie verlorene Vögel über uns drehten. Alles schien sich wie zu einem entspannten Euro-Disco-Beat zu bewegen.

Als ich wieder ins Tageslicht hinaustrat, stand ich wie unter einem von den *Spaghetti arrabiata* geschaffenen Zauberbann; innen fühlte ich mich ganz warm und würzig. Alles Scharfkantige erschien mir verschwommen. Meine Augen nahmen nur weiche Ränder und Kurven wahr: eine Reihe von Flaggen, die wie die Röcke französischer Can-Can-Tänzerinnen über den Geschäften wehten; die Europäerin vor mir in ihren butterweichen Lederhosen; der flauschige weiße Pudel, der aus dem Rucksack ihres Begleiters herauslugte; der alte Mann, der über seinem Synthesizer kauerte, einen umgedrehten Bowlerhut für milde Gaben vor sich.

In einem Schaufenster zog ein Bild in kräftigen Farben meine Aufmerksamkeit auf sich. Ich schwebte in die Galerie, um es mir genauer anzusehen. Es war ein Ölbild, das eine in Orangetönen gemalte üppige Frau mit Brustwarzen in grellem Pink und mit purpurfarbenem Haar zeigte. Sie war in zurückgelehnter Pose mit aufgestellten Knien und ineinander verschränkten Beinen zu sehen. Die üppigen Kurven ihres Körpers feierten den Geist des Weiblichen. Alles an ihr war Sinnlichkeit, Hitze, Erde. Eine einzige Einladung. Auch die anderen weiblichen

Akte des Künstlers waren kühn und kurvenreich. Diese Frauen schwelgten in der saftigen Lust, ganz in ihrem Körper zu sein.

Wir schlenderten in Richtung Canal Street, weil es uns zum Flohmarkt zog. Wieder führte mich etwas von meinem Weg ab. Diesmal war es ein hellgelbes Transparent, auf dem ein blauer Hund mit gelben Augen und einer weißen Nase prangte. Er musterte mich von der anderen Straßenseite von einer Galerie aus, in der eine Ausstellung mit »Blauer Hund«-Gemälden stattfand. Die Geschichte zu den Bildern ging so: Der Künstler hatte eine Hündin namens Tiffany, eine Mischung aus Spaniel und Terrier. Als sie gestorben war, träumte er immer wieder von ihr und fing deshalb an, sie zu malen. Im Hinausgehen bemerkte ich einen Spruch am Fenster: »Um sie zu finden, mußt du sie verlieren. Der Blaue Hund kennt den Weg.«

Nachdem wir die nächste Straßenecke umrundet hatten, wehte es uns in eine Ausstellung mit Photos von Peter Beard. Wieder eine nackte Frau; diese hier hielt gerade einer Giraffe auf einem länglichen, ovalen Blatt etwas hin, vielleicht gab sie ihr Wasser zu trinken. In der Biegung ihrer langen, schlanken Hälse ähnelten sie einander, die Frau und die Giraffe. Alle Bilder thematisierten die Berührungspunkte zwischen dem Reich des Menschen und dem der Tiere, wo es mal gewalttätig zuging und mal schön. In ihrem Wechsel zwischen Majestät und Demut konnte ich von diesen Bildern nur schwer lassen. Wir verweilten so lange in der Galerie, daß wir, als wir schließlich gingen, den Flohmarkt komplett verpaßt hatten. Langsam war es Zeit, ans Abendessen zu denken.

Wir entschieden uns für das River Café in Brooklyn. Dort saßen wir am Fenster und betrachteten eine ganze Sinfonie in *Flowing*, die draußen vorbeiflutete. Kähne, Schlepper und Segelboote kreuzten auf dem East River. Autos strömten auf dem FDR Drive* nach Norden und nach Süden. Flugzeuge kreisten über dem Flughafen La Guardia und schnitten mit ihren Scheinwerfern Lichtbögen in den indigoblauen Himmel. Und über allem thronte die herrliche, geschwungene Aufhän-

* FDR Drive – Franklin D. Roosevelt Drive, Ausfallstraße im Osten von Manhattan (Anm. d. Ü.)

gung der großartigen Brooklyn Bridge, die wie die Große Mutter ihre beiden Ufer umarmt.

In *Flowing* fließt man. Man ist entspannt und flexibel. Der Rhythmus *Flowing* verbindet uns mit dem Fluß unserer Energie, mit unserem Grundstrom. Wenn wir ausdauernd und intensiv tanzen, so lange, bis wir den Bann der Welt von uns geworfen haben, dann übernimmt unser innerer Rhythmus die Führung. Dann spüren wir, wer wir wirklich sind und wie groß unser Potential eigentlich ist. Für mich ist der Basketballspieler Michael Jordan der Inbegriff von *Flowing*. Sein innerer Rhythmus verbindet sich mit den Energien des Balls, seines Teams, der gegnerischen Mannschaft und der Halle, bis sie alle in einer einzigen organischen Einheit verschmelzen und es für den Ball so natürlich wird, durch den Korb zu rauschen, wie es für den Atem ist, in unseren Körper hinein- und wieder aus ihm herauszuströmen.

Wenn wir in unserem Fluß sind, dann brauchen wir bloß den Raum zu durchqueren, um magnetisch anziehend zu sein. Wir haben Zutrauen zu uns selbst, weil wir mit der Erde verbunden sind und mit ihren Rhythmen, Kreisläufen und Stimmungen harmonieren. In *Flowing* verschwinden die Trennungen und Unterscheidungen zwischen den Dingen. Das einzige, was bleibt, ist der fortwährende Wechsel. Wir neigen dazu, uns der Hingabe an diesen Rhythmus zu verweigern, weil wir in unserem Leben lieber alles vorhersagbar und sicher haben wollen, selbst wenn das Langeweile mit sich bringt. *Flowing* ist gefährlich – denn wer weiß, wo es dich hinträgt und was du dort finden wirst? Eben deshalb liebe ich es.

Flowing ist der Rhythmus der Erde. Einige Leute sind auf sie eingestimmt, andere nicht, aber wir alle müssen mit ihren Stimmungsschwankungen klarkommen. Zur Zeit scheint die Erde in einer ziemlich unbeständigen Laune zu sein. Ich ertappe mich dabei, daß ich oft am Wetterprogramm klebenbleibe und dort ihr turbulentes Verhalten verfolge. Vielleicht übt sie Rache für die Nachlässigkeit, den Mißbrauch und die Mißhandlungen, die wir uns im Umgang mit ihr haben zuschulden kommen lassen. Naturkatastrophen erinnern uns daran, wie verletzlich wir gegenüber ihrem Energiefluß sind, wie tief wir mit ihren Kreisläufen verbunden sind und wie sehr wir von ihren Gaben abhängen.

In einem Saal voller verschwitzter Tänzer, die *Flowing* üben, kann ich die Bewegungen der Erde wiedererkennen, wenn ich sehe, wie sich die Körper umkreisen und um ihre eigenen Achsen drehen. Die Energie baut sich auf, und der Saal verwandelt sich in einen Leib, der in rhythmischen Kontraktionen erbebt, in ein Meer von Körpern, das eine Woge herausgeschleuderter Gliedmaßen in Lichtpunkten aus Fleisch und Fetzen von Farbe emporspült. Natürlich ist das nicht gleich am Anfang so. Manchmal stehe ich vor einer Mauer aus Trägheit. Wenn ich dann so einen Haufen von der Last all ihres Gepäcks niedergedrückter Leiber sehe, fühle ich mich manchmal wie der einzige Gepäckträger zur Hauptabfertigungszeit am Flughafen JFK. Ich weiß, daß wir schließlich irgendwann starten werden – mein Vertrauen gründet in Erfahrung –, aber manchmal stecken wir erst mal eine Zeitlang im Nebel der Beurteilungen und Sehnsüchte, des Grolls und des Vergleichens, der Eitelkeit und der Depression fest. Diese negative Energie wiegt ganz schön schwer. Deshalb lasse ich die Leute zu Anfang ihre Schwere tanzen. Ich weiß ja, daß auf der anderen Seite die Leichtigkeit wartet.

Meine Augen tasten die tanzenden Körper ab, kehren aber immer wieder zu einem bestimmten jungen Mann zurück. Er ist schon eine ganze Weile auf der Oberfläche seines Standard-Repertoires von *Flowing*-Bewegungen entlanggeglitten, als sich plötzlich etwas in ihm verändert. Er tritt aus seiner Langeweile hinaus und schlüpft in den Körper eines Panthers auf Rollschuhen. Aus seiner Mitte fließen Bewegungen in endlosen Wellen, einige davon sind atemberaubend anzusehen. Er geht ganz im Tanz auf, bis nur noch ein Wust aus weißgefärbten Haaren über einem löchrigen schwarzen T-Shirt und Blue Jeans von ihm übrig ist. Er spürt seinen Träumen und seiner Verzweiflung und seinem *Dirty dancing* nach und folgt ihnen lustvoll, instinktiv und in erregenden Wirbeln zu ihrer Quelle. Er löst sich auf in einem Wirbeln der Arme, im Schwingen der Beine, in der Biegung des Halses. Seine Augen wenden sich nach innen, und seine Füße hören das Lied der Großen Mutter, das durch den Holzschwingboden unter ihm hindurchdringt. Er gibt seine Knochen den Wellen hin und tanzt im Ozean des Seins.

Im Tanz entfalten sich die Lehren von *Flowing* auf organische Weise. In diesem Rhythmus spüren wir unser Angeschlossensein an den Kreislauf der Geburt und kehren zu einem prälogischen, intuitiven Zustand zurück, als wären wir wieder Kinder, die neugierig und unbefangen die sie umgebende Welt aufnehmen. In diesem Lebensabschnitt schenkt die Natur uns viel Zeit, um uns daran zu gewöhnen, daß wir in einem Körper leben, und um uns in der Erde, in unseren Instinkten und im Fluß unserer Energie zu verankern. Die Natur gibt uns auch Zeit, uns mit der Mutter zu verbinden, der inneren wie der äußeren, und mit der Großen Mutter, die uns alle nährt.

Meine Freundinnen Kathy und Lori haben sich zehn Jahre lang ein Baby gewünscht. Schließlich wurde ihnen Daniel geschenkt. Kurz nachdem sie ihn vom Krankenhaus abgeholt hatten, schob Kathy mir als Antwort auf meine neugierigen Fragen nach dem Baby eine Seite aus ihrem Tagebuch durchs Fax:

»Ich muß an die Wetterkarte in den 11-Uhr-Nachrichten denken, wenn ich die unendliche Vielfalt an Gesichtsausdrücken sehe, die meinem Sohn übers Gesicht huschen. In seinen kaum eine halbe Minute dauernden Informationshäppchen sind mehr Nachrichten enthalten, als sie der beste Redakteur zusammenstellen könnte. Sein Stirnrunzeln geht in Lachen über, danach in Weinen und dann in Lächeln. Dann staunt er die Engel an, die er ganz klar sehen kann. Er gleitet von Zustand zu Zustand, ohne Bewertung, ohne Rechtfertigung, ohne den Wunsch, jemandem zu gefallen. Da spürt er einen Furz, und mit puterrotem Gesicht macht er sich ans Kacken. Er grunzt und jammert, und sobald er fertig ist, ist er auch schon eingeschlafen. In diesen acht kurzen Wochen habe ich von meinem Zwölfpfünder (ja, er wiegt weniger als ein Truthahn zu Thanksgiving!) mehr über die Kraft des einfachen Daseins gelernt als in den zwanzig Jahren, in denen ich geübt habe, in meinem Fluß zu sein. Doch ich weiß, daß diese Praxis mich gut auf den Schock vorbereitet hat, daß ich mein Leben nun seinem *Flow* unterordnen muß.«

Wir alle werden in den universellen Fluß hineingeboren, doch wenn wir zu Kindern heranwachsen, sozialisiert, intellektualisiert und homogenisiert man uns, und oft sind wir dann von der Quelle abgeschnitten. Groß werden ist weniger rosig, als man es uns früher ausgemalt hat. Denn leider ist damit meist die Forderung verbunden, daß wir uns von unserer ursprünglichen Natur, unserem fühlbaren Selbst abkoppeln. Die Ursachen für dieses Abgeschnittensein sind verschieden. Panik, Überanstrengung, Befangenheit, Faulheit, Sorgen und Streß sind zuverlässige *Flow*-Stopper.

Entfremden wir uns von unseren Instinkten, verlieren wir sowohl unsere Fähigkeit zum Gewahrsein wie zur Aufmerksamkeit. In meinen Gruppen begegnen mir ständig Menschen, die gar nicht wissen, daß sie müde oder hungrig sind, frustriert, einsam, gelangweilt oder traurig. Sie haben völlig die Fühlung zu sich selbst verloren, und was mit anderen Menschen ist, bekommen sie auch nicht mit. Wer sich in einem solchen Bewußtseinszustand befindet, lebt wie in einer Geisterstadt aus einem fünftklassigen, irgendwo in Osteuropa zusammengeschusterten Western – nur Fassaden und falsches Gesträuch, und es reitet noch nicht einmal jemand durch den Ort. Weil Gedanken sich materialisieren, spiegelt sich dieser dem Schlafwandeln ähnliche Zustand im Körper wider: Wenn ich mich für wertlos halte, sinkt meine Brust ein, und ich lasse den Kopf hängen. Der Körper lügt nie.

In *Flowing* lernen wir das Einatmen und wie wir die Dinge in uns hineinlassen: Komplimente, herabsetzende Bemerkungen, Geschenke, unbestimmte Wahrnehmungen aus der Intuition, Stimmungen, Musik, Raum – was auch immer in unserer Umgebung vorgeht. Wir täuschen uns gern mit der Vorstellung, wir seien in eine undurchdringliche Membran eingehüllt und schwebten in unserer eigenen kleinen Raumkapsel durchs Leben. Wir halten uns für wer weiß wie unabhängig, dabei sind wir alle nur flüchtige Gedanken in dem einen, unermeßlichen, universalen Bewußtsein.

Flowing ist mehr als ein Rhythmus; es ist ein bestimmtes Energiefeld, in dem sich der feminine Anteil der Seele in seiner ganzen Schönheit, in seiner gewaltigen Kraft und in seinem animalischen Magnetismus offenbart. Tief in uns ist eine *Mutter*, die sich danach sehnt, ihre Fürsorglichkeit auszuleben, eine *Geliebte*, die ungeduldig auf den nächsten Flirt wartet, und eine *Madonna*, die gelassen in ihrer Weisheit ruht. Und hat der Rhythmus erst mal eingesetzt, dann kommen sie alle hervor.

Tun (oder nicht tun) – *Flowing*

Spüre die Wurzeln deiner Füße im Boden. Laß dich beim Einatmen deine Arme heben. Beim Ausatmen läßt du sie wieder sinken. Mach damit weiter, hebe sie beim Einatmen, senke sie beim Ausatmen. Sammle deine Aufmerksamkeit im Bauchnabel. Dehne dich vom Bauch her beim Einatmen aus, und zieh dich beim Ausatmen in deinen Bauch zurück. Öffne deinen ganzen Körper, als sei er eine Mohnblume, und dann zieh ihn zusammen, als wenn es Nacht für sie werden würde. Mach diese Bewegung in Übereinstimmung mit deinem Atem. Eine Bewegung geht in die nächste über und verschmilzt mit ihr. Jetzt laß deine Füße sich bewegen. Folge ihnen durch den Raum. Laß dabei die Augen offen. Variiere das Tempo, aber unterbrich nie deinen Fluß. Tanze, als ginge es durch Honig hindurch.

Stell dir vor, du bestündest nur aus Kurven und Kreisen – die Arme sind rund, die Wirbelsäule ist wie eine Welle, die Hände sind weich, deine Hüften kreisen sanft, die Knie sind locker. Laß deinen Körper ein unendliches Band aus Kreisen weben – kraftvoll, entspannt, erdig. Gib dich deinen Füßen hin; laß jeden Körperteil mit den Füßen tanzen – die Ellenbogen mit den Füßen, die Schultern mit den Füßen, die Hände mit den Füßen. Sie unterhalten sich im Raum miteinander.

Laß, was immer du gerade fühlst, sich entwirren und vor dir ausbreiten. Zwing dich nicht dazu – nichts soll dich anstrengen. Laß es einfach fließen. Nimm den Raum um dich herum wahr, und bewege dich mit ihm, als sei er dein Geliebter. Atme die ganze Welt ein. Heben und senken. Loslassen. Folge dem Fließen deiner Energie.

Musiktips:

LIED	CD	ANMERKUNG
»Persephone's Song«	*Luna*	*langsam*
»Prairie Ruins«	*Ritual*	*mittel*
»Jamu«	*Zone Unknown*	*schnell*

Die Mutter

Wie du bist, so ist die Welt.
Ramana Maharshi

Eigentlich ist Downtown New York meine Welt. Aber gestern ging es mir so hundsmiserabel, daß ich die Reise zur Upper West Side auf mich nahm, um mir eine Hawaii-Massage geben zu lassen. Ich kam heil bei Eolanis Haus an – was angesichts des Umstands, daß die meisten New Yorker Taxifahrer über einen Führerschein auf Probe verfügen, der ihnen in Bangladesch ausgestellt wurde, keine einfache Leistung ist. Als sich der kleine Fahrstuhl kreischend die neun Stockwerke hinaufarbeitete, mußte ich eine aufkommende Panikattacke niederreden; vor ein paar Jahren habe ich einmal eine Fahrstuhlpanne überstanden und bin seitdem in wackligen Fahrstühlen nachweislich klaustrophob. Sowie er anhielt, sprang ich heraus und klingelte an der Tür.

Eolani machte auf, und ich betrat eine andere Welt. Obgleich wir uns nach wie vor auf der Insel Manhattan befanden, erinnerte alles in ihrer Wohnung an Hawaii, die Zimmertemperatur eingeschlossen. Ein buntes Mobile mit Fischen drehte sich gemächlich über der Spüle, eine Statue der Memaya, der Yoruba-Göttin des Meeres, bewachte den Kühlschrank, und hinter dem Vorhang zu ihrem Massageraum blubberte ein Miniaturbrunnen. In ihrem Sarong sah Eolani aus wie ein Paradiesvogel. Während ich mich auszog, landete ein frecher, kleiner, grau-weißer Papagei mit orangefarbenem Gefieder an den Bäckchen und einer gelben Krone auf meinem Kopf.

Dankbar kletterte ich auf die Massageliege, und während ich mich dem Klang der Wellen hingab, der aus dem Lautsprecher drang, stellte Eolani sich an meine Seite und sprach ein Heilungsgebet für mich: »Geliebter Schöpfer, gesegnete Mutter, wir rufen Euch an. Wir bitten darum, daß jetzt und hier Eure Gegenwart spürbar werde. Segnet und begleitet diese Session mit Gabrielle. Mögen Liebe, Licht und Heilung uns durchströmen, und mögen die kleinen Wellen dieser Session zu allen Wesen und zu unserer geliebten Mutter Erde fließen.« Amen.

Bei der Lomi-Lomi-Massage gehen die Hände nie vom Körper weg. Der Kreis wird nicht unterbrochen, der Rhythmus bleibt konstant. Zum Klang von Stammestrommeln, die von hawaiianischen Gesängen überlagert wurden, massierte Eolani mich mit ihren Unterarmen. Wie Wellen rollten sie über die Landschaft meines Körpers. Eolani hob mich hoch, wiegte mich, schaukelte mich in den Armen der *Mutter* und nahm mich in ihre Gnade hinein. Ich wurde ganz offen und empfänglich. Im Geist des Aloha, der bedingungslosen Liebe, fühlte ich mich wie neugeboren, sanft und seidig.

Als ich nach der Massage die neun Stockwerke wieder hinunterfuhr, störte ich mich kein bißchen an dem schlackernden Fahrstuhl und schwebte auf die Straße hinaus. Es war ein regnerischer Frühlingstag. Das Taxi fuhr durch den Park, vorbei an Joggern, Pärchen und Leuten, die ihren Hund ausführten. Es ließ auch den kunstvoll in Form eines Gorillas gestutzten Baum bei der »Tavern on the Green« hinter sich und bog in die Seventh Avenue ein. Mit all den bunten, auf und ab hüpfenden Regenschirmen, die ich auf der Straße sah, fühlte ich mich wie in einem Musical. Mein Taxi war ein Zauberteppich: sowie wir uns näherten, schien der Verkehr vor uns zu weichen. Als wir am Carnegie Deli vorbeikamen, mußte ich daran denken, daß ich dort immer Blintzes* gekauft hatte, wenn ich mütterlichen Trost brauchte. Wir rauschten

---

* süßes, schweres Gebäck (Anm. d. Ü.)

über den Times Square. Dort winkte ich Kate Moss und dem sexy Perry-Ellis-Paar auf den Werbeplakaten zu. Auf dem Viacom-Spectra-Farbbildschirm konnte ich sehen, daß es jetzt 16 Uhr 10 und 56 Grad* warm war. Schon cool, wenn man weiß, wie kalt es ist, oder? Zuletzt erhaschte mein Auge noch einen Blick auf den Virgin Megastore, bevor uns ein Brachland nichtssagender grauer Gebäude verschluckte. Wir sausten an Ausstellungsräumen und Lastwagen vorbei, von denen Garderobenständer voller Kleider abgeladen wurden, bis wir zu Macy's kamen, dem angeblich größten Kaufhaus der Welt. Am Herald's Square gerieten wir in einen Stau, durch den nur die Fahrradkuriere hindurchschlüpfen konnten. Das erinnerte mich daran, daß das Ende eines *Flows* der Anfang eines anderen ist.

Ein junges Mädchen auf Krücken humpelte am Taxi vorbei. Unweigerlich mußte ich an den grauenhaften Snowboard-Unfall meines Sohnes Jonathan denken, bei dem ihm sein rechtes Knie zertrümmert wurde. Der Arzt, der ihn operierte, erzählte, daß er schon Tausende von Knien repariert hätte und daß dies das schlimmste sei, das er je gesehen habe. »Dieser Unfall führte zu einem dramatischen Erwachen meiner inneren *Mutter*«, erzählte mir Jonathan später. »Plötzlich wurde ich in einen völlig neuen Bewußtseinszustand geworfen. Ich konnte mich nicht rühren, ohne auf jeden einzelnen Schritt achtzugeben und auf jede Bewegung, bei der ich mein Gewicht verlagerte. Ich mußte lernen, mich auch dann zu lieben, wenn ich nicht perfekt war, und ich mußte meinen Kopf dazu bringen, sich auf meine Heilung zu konzentrieren und nicht auf das, was ich jetzt alles verpaßte. Bis ich mir ein Mittagessen gekocht hatte, war der Tag schon beinahe rum. Ich war so traurig, daß ich nicht mal einen rührseligen Werbespot im Fernsehen anschauen konnte, ohne in Tränen auszubrechen. Ob ich nun gerade in der Rehabilitation radfahren übte oder versuchte, eine Treppe hinaufzukommen, ich konnte jederzeit losheulen. Meine Emotionen nahmen allen Raum ein, und mein Ego hatte keinerlei Kontrolle über sie.

Die Tage verbrachte ich mit Todds Hündin Kaya. Mein Leben hatte

---

* Fahrenheit – entspricht etwa 12 Grad Celsius (Anm. d. Ü.)

sich auf ein Hundeleben reduziert. Ich ging raus, rauchte eine Zigarette, warf die Frisbeescheibe, und Kaya fing sie auf. Wir schnüffelten ein bißchen ums Haus herum, lagen auf dem Sofa und träumten unsere Hundeträume. Dann kam Todd nach Hause und fütterte uns. Ich war so glücklich, einen Freund zu haben, der auf demselben Stand war wie ich. Bisher war mein Leben so wild und energetisch und aktiv gewesen; jetzt geschah alles in Zeitlupe. Zum Duschen brauchte ich eine Stunde. Plötzlich war mein Leben sehr Zen-mäßig.«

Die Ampel war inzwischen wohl ein dutzendmal auf Grün gesprungen, aber wir waren keinen Millimeter vorwärtsgekommen. Deshalb stieg ich aus und ging die letzte Meile mit großen Schritten zu Fuß. Ich dachte darüber nach, wie dieser Unfall meinen Sohn nicht nur zum Manne hatte heranreifen lassen, sondern ihn auch in die tieferen Mysterien der *Mutter* initiiert hatte.

Während eines Workshops mit dem Thema *God, Sex, and the Body* vertraute George uns an, daß er das Prinzip der *Mutter* intellektuell wohl verstanden hatte, es aber bis zu seiner Scheidung nicht wirklich erfahren hätte. »Weil ich meine Mutter nicht mochte, fehlte mir ein gutes Vorbild, wie ich mich selbst bemuttern sollte. Außerdem hatte die letzten zwanzig Jahre meine Frau diese Rolle übernommen. Dann war ich plötzlich allein. Selbst die normalste Haushaltsarbeit wie Essen kochen und Wäsche waschen wurde für mich zu einer sehr wirksamen Medizin. Inzwischen fühle ich mich sehr wohl dabei, eine Schublade voller Wäsche zu haben, die ich selbst dort hineingelegt habe. Sie ist dort nicht länger auf unerklärliche Weise hineingeraten.«

Obwohl ich eine Frau bin, verliere auch ich manchmal den Kontakt zu meiner inneren *Mutter*. Neulich saß ich auf dem Sofa und stierte in die Luft, ganz gelähmt von dem Gedanken an all die ungeöffnete Post, die auf meiner Ottomane lag. Es war, als säße in jedem der Umschläge jemand gefangen, der mich dafür verurteilte, daß ich sie nicht öffnete. Aber ich war zu keiner Regung fähig. Der Ton des Faxapparats ließ mich aus meinem Elend aufschrecken. Es kam ein Fax von Lorca, einer wunderbaren jungen Schauspielerin, mit der ich befreundet bin. »Ich dachte, ein bißchen Inspiration könnte dir guttun«, hatte sie über die erste Seite gekritzelt. Wie konnte sie ahnen, in welch hoffnungslosem Zustand ich mich befand? Es war ein Brief, den sie von ihrer Mutter bekommen hatte:

Lorca, Kleines,
du solltest immer vorwärtsstreben, ungeachtet aller Rückschläge oder Anerkennung. Das I Ging sagt: »Beharrlichkeit bringt voran.« Beharrlichkeit setzt BEWEGUNG voraus, kein Sitzenbleiben in Selbstbezogenheit. Beharren heißt sich bewegen, heißt weitermachen. Innezuhalten ist in Ordnung, wenn es zur Kontemplation, zur Meditation und zum Gebet dient oder um die Dinge innerlich zu ordnen. Aber dieses Anhalten wird zu einem Antrieb zur INSPIRATION, so daß der kreative Prozeß immer wieder neu beginnen kann! Damit will ich dir bloß sagen, daß wir dich lieben, immer und ewig, immerdar. Das ist alles.

Mama

Wie konnte diese Frau, die irgendwo mitten in Texas auf ihrem schwarzen Schaukelstuhl saß, so genau wissen, was ich gesagt bekommen mußte? Dann erst fiel mir ein, daß sie ja gar nicht an mich geschrieben hatte. Ich nahm den Hörer ab, wählte Lorcas Nummer und fragte: »Was ist los? Warum hat deine Mutter dir diesen Brief geschrieben?«

Sie erzählte, daß sie gerade mit einem anmaßenden, äußerst pingeligen Regisseur zu kämpfen hätte und in einem Anfall von plötzlich versiegendem Selbstvertrauen ihre Mutter angerufen habe. »Das ist echt verrückt«, sagte ich. »Denn du hast mir ihr Fax genau in dem Moment geschickt, als ich einen Kick von dieser Mama-Energie brauchte. Ich hatte nämlich das Zutrauen in meine Fähigkeit verloren, meine eigene Post zu beantworten.«

Da schreibt eine Mutter aus Fort Worth in Texas einen Brief an ihr Kind in North Carolina, der an einem Vorfrühlingstag in Manhattan auf meinem Schoß landet. Der Kreis dreht sich immer weiter. Die Gnade der universellen *Mutter* fließt unablässig und gemahnt uns daran, immer dann in den Zustand kindlicher Unschuld zurückzukehren, wenn uns alles derart über den Kopf zu wachsen scheint, daß wir den Kontakt zu unserem wahren Selbst verlieren.

Neulich rief Greg an und erzählte mir, daß es seiner Freundin Carol schlechtginge. Sie hätte das Gefühl, ihre Seele zu verlieren. Darum beschloß er, ihr ein Abendessen zu machen. Er zog sich ein Kleid und eine Schürze an, legte etwas Lippenstift auf und zauberte ein üppiges Mahl auf den Tisch. Als sie nach Hause kam, öffnete er ihr die Tür und sagte: »Du brauchst eine Mutter.« Nach dem Essen gingen sie in einen guten Club und tanzten die ganze Nacht zu südafrikanischer Musik. Dieser Art von Musik können Hüften unmöglich widerstehen; sie schaukelt den Körper in die *Flowing*-Stimmung hinein, in den Bauch des Beats, wo sie auf die göttliche *Mutter* treffen. Diese Musik bringt einen ohne Umwege an jenen inneren Ort, an dem nichts mehr feststeht und wo alles sich wie in Wellen bewegt. Man sinkt tief hinab in den Bereich, in dem die Überlebenstaktiken und Instinkte lagern, die man braucht, wenn man sich der Seele ergeben will. Hingabe ist das Losungswort, das Türen in andere Dimensionen öffnet und mit dem wir immer weiter über uns selbst hinausgelangen können.

Früher bin ich in Midtown Manhattan zu einer Bauchtanzgruppe gegangen. Einmal die Treppe rauf, und man war Welten von der Hektik der Stadt entfernt. Übrigens der einzige Ort, an dem ich jemals war, wo man um so besser dran ist, je mehr Fleisch man auf den Knochen hat. Dort waren ganz verschiedene Frauen zusammengekommen, um sich zu häuten und sich in der tiefen, alten, erschreckend vertrauten Sehnsucht zu vereinen – dem seltsamen, beunruhigenden Ruf zurück in ihr urtümlichstes Selbst. Orientalische Musik, die sich wie in Schlangenlinien bewegte, lockte uns mit ihrem hypnotischen Charme in Welten, nach denen wir uns verzehrten, innere Welten, die von den großen, männlichen Jägern noch unberührt waren. Jungfernwelten. Gebannt vom Anblick einer einsamen, über siebzigjährigen Bauchtanz-Schülerin, die, angeregt von der Musik, zum ersten Mal in ihrem Leben in ihre Hüften hineinzusinken schien, stand ich in der Tür. Zu Anfang stand sie unbewegt wie ein Fels in der Brandung; Tausende von Glaubenssätzen und Vorurteilen machten ihren Körper steif wie ein Brett. Ich kannte sie alle. Ich fühlte sie. Ganz vorsichtig gab sie schließlich in ihren Hüften nach und sank in den Rhythmus hinein. Sie lächelte gelöst. Noch eine gefallene Frau, dachte ich.

Der Teil in unserer Seele, der zur *Mutter* gehört, lebt in den Hüften und erdet uns auf instinktive Weise. Nicht geerdet zu sein ist wie ein Baum zu sein, dem die Wurzeln fehlen. Überall, in der U-Bahn, auf der Straße, auf Flughäfen, suche ich nach Körpern, denen Selbstgewißheit anzusehen ist, Verwurzeltsein, Fluß, Bereitschaft, vielleicht sogar ein Anflug von Selbstliebe. Viel häufiger allerdings sehe ich etwas anderes: den Körper als mutterloses Kind.

Viele von uns haben Mühe damit, das Grundlegende mit einzubeziehen. Wir sind zu geschäftig; immer haben wir Wichtigeres zu tun, müssen anderswo sein, Leute treffen und neue Hürden überwinden. Wir verfangen uns derart im Kopf, daß wir über unsere Füße stolpern. Kürzlich hatte ich einen bekannten Investment-Banker in einem Workshop. Er kann zwar den Fluß enormer Geldsummen steuern, aber er war außerstande, den Fluß seiner eigenen Energie in den Raum zu übertragen. Übergewichtig und atemlos stolperte er durch die Fünf Rhythmen. Am letzten Tag keuchte er nicht mehr, und in seinen Schritt war ein Anflug von Spannung und Frische gekommen.

Etwas in uns weiß immer, was wir brauchen und wann wir es brauchen. *Mutters* Stimme, die uns daran erinnert, schön unser Grünzeug zu essen, das Zähneputzen nicht zu vergessen und niemals »Hab' ich's dir nicht gesagt!« zu sagen.

> *Was für ein seltsamer Apparat*
> *ist doch der Mensch! Man füllt*
> *ihn mit Brot, Wein, Fisch und Rettich –*
> *und Seufzer, Lachen und Träume*
> *kommen aus ihm heraus.*
>
> *Nikos Kazantzakis*

Die *Mutter* hütet das Feuer im Bauch. Ohne Mama kein *Chi*. Eine meiner Schülerinnen trank in einer angespannten Lebensphase unmäßig viel Alkohol. Der chinesische Arzt, zu dem sie ging, warnte sie, daß ihr Chi in einem Jahr verbraucht wäre, wenn sie weiter so trinken würde. Als sie ihn verständnislos ansah, sagte er nur: »Ohne Chi kein Leben.«

Unsere Wurzeln sind matriarchal. Wir entstammen dem Leib unserer Mutter und werden von Mutter Erde genährt. Durch unsere Adern fließt das Blut der *Mutter*; ihr Geist lebt in allen Dingen. Sie kann uns gefangenhalten oder uns zur Befreiung führen. Wir haben die Wahl.

Die *Mutter* ist der Grundstein für alle anderen Archetypen. Ihre Anwesenheit bereitet den Boden, auf dem wir unseren Tanz vollführen können. Wie unsere leibliche Mutter bildet sie den Angelpunkt, an dem die geheimnisvollen Kräfte, die unser Sein ausmachen, zusammenlaufen und Gestalt annehmen.

Tun (oder nicht tun) – *Mutter*

Gewahrsein

Mache es dir bei einer Tasse Tee gemütlich, und denke über dich und deine Welt nach. Beginne bei deinem Körper. Lenke deine Aufmerksamkeit auf dein Blut. Es ist das Flüssigste an dir; im Unterschied zu deinem Atem kannst du es weder anhalten noch kontrollieren. Seit Jahrhunderten kreist es durch die Blutbahnen der Vorfahren in deinem Stammbaum. Dein Blut ist der Schlüssel zu deiner Geschichte – der Vergangenheit, der Gegenwart, der Zukunft. Wie geht diese Geschichte?

Handeln

Übe den Rhythmus *Flowing* in langsamen Bewegungen. Spüre dabei das Gewicht deines Kopfes, deiner Schultern, deiner Arme, deiner Hände, deiner Brust, deiner Hüften, deiner Beine. Gib dieses Gewicht an deine Füße ab, und laß sie über den Boden gleiten, während sie dich halten. Leg dich nach einiger Zeit hin, und übergib dein Gewicht jetzt dem Boden. Bewege dich auf dem Boden, als sei er dein Liebhaber.

Rolle dich auf eine Seite, und laß alles Flüssige in dir in diese Seite strömen. Rolle dich dann auf eine andere Stelle deines Körpers, und spüre, wie sich die Flüssigkeit verlagert, als wenn eine strömende Welle in dir wäre. Rolle sanft weiter, und laß immer wieder los; laß zu, daß dieses Fließen deinen Tanz formt. Tue dasselbe mit einem Geliebten. Umkreist eure Kurven, schwimmt miteinander in derselben Energie.

Ein Fest für die Mutter

Gib ein Fest, das die Sinne nährt. Bitte deine Freunde, in einer Kleidung zu erscheinen, die am besten zu *Flowing* paßt. Lade sie ein, Süßigkeiten und solche Speisen mitzubringen, die ihnen Muttertrost spenden – Nudeln mit Tomatensauce, Suppe, Eintopf, Knödel, Kuchen, Pudding, Grießbrei.

Wenn deine Gäste kommen, salbe sie mit duftenden Essenzen ein. Lege sinnliche *Flowing*-Musik auf. Richte eine Ecke ein, in der sie sich gegenseitig Hände und Füße massieren können. Sorge für Räucherstäbchen, Blumen, Kerzen und schöne Getränke – alles, was du zur Gestaltung einer nährenden Atmosphäre brauchst.

Die Geliebte

Was immer du im Herzen trägst,
steht dir ins Gesicht geschrieben.
Afrikanisches Sprichwort

Wenn uns etwas in unseren Grundfesten erschüttert, scheint die Welt plötzlich stillzustehen. So führte etwa das Trauma seiner Knieverletzung meinen Sohn weit in das Terrain des Weiblichen. Nahezu frei von jeder Ablenkung wurde er hier ganz empfänglich für Signale aus seinem Innenleben. In dem Maße, in dem sich der Geist der *Mutter* in ihm regte, erwachte auch seine *Geliebte*; während er zuvor nur den Strom seiner physischen Energie im Körper gespürt hatte, wurde er nun auch für den Strom seiner emotionalen Energie im Herzen empfänglich. Sein erzwungenes Leben in Zeitlupe brachte ihn in Kontakt mit seinem Kummer – nicht nur mit dem, den er über seine gegenwärtige Lage empfand, sondern auch mit dem, den er schon lange mit sich herumtrug. Um unsere Gefühle zu verarbeiten, brauchen wir sie weder zu verstehen, noch müssen wir sie auf besondere Anlässe beziehen. Viel wichtiger ist, sie nicht festzuhalten.

Auch für mich war Jonnys Snowboard-Unfall ein einschneidendes Erlebnis. Zuerst der Anruf: »Er ist auf seinem Snowboard gegen einen Baum gerast.« Ich fühlte mich, als hätte mir Gott persönlich in den Bauch geboxt. Ich saß auf meinem Bett, bewegungslos und beinahe unfähig zu atmen. Mein Blick blieb an dem goldenen Buddha an der Wand kleben. Ich fühlte mich vollkommen hilflos. Meine Nerven zitterten, meine Hände waren taub, mein Magen war im Eimer. Der Teil in mir, der den Buddha anstarrte, sagte: »Du hast einen Schock, Kind. Krieg dich wieder ein!« Ich erledigte alle nötigen Anrufe, traf die notwendigen Vorkehrungen und ging dann, anstatt mich meiner Hilflosigkeit auszusetzen, an mein CD-Regal und legte Mickey Harts Platte *At The Edge* auf, um den ganzen starr gewordenen Schrecken wieder in Bewegung zu bringen.

Doch die Angst ließ mein Gesicht, meine Füße, meine Hände, meinen ganzen Körper zu Eis gefrieren. Ich hatte denselben metallischen Geschmack im Mund, den ich immer unwillkürlich empfinde, wenn ich beim Autofahren im Rückspiegel einen Streifenwagen sehe. Bewegung wollte sich nicht einstellen; aber weiter so in dieser Trägheit zu verharren konnte ich mir unmöglich gestatten. So wurde ich zur Bildhauerin meiner selbst: In ihren pulsierenden, zitternden Formen geriet meine Angst zu einer Folge lebender Skulpturen. Wenn ich sie stark übertrieb, bekamen diese Formen mehr Dynamik. Ich stellte mir vor, Rodin würde mein Innerstes nach außen stülpen. Nach und nach lösten die Formen sich ineinander auf und wurden zu einem schweren *Flowing*-Tanz. Die klare und einfache Sprache dieser Gesten brachte mich endlich zur Ruhe.

Natürlich kamen noch größere Stürme auf mich zu. Zwei Tage darauf wurde Jonny operiert. Höchst unruhig lief ich im Warteraum des Krankenhauses auf und ab. Er kam nicht um 17 Uhr aus dem Operationssaal, wie man es mir angekündigt hatte. Um 19.30 Uhr war ich wieder an dem Punkt angekommen, an dem alles angefangen hatte, bloß daß es hier nirgends einen Buddha gab, der mir hätte Trost spenden können. Wie eine riesige Mutterkatze schlich ich durch die Gänge des Krankenhauses, in Todesangst davor, daß die Welt zum Stillstand käme, wenn ich sitzen bliebe. Auf meine Fragen antworteten alle immer nur mit dem üblichen: »Sie werden bestimmt bald benachrichtigt.« Endlich, um 21 Uhr, kam der Chirurg, um mir mitzuteilen, daß die Operation schwierig gewesen, aber erfolgreich verlaufen sei, und daß Jonny sich noch auf der Intensivstation befände, da er mit den Schmerzen Probleme hätte. »Was meinen Sie mit ›Probleme mit den Schmerzen‹?«, fragte ich ihn. Offenbar war die Epiduralanästhesie mitten in der Operation, als sein Bein ganz aufgeschnitten war, ausgefallen, und bis der Anästhesist begriffen hatte, was geschehen war, war Jonny bereits vollkommen bei Bewußtsein und litt unter unsäglichen Schmerzen, die sie bis zum Ende der Operation nicht mehr unter Kontrolle bekamen. Als ich gerade versuchte, diese schreckliche Nachricht zu erfassen, rollte man meinen Sohn an mir vorbei. Ich erkannte ihn kaum wieder. Er sah vollkommen verstört aus.

Ein Teil von mir fühlte sich wie ein Molotow-Cocktail, bereit zu explodieren und diese stille kleine chirurgische Station gleich mitzunehmen. Ein anderer Teil meiner selbst war reinste *Mutter*, die wußte, daß mein Kind mich heil und vollkommen präsent brauchte. In solch extremen Situationen bin ich für meine Praxis immer am dankbarsten, für all die Stunden, in denen ich meine Gebete geschwitzt habe. Die unzähligen Zorn-Tänze meines Lebens haben mich gelehrt, meine Wut wahrzunehmen und sie fast im selben Moment auch schon wieder loszulassen. So riß ich mich zusammen und wurde mit der momentanen

Krise fertig. Später, als Zeit dafür war, ging ich in die verschneite Nacht hinaus, schleuderte meinen Zorn zum Mond und heulte ihn an, wobei ich mir vorstellte, daß er nicht nur groß genug war, mich aufzunehmen, sondern auch göttlich genug, mir zu vergeben.

Die *Geliebte* ist jener Teil in uns, der unserer Gefühle gewahr wird und sie im ganzen Körper aufspürt. Dabei bringt sie eine enorme Lebendigkeit und Kraft in unseren Tanz. In einem Workshop faszinierte mich neulich eine große, schlanke, jungenhaft aussehende Frau mit kurzgeschnittenem schwarzem Haar und kobaltblauen Augen. In ihrem Fließen stieß sie auf eine alte Wut. Ich beobachtete sie dabei, wie sie sich dieser Wut überließ und zuließ, daß deren rohe Gewalt sie in einen überaus heftigen Tanz hineintrieb. Die *Geliebte* in ihrer Seele verführte sie dazu, diesen Zorn als Brennstoff für das Feuer Tausender noch ungetanzter Tänze zu verwenden. Als sie tief im Dunkel ihres Herzens tanzte, lud sich ihre Haut mit einem furchterregenden Leuchten auf. Mit den Armen vollführte sie eine wiederholte Bewegung, die ganz deutlich sagte: »Bleib mir vom Leib!« Ihr Tanz war tiefer, reiner, schwelender Groll.

Die Arme sind die Botschafter des Herzens. Sie strecken sich aus, sie ziehen sich zurück, sie umarmen. Wenn die Herzenergie nicht in freien, spontanen Gesten fließen kann, bauen sich diese unterdrückten Impulse in den Armen und Händen auf und hemmen unseren Tanz.

In derselben Gruppe tanzte ein junger Mann, ohne dabei seine Arme zu bewegen. Sie waren vollkommen tot. Es brach mir das Herz, wie niedergedrückt er in seiner dünnen, zerbrechlichen Hülle war, und ich fragte mich, was er wohl erlebt haben mochte, das ihn so werden ließ. Während er tanzte, kam mir ein Bild von ihm in den Sinn, auf dem er mit dem Kopf nach unten hing. Später erzählte ich ihm bei einem Tee von meiner Vision. Sofort begann er, sich in stillen Schluchzern zu krümmen, so unbeholfen, wie das oft bei Männern der Fall ist, die nie zuvor geweint haben. Wenn er als kleiner Junge wütend gewesen war, hatte sein Vater ihn immer über der Toilette mit dem Kopf in der Kloschüssel baumeln lassen und gedroht, ihn aus dem Leben fortzuspülen. Später half ich ihm dabei, diese Erfahrung im Tanz noch einmal zu durchleben. Der Wut-Tanz, der sich daraus entwickelte, wurde zu einem der großartigsten, die ich je gesehen habe.

Menschen, die die Regungen ihres Herzens nicht erfahren, wollen auch nicht, daß andere das tun. In der U-Bahn hörte ich einmal eine flotte Blondine zu ihrem Begleiter sagen: »Mein Agent hat gerade angerufen. Ich krieg' die Rolle in dem Film! Ich kann's kaum glauben!« Mit grimmigem Gesicht antwortete ihr Gefährte: »Das solltest du auch lieber nicht.« Sie sah darauf ganz fertig aus, schluckte aber gehorsam ihre Freude runter. Manchmal hätte ich gerne ein kleines tragbares Warngerät, das ganz laut »Freuden-Killer« schreit, wenn ich einem dieser berufsmäßig aufs Runtermachen versessenen Typen begegne, die es gar nicht gern haben, wenn es für andere gut aussieht. Sei auf der Hut: Sie sind überall.

Üblicherweise halten wir die Energie der *Geliebten* für den Teil von uns, der sexy und verführerisch ist. Aber was macht uns denn sexy? Mit Leidenschaft in unserem Körper zu Hause zu sein und aufrichtig in unseren Gefühlen, das macht uns anziehend und faszinierend. Menschen mit einem reichen und verwurzelten Gefühlsleben sind wie Magneten. Ihre Verletzlichkeit berührt unsere abgestumpften Empfindungen. Wenn wir von den Regungen unseres Herzens fasziniert sind, werden andere es auch sein. Solange wir nicht in Kontakt zu unseren Gefühlen treten – unserer Angst, unserer Wut, unserem Kummer, unserer Freude und unserem Mitgefühl –, werden wir außerstande sein, sie anderen mitzuteilen und dauerhafte Beziehungen zu schaffen.

Damit Beziehungen lebendig, spontan und liebevoll werden, müssen wir emotional empfänglich sein – nicht nur für unsere eigenen Gefühle, sondern auch für die Gefühle der anderen. Wir müssen ihre Stimmungen aufnehmen, ihre Körpersprache verstehen, ihre emotionalen Bedürfnisse erkennen. Für solche Beziehungen ist es auch notwendig zu wissen, wie wir emotional standhalten und unseren Gefühlen treu bleiben können, selbst wenn wir es mit jemandem zu tun haben, der möglicherweise ganz anders empfindet.

Heute hat Lori angerufen. »Wir haben eine leidende *Geliebte* bei uns«, berichtete sie. »Die Tinte auf ihrer Scheidungsurkunde war noch nicht getrocknet, da lief Rachel schon bei uns ein. Sie ist erst mal in unser Gästezimmer gezogen, um ihre Wunden zu lecken. Das Essen schieben wir ihr unter der Tür durch. Ständig kommen Leute mit guten Romanen und Geschichten über ihre eigene Scheidung zu Besuch. Ich bin sicher, daß sie in vier Wochen wie ein Schmetterling aus ihrem Leidenskokon herauskommt, ihre feuchten Flügel schlägt, bis sie wieder trocken sind, und dann durch die Stadt flattert, um ihre neue Wohnung einzurichten.«

Mal bricht dir jemand das Herz, mal brichst du jemandem das Herz. Um das Herz in all seinen Dimensionen kennenzulernen, brauchen wir beide Erfahrungen. Verletzt zu werden gehört zum Menschsein dazu. Nur wer sich vollkommen abschottet, kommt um diese Erfahrung herum. Statt dessen sollten wir sie lieber als Ausrede zum Tanzen nehmen.

Wenn wir mit anderen tanzen, können wir das Verlieben üben – und außerdem ist es absolut sicherer Sex. Im Rhythmus begegnen wir einander ohne jeden Umweg: Wie du dich bewegst, so bist du. Der Rhythmus zieht uns nackt aus und macht uns überaus verletzlich. Manchmal träumen wir davon, nackt vor Fremden zu stehen und in dieser Zurschaustellung ganz offen zu sein. Doch in Wahrheit greifen wir uns sofort ein Handtuch, wenn Fremde auftauchen. Zum ersten Mal mit anderen zu tanzen ist so wie der erste Besuch am FKK-Strand. Anfangs scheint die Befangenheit beinahe unüberwindlich, doch bald merkt man, daß einen keiner komisch anguckt. Dann entspannt man sich, und die Unsicherheit ist vergessen.

Was mich betrifft, ich bin eine Seelen-Exhibitionistin. Eine, die es mit jedem Rhythmus treibt. Ich tanze immer und überall. Nur aus diesem Grund fuhr ich eines Samstagmorgens um acht Uhr, zu einer Zeit, die ich sonst kaum je zu Gesicht bekomme, über die Golden Gate Bridge durch die Stadt in eines dieser billigen Hotels, auf deren Fluren es nach Desinfektionsmittel und kaltem Kaffee riecht und die höchstens als Konferenzort oder Übernachtungsmöglichkeit für Jetlag-gebeutelte Reisende taugen. Die Konferenz trug den Titel »*Aids, Medicine and Miracles*«*. Der Ballsaal war mit 300 Menschen gefüllt, von denen die

---

* Aids, Medizin und Wunder

meisten Aids hatten. Als ich mit meinem dreadlockigen Trommler auf das Podest stieg, begann ich mit meiner Verführung.

Der Rhythmus bahnte sich seinen Weg durch den Saal, der trotz der frühen Stunde zu rocken begann. Der überwiegend männliche Stamm der geächteten Engel gab wirklich alles. Einige der Männer lebten sonst völlig im verborgenen und hatten in den letzten Monaten allenfalls Kontakt zu ihrem Arzt oder Pfleger gehabt. Andere hatten nie zuvor gewagt, ihre Emotionen in der Öffentlichkeit auszudrücken – manche nicht einmal in ihren eigenen vier Wänden. Der Raum war bereit und offen. Manche der Tanzenden weinten, andere ließen ihrem Zorn oder der Ekstase freien Lauf. Jeder war authentisch; hier war kein Platz für Verlogenheit. Dann sah ich das Wunder: Ein seltsamer, knochiger Typ, der aus dem Meer der kreisenden Körper herausstach, weil er sich kaum bewegte. Und doch bewegte er sich. Auf dem Anstecker an seinem weißen T-Shirt stand: »Life is too mysterious. Don't take it so serious.«*

Nach der Session erzählte er mir, daß er nur noch einen T-Zellen-Wert von 4,0 hätte. Deshalb fiele ihm das Laufen schwer, vom Tanzen ganz zu schweigen. Während er mir das erzählte, bemerkte ich, daß er mit meinem hübschen schwulen Assistenten flirtete. Nur noch einen so verschwindend geringen T-Zellen-Wert haben und trotzdem flirten! Dafür müßte es eigentlich einen Preis geben. Jedenfalls beschämt diese Haltung uns alle.

Flirten ist eine Kunst, die in diesen Zeiten gefährlich geworden ist. Wir brauchen geschützte Räume, um uns im Flirten, der Kunstfertigkeit der *Geliebten*, zu üben. Solches Training benötigen Liebende aller Neigungen und Vorlieben.

Greg hat mir einmal erzählt, daß er seine *Geliebte* wie einen Muskel trainiert. Wenn er mit seinem Freund auf der Straße ist, spielen sie ein Spiel: »Wir schauen den Leuten in die Augen und versuchen, sie dazu zu kriegen, daß sie uns bemerken. Für jeden, der sich umdreht, gibt's einen Punkt.«

---

* »Das Leben ist zu geheimnisvoll. Nimm's nicht so ernst.«

Zweitausend Jahre lang war die *Geliebte* dazu da, Autos und Mundwasser zu verkaufen. Darum fand ich, daß es an der Zeit sei, sie mit einer Party wieder zu Hause willkommen zu heißen. Ich lud alle Teilnehmer eines meiner *God, Sex, and the Body*-Workshops in ein nahegelegenes italienisches Restaurant ein und bat sie, sich zu dieser Party so anzuziehen, wie sich ihre innere *Geliebte* kleiden würde. Ich rechnete damit, daß die meisten sich so zurechtmachen würden, als seien sie soeben einem Katalog für Reizwäsche entsprungen, der unser Bild von der *Geliebten* als einem Hurenflittchensexhäschen spiegelt.

Die abschätzige Haltung wird selbst in den Wörtern offensichtlich, mit denen die Künste der *Geliebten* bezeichnet werden. Sie sind mit negativen Teilchen geladen. Bei Herrn Webster* heißt es unter dem Stichwort *seduce* (verführen): zum Bösen oder zur Übeltat versuchen; verleiten; j-n zu ungesetzlichem sexuellem Verkehr überreden, besonders erstmalig; j-n veranlassen, die Keuschheit aufzugeben. Und unter *flirt*: 1. verhöhnen oder spotten; Hänseleien, grobe Scherzworte oder Sarkasmen von s. geben; s. in herabsetzender Sprache ausdrücken ... 3. d. Kokette(n) spielen, kokettieren; j-m nicht ernst gemeinte Avancen machen; mit der Liebe spielen.

Der Zweck dieser Party bestand darin, diesen Worten ihre eigentliche Bedeutung zurückzugeben und ausreichend Vertrauen, Liebe und Erlaubnis dafür zu schaffen, daß der Archetyp der *Geliebten* aus seinem Kämmerlein heraustreten und Farbe bekennen konnte. Ich wollte damit unsere Sexualität von allen Zwängen und gesellschaftlichen Etikettierungen befreien, ich wollte gewissermaßen einen Kurzschluß im Gehirn herbeiführen und die Leitungen für unsere Wahrnehmung danach neu verkabeln. Vor allem aber wollte ich den herkömmlichen Geschlechterrollen jede Bedeutung nehmen. Es sollte eine Party sein, auf der Schwule, Heteros und Bisexuelle zusammenkommen und die Kraft und Schönheit der inneren *Geliebten* feiern konnten, die in jedem von ihnen wohnt. Der einzige Auftrag an diesem Abend bestand darin, mit *jedem* zu flirten.

---

* Webster's Dictionary – amerikanisches Wörterbuch. (Anm. d. Ü.)

Natürlich sah man bergeweise Bustiers und Netzstrümpfe. Doch die *Geliebte* entwand sich auch dem ihr von der Gesellschaft angelegten Korsett und drückte ihre Individualität in wildester Hemmungslosigkeit aus. Zuerst kam ein stämmiger Bauarbeiter, der sich als züchtige Braut gekleidet hatte. Er war atemberaubend. Eine junge Tänzerin erschien als Domina mit einem Stringtanga aus schwarzem Leder, der ihren perfekt geformten Hintern sehen ließ. Ein schüchterner Programmierer kreuzte in hautengen schwarzen Lederhosen und einem schwarzen Samthemd à la Jim Morrison auf, das ihm bis zur Taille offenstand. Ein junger Schauspieler trug ein blaßrosa Kleid, sein von der Sonne gebleichtes Haar hatte er in zwei Rattenschwänze gebunden. Eine Anlageberaterin tollte in einem mitternachtsblauen, aufreizenden Jerseykleid herum, das ihre Kurven umschmeichelte. Zwei Dichter kamen als sexy Miezen mit schwarzen Hot pants, Netzstrümpfen, Go-go-Stiefeln und Lack-BHs mit Reißverschluß. Ein Theaterregisseur aus England trug ein mit Perlen besetztes Crêpe-Kleid aus dem Jahr 1942, das er für 15 Dollar bei einer Haushaltsauflösung erstanden hatte. Ein Masseur rauschte in einem goldfarbenen Lamé-Ballkleid heran. Seine Füße steckten in silbrig funkelnden Stöckelschuhen, ums Handgelenk trug er ein Straß-Armband, und seine scharlachrot lackierten Nägel waren perfekt manikürt. Mein Freund Don, ein Chemiker, ließ sein Alter ego Donella auf uns los. Sie trug einen blauen Taftrock mit Krinoline und klimperte den ganzen Abend unentwegt mit den Wimpern. Dons Freundin Casey hatte sich wie ein unschuldiges kleines Mädchen angezogen, fühlte sich darin aber ziemlich unwohl und zog schließlich einen roten Leder-BH und Hüfthalter an.

An diesem Abend konnte man die außergewöhnlichsten Tänze erleben. Die Braut verführte die Domina, die Domina tanzte mit dem Schauspieler im Babydoll-Kleid Tango, der Schauspieler Cancan mit Jim Morrison, der wiederum die Anlageberaterin vor Donella rettete. Liebe kreiste und pulsierte durch den ganzen Saal.

»Komisch, daß manche Leute, mit denen ich schon seit Jahren tanze, heute ganz anders auf mich reagierten«, erzählte Beth hinterher. »Ich fühlte mich von Anfang an echt anziehend. Und je anziehender ich mich fand, desto mehr war ich verliebt, und je mehr ich von dieser Energie aussandte, desto mehr kam zurück. Da war so eine schöne, sanfte, liebende, sexuelle Herzenergie zwischen mir und allen anderen in diesem Lokal. Ich war vorher noch nie dort gewesen – dort, wo die *Geliebte* ist.«

Vielleicht deshalb nicht, weil wir Scham davor haben, diesen Ort näher zu untersuchen. Daß uns das Tor zu diesem Paradies vor der Nase zugeschlagen wurde, ist lange her. Flirten ist der Schlüssel, mit dem wir den Raum der *Geliebten* in unserem Herzen wieder aufzuschließen vermögen.

»Jetzt hab' ich's endlich«, sagte Lori nach der Party. »Nach meinen ersten paar *God, Sex, and the Body*-Workshops dachte ich immer, ich sei im Flirten eine Niete. Ich wußte einfach nicht, wie man's macht. Jetzt verstehe ich, weshalb ich damit solche Schwierigkeiten hatte. Ich dachte nämlich immer, ich müßte mich auf eine Weise darstellen, in der ich mich einfach nicht wohl fühle. Jetzt habe ich endlich begriffen, daß es beim Flirten nicht darum geht, jemandem etwas von sich selbst zu zeigen, sondern dem anderen etwas über sich zu spiegeln.«

In allen Beziehungen geht es darum, den Geliebten im anderen zu erkennen und ihn hervorzulocken. Doch während wir mit der Aufmerksamkeit beim anderen sind, hören wir nicht auf, mit uns selbst verbunden zu bleiben. In Beziehungen geht es um die Verbindung von Herz zu Herz, um die Brücke zwischen Körper und Verstand.

Tun (oder nicht tun) – *Geliebte*

Gewahrsein

Eines Tages machte ich mit meiner rechten Hand immer dieselbe Bewegung. Sie winkte sacht, und ich wurde von Trauer überwältigt. Ungefähr nach der fünfzehnten Wiederholung kam mir ein Bild meines Sohnes, als er noch klein war. Ich winkte ihm zum Abschied, als ich ihn bei seinem Vater ließ, wie es so viele von uns getrenntlebenden Eltern tun müssen. Der Kummer darüber nistete in meiner Hand, und Jahre später konnte ich das Lied hören, das mein Herz sang, als es brach.

Meditiere über deine Körperteile – deinen Kopf, die Schultern, Ellenbogen, Hände, Wirbelsäule, Hüften, Knie und Füße. Nimm die emotionale Energie wahr, die in jedem Körperteil enthalten ist. Öffne sie sanft, deine Büchse der Pandora; werde dir der Emotionen bewußt, die du abgelagert hast, und mach dir klar, wo du sie abgelagert hast. Du könntest dir etwa in deinem Hals eines Ärgers bewußt werden oder eines Traums, der in deinen Schenkeln gefangen ist. Oder ein Gefühl der Wertlosigkeit nistet in deiner Brust. Nimm dieses Gefühl einfach nur in dein Bewußtsein auf, und gestatte ihm, daß es dir seine Geschichte erzählt. Es gibt viele solcher Geschichten; jede ist ein Faden im Teppich deines Lebens, jede ist deiner Aufmerksamkeit wert.

Auf einem Theaterworkshop vor ein paar Jahren wurde mir einmal plötzlich speiübel. Ich mußte nach Hause gehen und mich ins Bett legen. Ich kam nicht mehr hoch. Der Arzt konnte nichts feststellen. Der Zustand dauerte etwa vierundzwanzig Stunden. Ein paar Tage später rief meine Schwester an und erzählte mir, daß man bei meinem Vater Lungenkrebs im Endstadium entdeckt hatte und daß er bloß noch ein paar Monate zu leben hätte. Als ich mit ihm sprach, wurde mir klar, daß meine Übelkeit an jenem Tag exakt zu der Uhrzeit eingesetzt hatte, als er untersucht worden war. Ich hatte seine Angst in meinem Körper gespürt; es war eine emotionale Intuition gewesen. Ich las einmal von einer Frau, die in dem Moment aus dem Bett gesprungen war, als ihr Sohn in Vietnam fiel. Manchmal hebt sich der Schleier, und wir erkennen, daß wir alle aus derselben Energie gemacht sind.

Handeln

Tanze den Rhythmus *Flowing,* so schnell du kannst, treib dich dabei zum Äußersten, bleib aber geerdet. Folge deinen Füßen und halte sie in Bewegung. Höre nie auf, bis du spürst, daß du von einer größeren Kraft bewegt wirst. Wenn du dir eines bestimmten Gefühls bewußt wirst, achte im Tanz darauf, und laß zu, daß es sich durch deinen Tanz hindurchbewegt.

Zieh dir ein rotes Kleid an. Es spielt keine Rolle, ob du ein Mann bist. Such dir irgendwo ein phantastisches rotes Kleid, und tanze zu richtig lauter Musik barfuß allein in einem Zimmer. Fühle die Freiheit. Befreie all die erstaunlichen Anteile deiner weiblichen Seele in dir. Es ist Zeit für ein Wiedergeburtstagsfest. Feiere es richtig. Ungezügelt. Laß deinen Körper toben und tosen, zittern und beben, rocken und rollen. Genieße die ganze Bandbreite deines emotionalen Selbst. Laß alles raus.

Danach schließe die Augen, und sitze in deinem eigenen Dunkel. Werde dir des Lichts bewußt, das aus deinem Inneren aufscheint. Dieses innere Licht ist Liebe, ein Prisma der Gefühle, in dem sich all deine Facetten widerspiegeln. Das ist nichts Abstraktes; du kannst es sehen, fühlen, riechen, schmecken. Du kannst es sein. Liebe ist Energie; halte sie nicht zurück. Sie ist der Katalysator zu deiner Erleuchtung.

Eine Party für die Geliebte

Es ist an der Zeit, für die *Geliebte* in dir und in deinen Freunden eine Party zu geben. Dazu brauchst du anspielungsreiche Einladungen, die lustig, aber nicht bedrohlich sein dürfen. Gestatte deinen Gästen, sich wild in Schale zu werfen und ihre *Geliebte* aus dem stillen Kämmerlein zu holen, damit sie auf deine Party gehen kann. Stelle vorher eine tolle Kassette mit Musik zusammen, die sexy klingt und rhythmusbetont ist. Schmücke dein Haus oder deine Wohnung auf eine Art, die zur *Geliebten* paßt. Denk an sinnliche, sexuelle, erotisierende Düfte, Stoffe und Geschmacksrichtungen. Dreh eine rote Glühbirne in deine Zimmerlampe, drapiere deine Möbel mit Spitze und Samt, und stelle Lilien und andere stark duftende Blumen in die Vasen. Serviere exotische und scharfe Sachen – Sushi, gegrillte Krabben, Chips mit Salsa –, und sorge für Prosecco, Champagner oder Cocktails; denk auch an Aphrodisisches – Austern, Spargel, in Schokolade getunkte Erdbeeren. Halte einige Kleidungsstücke für Leute bereit, die gehemmt sind und ohne Kostüm kommen. Serviere Speisen, mit denen es Spaß macht, sich gegenseitig zu füttern. *Tanze mit jedem* und flirte wie wahnsinnig.

Die Madonna

Das sicherste Zeichen dafür,
daß es anderswo im Universum
intelligentes Leben gibt, ist,
daß es nie den Versuch unternommen hat,
mit uns Kontakt aufzunehmen.
Bill Watterson (Calvin und Hobbes)

In jedem von uns gibt es eine geheimnisvolle Mona Lisa, die die heilige Dreifaltigkeit vervollständigt, welche die weibliche Seele ausmacht. *Madonna*, der enigmatische Archetyp, ist der Geist des weiblichen Verstands, eine Zen-Jungfrau, die sich in jedem Moment neu gebiert. *Madonna* bewohnt jenen Teil der Seele, der Daten empfängt, sie zu Mustern verspinnt und in das Netz unserer höheren Intelligenz verwebt und die notwendigen Handlungen anregt.

Ich verbringe eine Menge Zeit in Hotelzimmern irgendwo weit weg. Wenn ich in *Madonna* Stimmung bin, lasse ich den Fernseher ausgeschaltet und kümmere mich nicht darum, ob ich vielleicht etwas versäumen könnte. Dann sitze ich auf dem Bett, höre der Stille zu und sauge sie in meinen Kopf hinein. Manchmal gehe ich meinen Gedanken und Gefühlen schreibend nach. Meistens zünde ich eine Kerze an und warte darauf, daß nichts geschieht.

Die *Madonna* in uns ist immer mit einem Fuß in einer anderen Dimension. Sie ist die Mystikerin in uns, die das *I Ging* wirft und Tarotkarten zieht. Sie liest aus der Hand und in den Sternen, und dabei überlegt sie sich, welcher Enneagramm-Typ wohl unser Liebster ist. Sie ist die Zauberin in uns, die durchs Internet surft und Fantasy-Spiele liebt. Sie verkörpert auch unsere kontemplative Seite, die im Ashram oder im

Kloster wohnen möchte, die angelt oder eine Bergwanderung in den Alpen unternimmt.

Von Mary Poppins bis Meryl Streep sind wir von *Madonna* umgeben. Sie ist aktives Mitglied bei Greenpeace und trägt persönlich die Verantwortung für die sechs Raben im Tower von London. Rumi und Michelangelo, Shakespeare und Virginia Woolf und alle Figuren, die Audrey Hepburn oder Julie Andrews jemals gespielt haben, sind randvoll mit *Madonna*-Energie. Und du bist es auch.

Um die *Madonna*-Energie zu kultivieren, empfiehlt es sich, gelegentlich die Stille zu üben. Ich kenne eine Krankenschwester, die trotz ihrer fünf Kinder jeden Samstag ihres Lebens als erwachsene Frau in Stille verbrachte. Ihre Kinder machten oft mit, ihre Patienten auch. Sie verströmte ihre *Madonna*-Energie auf eine Weise, die alle ansteckte, die mit ihr in Kontakt kamen. Man kann sich gegenüber dem heiligen Teil seiner selbst verpflichten und dennoch Anteil an der wirklichen Welt haben.

Johnny Dark verkörpert die *Madonna* in Reinkultur. Ein geflügeltes Wort sagt: Marschiere zum Takt deines eigenen Trommlers – Johnny Dark ist ein ganzes Orchester. Er ist einer der brillantesten Köpfe, die ich kenne, und doch bestand bis vor kurzem die intellektuell herausforderndste Arbeit, die er je angenommen hatte, darin, Hunde einzufangen. Er hat diesen Weg bewußt gewählt, weil er seinen Geist für höhere Zwecke freihalten wollte. In den vergangenen vierzig Jahren hat er eine unendliche Autobiographie geschrieben, die sein Leben in einer Folge von Tagebüchern dokumentiert. Nichts bleibt bei ihm unbemerkt oder unverbunden – irgendwie schafft er es, zwischen dem Muffin, den er an einem Mittwochmorgen um halb acht gegessen hat, und dem Lächeln auf dem Gesicht eines chinesischen Bauern einen Zusammenhang herzustellen. Alles ist nur Teil ein und desselben Bildes.

Madonna ist die Spinnenfrau, die Geschichten spinnt. Johnny Dark sitzt in der Mitte seines Spinnennetzes auf einer Parkbank in Mill Valley und entspinnt vor meinen Ohren folgende Geschichte: »Eines Nachts trat ein Dschinn an das Bett eines schlafenden Mannes, der allein lebte. Der Dschinn weckte den Mann auf und sagte ihm: ›Ich bin ein Dschinn und kann dir drei Wünsche erfüllen.‹ Der Mann, der es in der Welt zu etwas gebracht hatte und sich für schlauer als seinen Nächsten hielt, setzte sich in seinem Bett auf und sagte: ›Auf diesen Moment habe ich lange gewartet. Ich bin bereit.‹ Er hatte sich schon früher drei Wünsche ausgedacht und sie im Gedächtnis behalten, für alle Fälle. Der erste Wunsch war der nach Allmacht. Der zweite Wunsch war der nach Allgegenwart. Und der dritte Wunsch war der nach Allwissenheit. Aber wegen der ungewöhnlichen Stunde und der beängstigenden Gegenwart des Dschinns konnte sich der Mann nicht genau daran erinnern, wie die Worte für seine drei Wünsche gingen. Er war Schriftsteller und als solcher daran gewohnt, seine Gedanken zu ordnen, indem er sie aufschrieb. Als er sich am Rand seines Bettes zu schaffen machte, murmelte er: ›Ich wünschte, ich hätte einen kleinen Block oder so was, wo ich drauf schreiben kann.‹ Und schon hielt er einen kleinen Block in der Hand.

Einen seiner kostbaren Wünsche hatte er also schon verbraucht. Nun mußte er auf einen von den dreien verzichten. Zuerst dachte er, daß er die Allwissenheit beiseite lassen sollte, denn er war sich nicht ganz sicher, was das bedeutete, und dachte sich, daß das, was er nicht wüßte, ihm auch nicht weh tun würde. Aber er brauchte so lange, einen Entschluß zu fassen, daß der Dschinn ihn ungeduldig grummelnd zur Eile antrieb und verlangte, daß er sich jetzt gefälligst entscheiden sollte. Da drehte sich der Mann in einem Anfall von Ärger unbedacht um und zischte den Dschinn an: ›Ich wünschte, du würdest mich nicht so bedrängen. Ich kann nicht denken, wenn man mich so antreibt!‹ Kaum hatte er das gesagt, hörte der Dschinn auf, ihn zu bedrängen.

Jetzt blieb dem Manne noch ein einziger Wunsch. Als ihm klar wurde, was er durch seine Leichtfertigkeit verspielt hatte, reute es ihn, und er verfiel in Bedauern und Selbstmitleid. Aber vielleicht könnte er alles wiedergutmachen, wenn es ihm gelänge, aus den dreien doch noch den einen richtigen Wunsch auszusuchen! Doch so tapfer er sich auch bemühte, er wagte es nicht, den letzten, unwiderruflichen Wunsch auszusprechen. ›Ich wünschte, ich könnte mich endlich entscheiden‹, jammerte er. Wie der Blitz war der Dschinn verschwunden, und zurück blieb ein Mann, der sich entschieden hatte und einen Notizblock in der Hand hielt.«

Ich bin in Büchereien aufgewachsen, habe nachts mit der Taschenlampe unter der Bettdecke gelesen und kann noch heute nicht an einer Buchhandlung vorbeigehen, ohne wenigstens das Verlangen zu spüren, hineinzugehen. Ich habe mit Heidi Ziegenmilch in den Schweizer Bergen getrunken, mich leidenschaftlich in Goldmund verliebt, mit Hemingway in unzähligen europäischen Pensionen im Bett gefrühstückt und mit Oskar Matzerath getrommelt, ich ließ mich von Lestat auf den Hals küssen und war mit Kerouac unterwegs. Wenn wir ein Buch lesen, strömt die *Madonna* aus unserem physischen Körper in unendliche Welten hinaus.

Ist sie von ihren Schwestern getrennt, wird sie schlimmstenfalls zu einem Kopffüßer. Bei einem Milchkaffee im East Village erzählt mir Josie: »Wenn sie nicht tief in der Erde der *Mutter* und im Herzen der *Geliebten* verwurzelt ist, wird meine *Madonna* zickig und geschwätzig. Manchmal denke ich bei der *Madonna* an Sophia, die Göttin der Weisheit, aber wenn sie aus der Verbindung fällt, wird sie zum reinen Ego-Trip. Ich habe in diesem unerleuchteten Zustand schon eine Menge Zeit verplempert. Das ist auch der Teil von mir, der mich wegen Drogen in Schwierigkeiten gebracht hat. *Madonna* kann die Versucherin sein, die alles rationalisiert und die Stimme der *Mutter* zu übertönen versucht, den Teil in mir, der sich um meine Genesung sorgt.«

Ich fahre mit einem taoistischen Skilehrer im Sessellift. Skifahrer gleiten durch den Pulverschnee unter uns, von den Bäumen fällt Schnee. Ich fühle mich, als würden wir geradewegs in den Himmel hinaufgleiten; das Tal liegt friedlich und empfänglich zu unseren Füßen, der Wind tanzt über unsere Gesichter. »Ist das schön!« jauchze ich. Die Antwort meines Gefährten überrascht mich: »Mir sind erst vor kurzem die Augen für die Schönheit ringsumher aufgegangen. Ich muß leider sagen, daß ich an all den schönen Orten, an denen ich bisher gewesen bin, kaum einen Blick für ihre Großartigkeit hatte. Der Gipfel des Berges Sinai war für mich nicht mehr als ein Felsen, und alles, was mir dazu einfiel, war, daß ich vier Stunden gebraucht hatte, um ihn zu erklimmen. In Japan war ich in einem absolut sehenswerten buddhistischen Tempel, aber ich sah in ihm bloß ein altes Kloster. Und als ich mit sechzehn mal den Sonnenaufgang auf einer Pyramide in Ägypten erlebt habe, war mir einfach nur kalt.«

Wir verlieren die Ehrfurcht vor den Wundern der Welt, wenn wir übersättigt und vom *Madonna*-Geist abgespalten sind. In *Flowing* habe ich gelernt, langsam und aufmerksam die Strömungen der Energie in mir und um mich herum wahrzunehmen. In diesem Zustand sprechen die Berge, die Bäume, die Raben und die Felsen jeweils mit ihrer eigenen Stimme zu meinem wahren Geist, der unterhalb meiner unablässig plappernden Gedanken ruht.

Wo ließe sich diese Unschuld, dieser Zustand unmittelbarer Erfahrung des Lebens, besser wiederfinden als in der Natur, in der die Zeit sich kreisförmig bewegt und die Gesetze des Rhythmus herrschen? In seinem Garten war mein Vater eine *Madonna*. Jeden Tag, an dem er zwischen seinen Tomaten das Unkraut jätete, dankte er Gott. Gartenarbeit war sein Gebet; sie sicherte sein spirituelles Überleben, und das Gemüsebeet war sein Altar. Wohl deshalb war das letzte Getränk, das er in seinem Leben zu sich nahm, ein Weizengras-Cocktail. Mein Sohn hat einen Altar in seinem Zimmer. Der Medizin-Buddha behütet ihn von der Wand aus. Eine perlenbesetzte Adlerfeder, eine Bärenrassel, Muscheln, Jade, Bilder vom Dalai Lama, von Osho, von Wölfen und Raben, von seiner Familie, vom Meer und von den Bergen – jedes Objekt hat seinen Platz auf dem königsblauen Kaschmirtuch. Meine Freundin Rosie praktiziert tantrischen Sex unter freiem Himmel. Für sie ist ihr Körper ihr Altar, Sex ist ihre Kommunion, und die Natur ist ihr Tempel.

Wir brauchen Erinnerungshilfen, wir brauchen Rituale, mit denen wir unseren Hunger auf das Heilige stillen. Wir brauchen Wege, auf denen wir uns dem göttlichen Geist in uns weihen können. Welche Praxis auch immer wir wählen mögen – wir müssen sie einzig um ihrer selbst willen tun, nicht für äußeren Lohn. Es geht um einen Weg in die Reinheit unseres Geistes, die unsere Buddha-Natur ist.

Trommelgruppen sind eine wunderbare Möglichkeit, den Geist leer zu machen. Ich erinnere mich an eine, die ich mal in Taos, New Mexico, bei einem Musiker mitgemacht habe, der mit dem Geist seiner Instrumente besonders verbunden war. In seinem grünen T-Shirt stand er da und blies auf einer Muschel in alle vier Himmelsrichtungen. In einem braunen Gefäß aus Lehm entzündete er ein kokelndes Feuer aus Salbei und verteilte den Rauch um uns mit seiner Hand wie mit einer Feder. Alle seine Instrumente hatte er auf einen roten Gebetsteppich gelegt: eine Adlertrommel, eine Donnertrommel und eine Reihe von Rasseln und Flöten. Nun stellte er uns jedes seiner Instrumente vor, indem er uns von ihren Vorfahren erzählte. Zu Ehren ihrer Wurzeln im Regenwald besprenkelte der Musiker sie mit Wasser und hieß jeden von uns dann eines aussuchen. Wir folgten ihm, als er einen einfachen Rhythmus zu schlagen begann. Seine Stimme schien von weit her zu kommen; über dem Beat sang er ein altes Lied, das durch ewige Wiederholung in eine Form gebunden war. Dann hörte er auf, die Trommel zu schlagen. In der entstandenen Stille klöppelte er mit Stöcken auf die Steine. Wir setzten uns um ihn und bildeten dabei die Form einer Mondsichel. Schließlich legte der Trommler die Stöcke nieder, berührte mit seinen Händen die Erde und streckte sie darauf gen Himmel.

Als ich einmal auf Hawaii einen *Waves*-Workshop gab, kam ich auf die Idee, auf dem Heiau ein Ritual zu zelebrieren. Der Heiau ist ein heiliger Ort, an dem Hula entstand. Er liegt an der Nordküste von Kauai hinter der Hanalei Bay, am Ende der uns bekannten Welt. Normalerweise mache ich an öffentlich zugänglichen Plätzen ungern Rituale, aber wie hätten wir es uns in diesem Paradies verkneifen können?

Den Aufstieg auf den Heiau vollzogen wir in Stille. Oben angekommen, ist es Brauch, sich einen Stein zu suchen, ihn in ein Blatt einzuwickeln und als Opfergabe auf den Altar zu legen, den die Natur in die Klippen von Nepali Coast geschnitten hat. Die Menschen legen dort auch getrocknete oder frische Blütenkränze, Schmuck und andere kostbare Gegenstände zu Ehren der Götter hin, die diesen geheiligten Ort schützen. Als wir dort waren, fiel mir ein kleiner Elefant aus Rosenquarz auf.

Nachdem wir unsere Opfergaben dargebracht hatten, standen wir im Kreis auf dem grasbewachsenen, flachen Stück Erde vor dem Altar und nahmen die Großartigkeit der Landschaft in uns auf. Ich lud jeden ein, in die Mitte des Kreises zu treten und ein spontanes Gebet zu zelebrieren. Manche sprachen, manche tanzten, manche sangen.

Während wir unser Ritual abhielten, kamen drei stämmige Typen mit ihren Bierbüchsen herauf, setzten sich auf einen Felsen hinter uns und machten sich im Namen Jesu über alles lustig, was wir da taten. Soviel zur Nächstenliebe! Anfangs gelang es uns noch, sie zu ignorieren, aber als ihre Sprache rüder wurde, spürte ich, wie eine Welle von Angst die Gruppe erfaßte. Ich wußte, daß ich etwas tun mußte. Aber was?

Plötzlich drehte ich mich um und ging singend zu den Männern auf dem Felsen. Ich sang: »Jesus loves me this I know / For the Bible tells me so* ...« Das war ein Moment der *Madonna.* Die ganze Gruppe wandte sich den Männern zu und sang wie ein Chor von Cherubim mit mir. Die Typen auf dem Felsen wanden sich. Es hatte ihnen die Sprache verschlagen. Schließlich warfen sie ihre leeren Bierbüchsen in unsere Richtung und verschwanden. Noch lange danach sangen wir weiter.

Dan ist Ingenieur, fährt eine Harley und ist schüchtern und liebenswert. Er erzählt mir, daß er seine *Madonna*-Energie am deutlichsten in Männergruppen spürt: »Wenn ich mit dreißig Männern in einer Gruppe zusammen bin, in die Mitte des Kreises gehe, dabei meine Angst spüre, gesehen zu werden, und doch präsent und geerdet bin, dann fühle ich die Kraft meiner *Madonna.* Es ist ein Gefühl der Fülle und der Leere zugleich. Ich spreche dann nicht laut, aber die Worte kommen aus meinem Bauch. Ich höre, wie meine Stimme tiefer wird und mit den Schwingungen erbebt, die ich im Herzen spüre.«

Madonna ist auch die Quelle für die Kraft der Intuition. Ein paar Jahre vor seinem Unfall besuchte ich einmal Jonathan auf Kauai. Als das Ende meines Besuchs nahte, eröffnete er mir, daß er das Gefühl hatte, nach Oahu gerufen zu werden. Ich hatte keine große Lust dazu, einen der schönsten Plätze der Erde zu verlassen, um in eine Großstadt zu gehen, aber irgend etwas zwang mich, seiner Intuition zu folgen. Wir reisten am Freitagabend ab, und am Samstag wurde Kauai von einem Hurrikan vollkommen verwüstet. Nachdem der Orkan mit einer

---

* »Jesus liebt mich, das weiß ich gewiß / Denn so steht es in der Bibel«

Geschwindigkeit von 200 Meilen pro Stunde über die Insel gerast war, war dort kein Stein mehr auf dem andern.

Ich bin mal vor einer Workshop-Reise nach Europa zu einer Hellseherin gegangen, deren Vorhersagen ich traue. Unter anderem prophezeite sie mir, daß ich demnächst stürzen würde. Damals nickte ich nur und nahm ihr Orakel als Teil meines Schicksals an. Später ärgerte ich mich darüber, daß ich sie nicht nach mehr Einzelheiten gefragt hatte: Würde ich mir dabei weh tun? Wie würde ich stürzen? Auf der Treppe stolpern und mir das Knie aufschlagen? Ich war schon öfter gestolpert, hatte mich aber immer gefangen, und mein Leben war weitergegangen. Wie sich herausstellte, fiel ich auf dieser Reise tatsächlich, und zwar mit dem Kopf aufs Straßenpflaster, wobei ich ihm etwas Verstand einhämmerte. Dieser Sturz markierte einen Wendepunkt in meinem Leben und in meiner Arbeit.

Madonna nährt nicht nur die Intuition des einzelnen, sondern auch unsere Stammesinstinkte – die Schwingung, die uns untereinander und mit der Welt verbindet. Jede Gruppe wird dabei zu einem Individuum, das einen Körper, ein Herz und einen Geist hat, und jede sendet ihre spezifische Energie aus. Im weiblichen *Flow* werden wir für all diese Schwingungen empfänglich; sie sagen uns, ob wir dazugehören oder nicht.

Im Grunde gehört jedes Individuum zu einem Stamm. Wir suchen nach Verbindung, weil wir die Gewißheit brauchen, auf diesem Planeten nicht allein zu sein. Ein afrikanischer Taxifahrer hat mir mal erzählt, daß in seinem Land niemand in den Bus steigt, ohne jeden Mitreisenden einzeln zu begrüßen. Es wäre undenkbar für ihn, das zu unterlassen, denn es würde bedeuten, etwas die Ehre zu verweigern, was größer ist als das einzelne Selbst. Wir sind nicht wie Drachen ohne Schnur – jeder ist mit etwas Größerem verbunden, als er selbst es ist. Alle gehören wir zum selben Netz, das dieselbe geheimnisvolle Spinnenfrau gewebt hat.

Manche Menschen erfahren ekstatische Gemeinsamkeit bei Rockkonzerten, andere im Fußballstadion, wieder andere in der Kirche. Ich erlebe sie beim Tanzen, wenn ich mich mit dem Stamm der Tanzwütigen verbinde, mit Menschen, die sich bewegen. Ob ich den Jungen, mit dem ich gerade tanze, kenne oder nicht, ich weiß doch, daß wir beide von einem gemeinsamen tanzwütigen Ahnherrn mit dionysischen Genen abstammen. Beim Tanzen werden die Unterschiede nichtig; nichts zählt außer Schweiß, Hingabe und der Seele.

Und wie erkennen wir unseren Stamm? Manchmal begegnen wir Leuten, die uns auf Anhieb so vertraut erscheinen, als würden wir sie schon ewig kennen. Das sind Menschen, bei denen wir ganz wir selbst sein und alle Masken fallenlassen können. Lori schreibt mir über ihren Stamm:

Nie werde ich alle Mitglieder meines Stammes treffen.
Aber ich kenne sie.
In einem Café in Paris laufe ich einer namenlosen New Yorker Jüdin in die Arme.
Ich kenne die Hochzeitsfeier, von der die Mutter sie zu träumen lehrte,
Und weiß, daß unsere Stimmen sich im selben sarkastischen Tonfall treffen.

So ist es auch mit meinem Stamm aus Tänzern.
Wieder ein Tanzboden ohne Namen.
Der kleinste Blick sagt: Ja, tanzen wir.
Wir fallen mühelos in Drehungen und Windungen,
Plaudern im flüssigen Flowing.
Ellenbogen stellen den Hüften Fragen,
Dann lachen wir über den müden alten Staccato-Witz.
Geeint im Schweiß und in der Sehnsucht
Nach dem Verschwinden im Puls,
Nach gemeinsamer Bewegung im Gebet.
Dann gehen wir auseinander.
Stammesmitglieder finden sich überall,
Sie erkennen einander auf den ersten Blick.

Zum Abschluß möchte ich eine meiner liebsten *Madonna*-Geschichten erzählen. Ein junger Mann, der mir in einem überfüllten Restaurant in Manhattan gegenübersaß, griff, um den Kreis für ein Tischgebet zu schließen, nach meiner Hand. Wir waren zu viert mit Freunden in einem sehr angesagten Sushi-Lokal und schwebten über unseren japanischen Nudeln. Vor dem Hintergrund aus scheppernder Rockmusik und Plapperschwatzschnatter bewahrten wir einen Kreis aus Schweigen.

Tun (oder nicht tun) – *Madonna*

Gewahrsein

Untersuche deine Körperteile nach Haltungen, Glaubenssätzen oder Dogmen, die du möglicherweise unbewußt mit dir herumträgst: Meine Brüste sind zu klein; meine Schenkel sind zu dick; ich habe zuwenig Haare auf der Brust; ich bin zu dürr, habe nicht genug auf den Rippen; Männer dürfen nicht zusammen tanzen; Onanieren macht blind; Frauen sollten auch nicht zusammen tanzen; schau niemandem in die Augen.

Wieso läßt du den Kopf oder deine Schultern hängen, warum beißt du die Zähne zusammen, warum hältst du deine Hüften fest? Die Antworten auf diese Fragen nehmen Körper und Herz als Geiseln, kontaminieren unser Bewußtsein und halten uns davon ab, frei zu sein, fließend und offen im Geist. Welches sind die Schatten, die deine Leere, deinen Zen-Geist, in Schrecken versetzen?

Manchmal stößt du statt auf einen Glaubenssatz oder eine schal gewordene Haltung auf eine unerwartete Intuition. In deinem Körper sitzt dein Verstand wie eine Kristallkugel.

Handeln

Tanze dich in einen schnellen, flüssigen *Flow*. Kurz bevor du aus dem Gleichgewicht gerätst und die Kontrolle zu verlieren drohst, schalte in eine langsamere Gangart. Aber halte nicht an; löse dich eher in Zeitlupen-Bewegungen auf, ohne deinen *Flow* zu unterbrechen. Wechsle zwischen schnellem und langsamem *Flow* hin und her, laß dich fallen, und fang dich auf, bevor du auf den Boden fällst.

Ein Fest für die Madonna

Als ich das letzte Mal mit meinem Freund Boris in London ausging, aßen wir mit ein paar russischen Autoren zu Abend. Sie brachten mir die Kunst des Trinkspruchs bei, die wahrlich eine *Madonna*-Kunst ist. Sie tranken auf lebende und tote Dichter, auf Rockstars, auf ihre Großeltern, auf Hunde, die sie mal hatten, auf Helden, Antihelden und auf Orte. Auf wen oder was auch immer sie tranken, sie brachten ihre Gegenwart an den Tisch.

Versammle Freunde um dich zu einem Ritual des Erinnerns. Nimm zuvor eine Kassette mit Musik auf, die eine entsprechende Atmosphäre fördert, z. B. den Song »The Living Years« von Mike and the Mechanics oder »The Jackson Song« von Patti Smith oder Elton Johns »Candle in the Wind«. Tanzt, solange es sich richtig anfühlt, und setzt euch dann gemeinsam hin. Verteile Zettel, auf die jeder den Namen eines toten oder lebenden Menschen aufschreibt, den er bei eurer Feier gerne dabei hätte. Wenn jeder einen Namen aufgeschrieben hat, laß jeden die Geschichte zu demjenigen oder derjenigen erzählen, die sie mitbringen wollten, und lege den Zettel dann in eine Schale. Wenn es möglich ist und passend erscheint, verbrennt am Ende alle darin gesammelten Zettel, und laßt dadurch den Geist der Personen wieder frei, die ihr herbeigerufen habt. Wenn alle fertig sind, sitzt schweigend, und laßt die Geschichten ins Gedächtnis des Stammes sinken.

Fünftes Kapitel

STACCATO

Flamenco
Kung Fu
Feuer
Kopulierende Hunde
Baseballschläger, der auf den Ball trifft
Specht
Mick Jagger auf der Bühne
Kodo-Trommeln
Türenknallen
Steptanz
Preßlufthämmer
Die New Yorker Börse
Haareschneiden
In einen Apfel beißen
Cha-Cha-Cha
Kaugummi kauen
Ein Streichholz anzünden
Rap
Der Koch in einem Sushi-Lokal
Die Spice Girls
Die Räder einer Lokomotive
Reiskräcker
Schluckauf
Tackern
Holz hacken
Charlie Chaplin
Kubismus
Flippern
Jamie Lee Curtis
Feuerwerk
Tschaikowskijs *Ouvertüre 1812*
Karate
Metronom
Das Washington Monument
Maschinengewehrfeuer
Herzklopfen
Blitze
Whitney Houstons Video *Step by Step*
Michael Jacksons Video *Black and White*
Piet Mondrians *New York Boogie Woogie*
Chinesischer Bauer, der eine Schale Reis ißt
Deutsch

Montagmorgen – mit dem *Flow* ist es vorbei. Ich erwache vom Lärm eines Altglascontainerwagens vor meinem Fenster. Kurz darauf höre ich das Klirren und Zerschellen von vielen hundert Flaschen, die in den Recycling-Lkw entleert werden. Kaum hat sich dieser Lärm gelegt, trötet ein Feuerwehrauto über die 14. Straße. Das ist einen Block weit weg, aber die Sirene tönt so laut, als ginge sie in meinem Wohnzimmer los. Kurz vor acht höre ich die Parade der klackenden Schuhabsätze unten auf dem Bürgersteig. Ein Bataillon junger, forscher Berufstätiger marschiert zur U-Bahnstation. Ihr Weg wird vom Kreischen und Rütteln der Züge begleitet, bis sie in Midtown Manhattan anlangen, einer phallischen Festung hoch aufragender Gebäude, die man auch die Leistengegend der Stadt nennt. Dort werden die Leute in ihre Büros mit Panoramablick hinaufschwirren und die nächsten zwölf Stunden vor Computerbildschirmen zubringen, ein Telefon zwischen Kopf und Schulter geklemmt.

Mein natürlicher Rhythmus ist *Flowing*, aber nach zwanzig Jahren in dieser hyperaktiven Metropole habe ich mir auch *Staccato* buchstäblich einverleibt. Im »Zentrum« von Mill Valley geht es dagegen eher zu wie im Mutterleib. Als ich mir bei meinem letzten Besuch dort in einem Restaurant einen Tee bestellte, sah ich voller Erstaunen, wie die Kellnerin verträumt zum Heißwasserbereiter schlenderte, ohne dabei etwa das Gespräch zu unterbrechen, das sie mit einem der Hilfskellner führte. Ihre Hand ruhte auf dem Hahn, während sie hingerissen ihrer eigenen endlosen Erzählung über das letzte Konzert der Grateful Dead vor Jerry Garcias Tod lauschte, bei dem sie dabeigewesen war. Also, für meinen Geschmack nahm sie *Flowing* ein bißchen zu ernst. Ich fand Jerry Garcia ja auch immer klasse, aber ich hätte gern meinen Tee gehabt. Sie aber schien meine Bestellung vollständig vergessen zu haben. Ich saß auf der Stuhlkante, trommelte mit den Fingern auf die Tischplatte und mußte daran denken, daß sie in jedem anständigen Lokal in New York längst rausgeflogen wäre. Ich legte mir alle möglichen sarkastischen Bemerkungen zurecht, die ich ihr servieren wollte und von denen ich natürlich wußte, daß ich sie ihr gegenüber nie aussprechen würde. Sobald mir klar wurde, daß ich teilweise noch in Manhattan war – genauer, daß Manhattan teilweise noch in mir war –, schaltete ich einen Gang zurück. Statt vergrätzt das Lokal zu verlassen, lehnte ich mich zurück und sah mir die Kellnerin an, als sei sie eine Figur aus einem französischen Film.

Um uns eine Pause von den Anstrengungen des Großstadtlebens zu verschaffen, nahm Robert mich einmal im Winter nach Jamaika mit. Am Strand entlangzugehen, lange zu schlafen und mit viel Zeit und Genuß zu essen reichte schon aus, um uns in eine Stimmung von *Lyrical* und *Stillness* zu versetzen. Bereits am dritten Tag war ich in sanfter Verfassung. Als ich im zweiten Stock unserer Hütte am Fenster stand, bemerkte ich eine junge Frau im schwarzen Minikleid, die kaugummikauend mit ihren Stöckelschuhen den Weg entlang schritt. Ihr Tempo und dieses Drängen kannte ich nur allzu gut. Alles an ihr sagte deutlich: Manhattan. Und da rief sie auch schon ihrem gemächlichen Begleiter mit New Yorker Akzent zu: »Mach schon, Harold, beeil dich! Ich wachs' hier noch fest!« Er hielt wie betäubt inne und gab zur Antwort: »He, komm runter und entspann dich, Shirl!«

Ich befinde mich in einem Raum mit vielen Menschen, die *Staccato* tanzen. Arme und Beine schießen wie Flammen aus den Körpern. Die Seele brennt und beleuchtet für Momente den Tanz. Füße tanzen wie auf glühenden Kohlen, Hände gestikulieren in gerechtem Zorn, Köpfe werden hin und her gerissen, Herzen pochen. Das Blut pulsiert, daß sich die Erde dreht.

In *Flowing* haben wir uns mit unserer Erdhaftigkeit verbunden, bei *Staccato* stehen wir in Flammen. Die Erde ist fest und sinnlich; das Feuer entzündet und verzehrt sich. Es ist *Yang*, Leidenschaft, und erweckt die entsprechenden Energien in uns. Hitze durchströmt den ganzen Körper und nährt den Tanz mit höchster Inbrunst. Wenn ich tanze, spüre ich, wie die Hitze über die Haut abstrahlt. Manchmal halte ich meine Hände in die Höhe, mit den Handflächen nach innen, damit ich es spüren kann. Es ist, als würde Gott mein Haus niederbrennen und meine Rüstung zum Schmelzen bringen. In meinem Tanz übernehmen Geister die Führung, die seit der Kindheit in meinen Muskeln und Knochen hausen. Als ich elf war, wäre mein Vater beinahe gestorben. Bis ich Mitte Zwanzig war, hielt ich die Angst davor zwischen meinen Schulterblättern fest. Und dann begann mein Körper eines Abends in einem einfachen *Staccato*-Tanz in Esalen um sein Leben zu bitten. In wiederholten Kontraktionen sprang mein Brustkorb nach vorn und wieder zurück. Danach sagte mir ein alter Mann aus den Bergen mit strähnigem Haar, der auf einer Bank gesessen und mich beobachtet hatte: »Mädchen, dein Körper ist da wohl zum Gebet geworden!«

Staccato ist ein Tanz mit den Knochen, bei dem wir alle möglichen Winkel und Kanten bilden. *Staccato* ist bewegte Geometrie. Aus Kurven brechen plötzlich Linien aus, die ein Ausdruck unseres Getrenntseins sind, die Mauern ziehen oder sie niederreißen. *Staccato* zerstört die Festung aus Lügen und verkrusteten Schmerzen, die unser eigentliches Geheimnis umschließt. Erinnerungen brechen hervor und lösen sich im starken Rhythmus des *Staccato* wieder auf.

Staccato ist der Rhythmus der Kindheit: kurze Aufmerksamkeitsspanne, von einer Tätigkeit zur nächsten flitzen, beste Freunde gewinnen, sauber auf der Linie schreiben, Grenzen austesten, sich zur Pause aufstellen, die Zeilen im Katechismus auswendig lernen, den Drahtseilakt zwischen die Wahrheit sagen und die Konsequenzen tragen beherrschen lernen. Beim Tanzen kann man leicht das kleine Kind im Körper sehen, das gegen eine Büchse tritt, die Fahne fängt, den Ball schlägt, auf dem Klettergerüst spielt, in Ringen schaukelt und beim Laufen auf dem Bürgersteig aufpaßt, daß es nicht auf die Fugen zwischen den Pflastersteinen tritt. Gefühle ändern sich in Windeseile – eben noch triumphierend, im nächsten Moment wie verloren, verzweifelt darum bemüht, daß man es gern mag, gleichzeitig voller Angst davor, gesehen zu werden, heiter, gedemütigt, lieb, vergnügt, unterdrückt oder neugierig.

Als ich schon über Dreißig war, wachte ich auf und stellte fest, daß ich keine Ziele hatte. Ich hielt mich für einen Fall von Entwicklungsstörung. Ich war ganz und gar erwachsen und wußte doch nicht, was ich sein wollte. Meine *Staccato*-Energie war bestenfalls unzuverlässig zu nennen. Kein Wunder, daß ich von Robert fasziniert war, einem großen, mageren Anwalt; er war scharfsinnig, logisch und voller Ehrgeiz. Er war wie die Antimaterie zu mir: Während ich völlig im *Flowing* war, war er vollkommen im *Staccato*. Er wußte genau, was er wollte: mich. Und als ich sah, wie er sich mit meinem Sohn verband, von Herz zu Herz, wußte ich, daß ich meinen Seelenpartner gefunden hatte.

Das erste Geräusch, das wir im Uterus hören, ist der Herzschlag der

Mutter. Ihr Körper ist unsere erste Jukebox, ihr Herz pumpt Leben in jede unserer Zellen. Wenn wir bereit sind, rauszukommen und unseren Tanz zu beginnen, dann ist es ihre *Staccato*-Energie, die uns in die Welt drückt. Sie schnauft, sie keucht, und dann pustet sie uns raus in unseren *Flow*.

Während es beim *Flowing* um das Hereinlassen geht, dient *Staccato* dem Rauslassen aller möglichen Empfindungen – Mattheit und Wut, Elend und Erinnerungen, Haß und Herzeleid. Eine Jungsche Analytikerin, die auch mit dem Atem arbeitet, hat mir mal gesagt, daß mein Einatem viel stärker sei als mein Ausatem; tatsächlich nahm ich alles in mich auf, wußte aber nicht, wie ich's wieder loslassen sollte.

Einer meiner Schüler unterdrückte all seine Gefühle; er ließ absolut nichts heraus. Wenn er sprach, machte er kaum den Mund auf. Anfangs war er so entschieden in der Abwehr all seiner Gefühle, daß ich schon fürchtete, seine Gesichtsmuskulatur könnte verkümmern. Bei unserer ersten Einzelstunde legte ich laute, aggressive Rockmusik auf und bat ihn, sich am anderen Ende des Zimmers hinzustellen und mir von seinem Militärdienst zu erzählen, von dem ich wußte, daß er ihn gehaßt hatte. Immer wenn er etwas sagte, rief ich »Wie!?« und brachte ihn so dazu, sich ständig zu wiederholen, bis er lernte, so laut zu sprechen, daß er die Musik übertönte. Seinen Atem und seine Stimme zu benutzen, um sein Herz wieder mit seinem Körper zu verbinden, half ihm dabei, Teile seines aufgestauten Ärgers rauszulassen.

Bei *Staccato* geht es nicht nur darum, daß wir selbst mit unserer Kraft und Leidenschaft in Kontakt kommen, sondern daß wir sie auch anderen gegenüber zum Ausdruck bringen. Im *Staccato* geht es ums Tun, nicht bloß ums Sein, ums Handeln, nicht nur ums Nachdenken darüber, was man tun könnte.

> *Laß den Scheiß und mach, was dran ist!*
>
> *Marc Allen*

Einer meiner *Flowing*-Freunde hält sich für einen *Staccato*-Typ, weil er morgens immer sofort aus dem Bett springt. Doch sowie er aufgestanden ist, versenkt er sich ins Gebet, in die Meditation oder in ein Buch.

Ein anderer Freund ist ein echter Fall von *Staccato*: Er springt aus dem Bett, duscht, zieht sich an, geht aus dem Haus und braucht für alles nicht länger als zwanzig Minuten.

Der Barkeeper in einem meiner bevorzugten Restaurants fasziniert mich immer wieder. Er ist ein anmutiger Roboter, der aus seinem *Staccato* ein Ballett macht. Wenn er die Position hinter dem Tresen wechselt, bewegt er sich nicht einfach, vielmehr wirbelt er herum und saust wie ein Pfeil an nur für ihn sichtbaren Bahnen entlang. Dem Kollegen hinter der Bar weicht er jedesmal so geschickt aus, als müßte er einen Basketball an ihm vorbeidribbeln. Um Eis unter dem Tresen hervorzuholen, bückt er sich nicht einfach, sondern er vollführt eine ganze Serie von plötzlichen Kniebeugen. Er fegt die Gläser aus dem Regal, schmeißt das Eis in den Martini-Shaker, schüttet Wodka dazu, spritzt Vermouth drüber, schüttelt energisch, gießt die Flüssigkeit in die Gläser, stellt sie hin, greift sich das Geld, schwenkt nach rechts, tippt die Summe in die Kasse ein und schleudert das Geld in die Schublade. Dann schwenkt er nach links, während seine rechte Hand von der Seite nach oben fährt, um sein Haar zurückzustreichen, und er mit seinen dunklen Augen die Kundschaft mustert. Einen Moment ist Ruhe, doch noch in seiner *Stillness* vibriert er, jederzeit bereit, sich wie ein Tier auf die nächste Bestellung zu stürzen. In seinen Handlungen scheint er von einem inneren Rhythmus angetrieben zu sein, vom Puls seines Herzschlags.

Die zu *Staccato* gehörenden Archetypen sind *Vater*, *Sohn* und *Heiliger Geist*. Jeder von ihnen repräsentiert einen Bereich der männlichen Seele. Der *Vater* kennt deine Grenzen – er setzt sie dir. Er ist auch der Beschützer und derjenige, der die Verantwortung übernimmt. Er ist dein innerer »Vater-kann-das/Vater-weiß-es-am-besten«. Der *Sohn* ist ein Abtrünniger, ein Rebell, der von innen gegen die Wände drückt, der seiner Leidenschaft folgt und seine Träume auslebt. Der *Heilige Geist* schaut sich den Film aus den hinteren Reihen an. Er ist unvoreingenommener Zeuge deiner melodramatischen Neigungen. Er ist ein Wahrheitssucher und studiert Tantra.

Tun (oder nicht tun) – *Staccato*

Nimm deinen Ausatem wahr, sein Geräusch, seine Stärke. Stelle eine Verbindung zur Schubkraft deines Körpers her, während du die Luft ausstößt. Laß die Bewegungen scharfkantig sein, jede ganz deutlich und getrennt von der nächsten. Denke an Winkel, an gezackte Ränder, an Karate oder Schattenboxen. Sei kraftvoll, und orientiere dich an der Linie. Ziehe Grenzen. Definiere dich. Bewege dich so, als sei dein Körper ein riesiges Herz, das schlägt und pocht. Atme stoßweise aus.

Atme bei jedem Loslassen einer Bewegung aus. Übertreibe die Bewegung zuerst, und wenn du das Gefühl hast, daß sie drin ist, streng dich nicht länger an, und atme weiter.

Musiktips:

LIED	PLATTE	BEMERKUNGEN
»*Suma*«	*Tongues*	*leicht*
»*Bush Beat*«	*Trance*	*mittel*
»*Tracks*«	*Zone Unknown*	*schnell*

Der Vater

Wenn du die Alternative zwischen
zwei Handlungsweisen hast,
dann wähle die dritte.

Jüdisches Sprichwort

Noch eine Nacht im Aufnahmeraum des Magic Shop Studios. Der Dumbekspieler verspricht, mich mit seinen Rhythmen vom Hocker zu reißen. Mein Liebster wippt in seinem Stuhl, der Toningenieur dreht sich auf seinem Drehstuhl. Alle lauschen gespannt.

In den vergangenen zehn Jahren habe ich, auf diversen verschlissenen Sofas sitzend, das Zuhören gelernt. Um es richtig zu machen, muß ich präsent und leer sein. Da darf nichts in mir sein außer dem Beat.

Der Trommler macht mathematisch ausgetüftelte Kapriolen, spielt eine Glocke mit seinen Zehen und zwei Dumbeks mit den Händen. Er gefällt mir. Sein Spiel versetzt mich in Trance.

Das Studio schafft eine eigenartige Realität; sie übertrifft noch den beflissensten Room-Service. Man braucht bloß zu sagen, was man will, und schon flitzt jemand in die Nacht hinaus und bringt das Gewünschte: Tacos, chinesisches Essen, Evian, Bier, ein Pflaster, Pornovideos – einfach alles. Einmal schickte ein Rockstar den Assistenten los, um zwei Art-déco-Lampen zu holen. Sie stehen immer noch da.

Wir besprechen, daß wir ein paar Beats noch fetter machen und ein paar andere noch ausbessern müssen. Technikersprache. Da kommt die Dame mit der blauen Harfe herein. Wie ein Engel der Avantgarde sitzt sie im dunklen Studio. Ihre flinken Finger weben eine Unterströmung von Gefühlen zwischen die Rhythmen. In diesem Leben habe ich nicht weniger als vier Gitarren gekauft, weil ich immer Gitarre spielen wollte. Doch bis jetzt ist es noch nicht dazu gekommen. Mit der guten Absicht ist es nicht getan; die Finger brauchen Übung.

Auf der Grundlage dessen, was ich höre, treffe ich Entscheidungen. Schneid das raus. Mach das lauter. Regle diese Töne ein bißchen zurück. Die türkis-orangefarbene Uhr tickt. Zeit ist Geld in diesem Geschäft. Bei einer Aufnahmesession ist die Versuchung groß, mich einfach in den Rhythmus fallenzulassen, mich im Groove zu verlieren und all den begabten Musikern zuzuhören. Aber da eine Stunde Studiozeit 200 Dollar kostet, gelten andere Spielregeln. Ich muß konzentriert bleiben und Entscheidungen in Sekundenbruchteilen treffen.

Der nächste Trommler baut sein Taos-Drumset auf. Ich frage ihn. »Was bedeuten die 70er Jahre für dich?« Ohne mit der Wimper zu zucken, antwortet er mir: »Da zog sich Miles Davis zurück.« »Und die 80er?« »Da kam Miles wieder.« »Und die 90er?« »Da blieb Miles für immer weg.«

Ich kann was damit anfangen, wenn sich einer so geradlinig auf jemanden bezieht. Der Mentor.

Gedankensprung.

Es ist der Tag nach der Aufnahmesession, die die ganze Nacht dauerte. Ich muß meine Maschine wieder auf Touren bringen, deshalb übe ich zu einem Song von Underworlds neuer Platte *Second Toughest in the Infants*. Heute äußert sich der *Vater* in mir als Techno-Freak. Mit heftigen Rhythmen erwecke ich meinen Körper wieder zum Leben. Ich lasse mir ausreichend Zeit, um über mein Leben als männliches Wesen nachzugrübeln.

Den *Vater* zu integrieren bereitete mir in diesem Leben die allergrößten Schwierigkeiten. Linear zu sein widerstrebt einfach meiner Natur. Ehe ich zum Landeanflug auf eine Entscheidung ansetze, kreise ich endlos über dem Flughafen und spiele alle möglichen Folgen bis zum Erbrechen durch, bis ich schließlich erschöpft niedersacke. Fast alles, was ich über diese Seite von mir weiß, habe ich durch meine Arbeit gelernt.

Als ich zu unterrichten anfing, habe ich kaum je eine Übung wiederholt. Vielmehr ließ ich mir ständig neue Übungen einfallen und ging dann weiter. »Ich kenne niemanden«, sagte mir damals ein Freund, »der so viel gemacht und so wenig darüber aufgeschrieben hat wie du.« Als ich darüber nachdachte, wurde mir klar, daß es vielleicht ganz gut sein könnte, das Ganze etwas langsamer anzugehen und tiefer in die Dinge einzusteigen. Statt weiterhin einfach nur die Bewegungsmuster wahrzunehmen, die uns allen gemeinsam zu sein schienen, benannte ich sie und schuf besondere Wege, auf denen man in ihr jeweiliges Feld gelangen konnte. So fing die Praxis der Fünf Rhythmen an. Ich betrat die Welt der Anfänge und Enden, der Linien und Grenzen, der Antworten und der Autorität. Mein *Vater* hatte begonnen, sich durchzusetzen.

Der *Vater* ist das männliche Bewußtsein unseres Körpers und der Seele, der aktive, praktische, beschützende Teil; er setzt die Ziele, schmiedet Pläne für die Zukunft, bezahlt Rechnungen und behält Telefonnummern; er repräsentiert jenen Teil in uns, der auf der handfesten, materiellen Ebene der Realität funktioniert. Er ist der Regisseur, der Management-Berater, der Verkehrspolizist, der Choreograph, der Verleger – er ist in jedem, der den Strom der Energie in klar abgesteckte Bahnen leitet. Wer einen Zug von der *Vater*-Energie inhalieren möchte, braucht bloß in sein Lieblingslokal zu gehen und dem Oberkellner zuzuschauen. Gestern abend beobachtete ich Laurie bei Gotham Bar and Grill: In einem hyperkurzen weißen Kleid jonglierte sie mit Kellnern, Tischen, Gästen, Barkeepern, Rechnungen und Vorbestellungen, ohne daß ihr auch nur irgend etwas entgangen wäre. *Vater*, als *Geliebte* verkleidet: eine köstliche Kombination.

In der Zeit, in der ich mich damit abmühte, meine männlichen Schwingungen zu finden, ließ ich mir ein paar Cowboystiefel nach Maß anfertigen. Wenn mir überhaupt irgend etwas dabei helfen könnte, mich im Helden-Modus zu verankern, dann müßten das diese Stiefel sein, dachte ich.

Wenn ich von Helden spreche, meine ich weder Jeanne d'Arc noch Bat-Girl noch G.I. Jane, sondern den Teil in mir, der meine Träume bewahrt und dafür sorgt, daß sie Realität werden. Mir gefällt Sam Shepards Formulierung *Cowboy mouth*; mein *Vater* hat so eine »Cowboyschnauze«. Mit Hilfe dieser Stiefel konnte ich ausführen, was ich mir vorgenommen hatte. Jetzt konnte ich nicht nur aufstehen, wenn ich mir den Wecker gestellt hatte, dem Koffein abschwören, das Rauchen aufgeben und Listen zu erledigender Dinge aufstellen, sondern ich fand auch die Kraft, einem Geschäftspartner standzuhalten, der mich in die Mache nehmen wollte, und einen Freund zur Hölle zu schicken, der mich emotional mißbrauchte. Dorothee hatte ihre silbernen Schuhe*. Ich hatte schwarze, vorne spitz aufragende Macker-Cowboystiefel aus Eidechsenleder.

Mein Sohn beschreibt seine *Vater*-Energie als die eines Typen, der mal aus Gummi und mal aus dem Stoff eines Samurai gemacht zu sein

* Figur aus dem *Zauberer von Oz* (Anm. d. Ü.)

scheint. Überhaupt ist mir aufgefallen, daß viele unserer *Väter* starken Stimmungsschwankungen unterworfen sind. Von Kathy weiß ich, daß ihr *Vater* halb Pilot, halb träger Durchwurschtler ist. Einerseits spürt sie, wenn sie unterwegs ist, intuitiv und sofort, wo der Weg langgeht, andererseits kann sie eine halbe Stunde darüber nachsinnen, ob sie jetzt Zwiebeln an den Salat tun soll oder nicht. Ein Freund von mir wird in Sekunden vom Philanthropen zum Pfennigfuchser. Die *Vater*-Welt in uns erschafft einige seltsame Figuren, und die wenigsten von ihnen ähneln Bill Cosby oder Hanns-Joachim Friedrichs.

Bill Cosby, Hanns-Joachim Friedrichs, Miles Davis, Arthur Ashe, Martha Graham, Pina Bausch – das sind Vorbilder, Lehrer und Mentoren, Leute, die ein Handwerk gemeistert haben und die ihre Liebe zu diesem Handwerk weiterzugeben vermögen. Das ist der *Vater* in seiner besten Rolle: wenn er Disziplin in Inspiration verwandelt.

Sport gehört zur Domäne des *Vaters*. Hinter Bällen herjagen, sie fangen, wegschlagen, fortschleudern, sie in Locher versenken oder zwischen zwei Pfosten plazieren, das ist *Vater* in Reinkultur. Dasselbe gilt für jede Aktivität, bei der wir unseren Körper gemäß bestimmten Regeln und Bewegungsabläufen disziplinieren, etwa beim Skilaufen, beim Schwimmen, Tauchen, Klettern, beim Yoga oder beim Ballett.

Nach einer Session bei einer Body-&-Soul-Konferenz in Boston kam eine stämmige Frau in einem helltürkisfarbenen T-Shirt ganz aufgeregt zu mir: »Vor einem Jahr habe ich meinen ersten Workshop bei dir gemacht«, sagte sie. »Danach habe ich mir geschworen, daß ich, komme, was da wolle, dreimal die Woche die Rhythmen als Übung mache. Ich habe deinen Rat befolgt und immer genau so getanzt, wie es mir gerade ging – egal, ob ich gerade müde, frustriert, niedergeschlagen, geil oder selig war. Wie du siehst, habe ich 100 Pfund abgenommen.« Sie hatte tatsächlich so viel abgenommen, daß ich sie nicht wiedererkannt hatte.

Es war ihre *Vater*-Energie, die sie dieses Gelübde ablegen ließ und die dafür sorgte, daß sie es auch einhielt. Was sie schließlich befreite, waren weder Pillen noch eine Diät, sondern das veränderte Verhältnis zu ihrem Körper, das sich im Lauf der Entwicklung einstellte. Jeder, der Kraft- oder Ausdauersport treibt, an einem Zwölf-Schritte-Programm teilnimmt oder Klavierspielen gelernt hat, weiß, wie man sich auf die tieferen Ebenen der *Vater*-Energie einstimmt.

Als ich meine Freundin Rosie einmal ein bißchen auf den Arm nahm, weil sie ins Fitneßstudio geht, um sich Muskelpakete anzutrainieren, entdeckte ich, wie stark ihre *Vater*-Energie ist: »Ich steh' auf Gewichtheben«, sagte sie bestimmt. »Ich setze mir Ziele und treibe mich dazu an, sie auch zu erreichen. Ich finde es klasse, wenn ich ins Studio gehe und fünf Pfund mehr hebe als beim letzten Mal. Und außerdem: Hast du gesehen, wie knackig mein Hintern geworden ist?«

Ebenso wie George seine *Mutter*-Energie erst kennenlernte, als er geschieden war, ging es Eva mit ihrer *Vater*-Energie. Sie kann sogar den Moment, in dem sie sich zum ersten Mal bemerkbar machte, präzise benennen:

»Nachdem ich mich zu der schwierigen Entscheidung durchgerungen hatte, nach 24 Jahren meine Ehe zu beenden, war ich nach Denver gefahren. Ich verließ unser gemeinsames Haus am See mit 14 Hektar Land, um in ein winziges Backsteinhaus in der Stadt zu ziehen. Eines Tages ging ich zu meinem Auto, nachdem ich im Sportzentrum schwimmen gewesen war, schloß die Tür auf, setzte mich rein und bemerkte ein paar bunte Kabel, die wie die Eingeweide eines Tieres aus einem klaffenden Loch im Armaturenbrett heraushingen. Nach ein paar Sekunden ungläubigen Staunens hatte ich erfaßt, was geschehen war: Mein Auto war aufgebrochen worden, und das Radio hatten sie mit einem Stemmeisen rausgehebelt. Plötzlich wurde mir klar, daß ich auf mich allein gestellt war – es gab niemanden mehr, der das, was jetzt zu tun war, für mich übernehmen würde.

Nachdem ich die Sache bei der Polizei gemeldet hatte, fuhr ich nach Hause. Als ich dort ankam, brach ich zusammen und heulte hysterisch. Ich bekam einen ›Nonnenanfall‹, wobei ich Überlegungen anstellte, wie ich ein Kloster finden und meine Gelübde ablegen könnte. Ich malte mir aus, wie man mir Kleidung und Essen geben würde und wie ich dort Schutz vor dieser gewalttätigen, ungerechten Welt fände. Schließlich erinnerte ich mich wieder daran, wie sehr ich mir die Unabhängigkeit gewünscht hatte, und langsam gewann ich die notwendige Kraft und das Gleichgewicht zurück, um mit dem klarzukommen, was das Leben einem so an Erfahrungen bringt. Also beschloß ich, meinen Eintritt ins Kloster fürs erste zu verschieben.«

Ein Freund, der *Staccato* meidet wie die Pest, erzählt: »Ich folge so gerne dem *Flow*, aber das Dumme ist, daß die Welt so nicht funktioniert. Je älter ich werde, desto deutlicher erfahre ich diesen Konflikt. Neunzig Prozent meiner Energie gehen in die Konzentration auf die Gegenwart, und die verbleibenden zehn Prozent teile ich zwischen Vergangenheit und Zukunft auf. Ich plane nur ungern, ich bin eher ein Typ fürs Hier und Jetzt.« Doch selbst die *Flowing*-Typen und wir alle von der »Hier und Jetzt«-Generation müssen gelegentlich in den *Vater*-Modus wechseln und unser Augenmerk auf die Zukunft richten. Sonst schaffen wir es nie, mal in Urlaub zu gehen, eine Party zu organisieren oder uns um unsere Alterssicherung zu kümmern. Entsprechend müssen diejenigen, bei denen die *Vater*-Energie deutlich überwiegt, die also ständig über morgen oder nächste Woche oder nächstes Jahr nachdenken, lernen, davon runterzukommen und den Moment zu genießen.

Viele suchen so emsig im Außen nach beeindruckenden Vaterfiguren, daß sie Mühe haben, auf ihre eigene innere Stimme der Autorität zu lauschen. Hoffentlich ist die Zeit der Gurus und anderer wohlwollender Diktatoren bald vorbei. Letztlich müssen wir lernen, uns selbst unsere Grenzen zu setzen.

Manche fürchten sich vor ihrer *Staccato* Energie. Sie weigern sich, Grenzen anzuerkennen, weil sie fürchten, daß sie unsere Freiheit beschneiden und unsere Kraft schmälern könnten. Dabei sind Grenzen nicht notwendigerweise dazu da, uns zu hemmen, sondern sie sorgen dafür, daß wir nicht vom Weg abkommen. Im Windkanal konzentriert sich die Energie des Windes; seine Kraft wird verstärkt. Ein Damm kontrolliert die Fließgeschwindigkeit und hält die Kraft des Wassers im Zaum. Der *Vater* hilft, Grenzen zu setzen. Als ich jung war und als High-School-Lehrerin meine ersten Schritte ins Berufsleben tat, weigerte ich mich, bei meiner Anstellung einen Jahresvertrag zu unterschreiben, weil ich Angst davor hatte, daß mich das zu sehr einschränken würde. Ich wollte mich nicht festlegen. Ironischerweise schränkte ich gerade dadurch meine Wahlmöglichkeiten noch mehr ein – ich bekam weniger Geld, keine Vergünstigungen und hatte keinerlei Sicherheit.

Ich kannte mal einen Photographen, der zehn Jahre damit verbrachte, eine Diashow mit seinen Arbeiten zusammenzustellen. Obwohl eine Diashow nun wirklich das reinste *Staccato*-Ereignis ist – klick, klick, klick –, hatte der Mann keinerlei Kontakt zu seiner *Vater*-Energie. Er war außerstande, mal einen Punkt zu machen; ständig fügte er neue Dias hinzu. Weil er mit seiner Show nie zu Rande kam, konnte er keine anderen Aufträge annehmen.

Ob wir wollen oder nicht: Wir müssen wissen, wie wir uns in der maskulinen Welt zurechtfinden. Das heißt nicht, daß wir unser Leben nach einem Fünfjahresplan organisieren sollen. Nur gerade soviel, daß wir in der Welt klarkommen – Termine einhalten, Zeitpläne erfüllen, Entscheidungen fällen. Dazu brauchen wir weder unsere feminine Natur noch unsere künstlerischen Eingebungen zu opfern. Im Gegenteil: Wenn wir ihnen nachgehen, können wir überrascht feststellen, daß sich unser Leben wie von selbst in ein klareres, strukturierteres Muster hineinentwickelt.

Selbst wenn Entscheidungsfreude nicht gerade unsere Stärke ist, können wir uns Zugang zu ihr verschaffen, indem wir das Reservoir männlicher Energie anzapfen, das in jedem von uns verborgen ist.

Diese geheime Stärke entdeckte ich erstmals in meiner Zeit in Big Sur. Eines Abends klopfte es laut an meiner Tür. Ich öffnete sie einer rothaarigen, verwahrlost aussehenden Frau, die gleich losplatzte: »Kann ich mal in dein Klo kotzen?« Was sollte ich da sagen? Als sie fertig war, ließ sie sich in einen Rohrstuhl fallen und verkündete: »Männer machen mich krank!« So begann eine der seltsamsten Beziehungen, die ich je zu einer Frau hatte.

Susie war das *Yin*-hafteste Wesen, dem ich je begegnet bin – sie bestand ausschließlich aus weiblicher Energie. Sie blieb den Abend über da und ging auch nicht am Morgen. Susie blieb gleich das ganze Jahr und kümmerte sich um meinen kleinen Sohn, während ich arbeitete. Abends warfen wir das I Ging und diskutierten über Männer. Sie zog lauter Macho-Typen an, während meine Freunde eher lässige, magere

Intellektuelle waren – in ihren Augen keine richtigen Männer. Wenigstens waren wir keine Rivalinnen.

Geld als Zahlungsmittel lehnte Susie ab, was mich halb wahnsinnig machte. Sie tauschte sogar Stoffe aus Guatemala gegen Briefmarken ein, wenn sie welche brauchte. Das Leben mit ihr trieb mich geradewegs in mein *Vater*-Muster. Ich übernahm die Beschützerrolle, kümmerte mich um alles Geschäftliche, setzte ihr Grenzen, fuhr den Wagen und bezahlte die Rechnungen.

Auf wundersame Weise bewirkte die Notwendigkeit, mich mit ihrem Geld-Karma auseinanderzusetzen, in mir ein spirituelles Erwachen. Es war damals politisch total korrekt, keinen Gedanken an Geld zu verschwenden, deshalb hatte ich ein bißchen das Gefühl, als beginge ich Verrat an der Gegenkultur. Aber ich hätte keine Meile in Susies Mokassins laufen mögen – es war erschreckend, jemanden zu sehen, der sich so vollständig von anderen abhängig machte. Und wie, bitte schön, soll man bei Safeway Tauschhandel betreiben und feilschen? Das Gute an einem Leben ohne Geld ist, daß man keine Steuern zu zahlen braucht. Das Dumme ist, daß man trotzdem stirbt.

Geld ist das letztendliche Ziel in unserer Kultur, es ist eine der Sprachen, die der *Vater* in unserer Seele spricht. Zuviel davon, und wir driften ab, zuwenig davon, und wir werden gierig und krallen danach. Allzuoft ersetzen wir mit Geld-Transaktionen Kontakte, die eigentlich von Herz zu Herz gehen müßten. Wenn wir kein Gespür dafür haben, wer wir sind und was wir abseits unserer Reichtümer zu geben haben, geraten wir in die Falle unseres Denkens, das uns sagt, dies sei alles, was die Leute von uns wollen. Und wenn unser Selbstwertgefühl von einem Reichtum abhängt, den wir nicht besitzen, dann fühlen wir uns wertlos.

Einmal saß ich im Barneys* einer Freundin gegenüber. Wir teilten uns gerade ein großes Stück Schokoladenkuchen, als sie mir folgendes Geheimnis enthüllte: »Ich glaube, daß sich kein Mann wirklich für mich interessiert; sie wollen nur mein Geld. Also kontrolliere ich mich. Ich versage mir einen Orgasmus, denn wenn ich einen habe, dann habe ich

* Vornehmes Kaufhaus in Manhattan (Anm. d. Ü.)

Angst, die Kontrolle zu verlieren, und wenn ich die Kontrolle verliere, dann gebe ich ihnen womöglich mein Geld.«

»Das solltest du in den Griff kriegen, meine Liebe – oder besser gesagt, laß den Griff lieber los«, antwortete ich. »Kann ja sein, daß ich eine Nonne zwischen meinen Beinen habe. Aber bei dir klemmt der Geldbeutel dazwischen.«

Während meiner Magersucht kontrollierte ich wie besessen meine Nahrungsaufnahme. Vor Fett hatte ich genausoviel Angst wie davor, mein inneres Feuer zu schüren, meine Leidenschaft, meine Sexualität. Ich hatte Angst vor meinem Herzen, weil ich mich davor fürchtete, wohin es meinen Körper führen wollte. Je besessener ich auf Kontrolle aus war, desto stärker nahm ich auch die Formen männlicher Energie an – ich wurde eckig, kantig, knochig. Das ist *Vater*-Energie, die keine Wurzeln in der *Mutter*-Energie hat. Kontrolle ohne Fürsorge.

Um mich meiner Seele zu erinnern, über mein Ego zu lachen und zu lernen, wie ich mich in dieser einseitig ausgeprägten Welt schützen kann, lese ich im *Tao Te King*. Dort steht: »Erkenne die männliche Kraft, und halte dich doch an das Weibliche.« Das Männliche braucht die Erdung im Weiblichen, oder wir werden zu *Vätern*, die uns und andere mißbrauchen. Der *Vater* ist jener Teil in uns, der uns wie eine Brücke mit der Außenwelt verbinden soll. Über diese Brücke können unsere weiblichen Selbste tanzen, auf unsere Art, in unserer Zeit, in den organischen Rhythmen unseres Körpers.

Tun (oder nicht tun) – *Vater*

Gewahrsein

Wie lebst du den Geist des Männlichen in deinem Leben, in deinen Träumen und in deiner Bestimmung? Ist er übermächtig? Unterentwickelt? Ausgeglichen? Um zu wissen, ob du ihn ein wenig zurücknehmen oder ihn vielmehr befreien mußt, brauchst du Fühlung zu ihm. Diese Energie im Körper zu verankern ist absolut grundlegend. Sie ist die Basis für jede Bewegung.

Denke nach: Wie schützt du dich, wie bezahlst du deine Miete, wie kaufst du deine Klamotten, wie behauptest du dich in der Welt? Wie regelst du die praktischen Dinge des täglichen Lebens? Wie ist dein Verhältnis zur materiellen Welt? Gehört es zu deinen Stärken, oder ist es eher eine Schwäche? Wenn es zu deinen Schwächen zählt, fühlst du dich vermutlich häufig von Menschen angezogen, die alles für dich regeln.

Wie trittst du in Aktion? Bist du entscheidungsfreudig? Schnell oder langsam? Gründlich? Kannst du Grenzen setzen? Kannst du ausdrücken, was in dir vorgeht, was du möchtest und was du brauchst? Weißt du, wie du es kriegst, oder kriegt es dich?

Bist du von Ehrgeiz getrieben? Hältst du die Spielregeln ein? Kannst du Wegbeschreibungen und Landkarten lesen, Prioritäten setzen, einen Plan ausarbeiten, Formulare ausfüllen, Sachen reparieren? Kannst du auch Sachen einreißen? Oder brichst du dann zusammen, weil du dabei deine Würde verlierst? Oder gibst deine Macht aus der Hand und lieber anderen die Schuld?

Handeln

Tanze *Staccato* ohne Musik. Verbinde jede Bewegung mit einem Ausatmen, und mache bei jedem Ausatmen leichte *Staccato*-Laute wie pada, mo-jo, ba-dam. Bewege dich und klinge wie ein Jazz-Riff; nimm den Geist von Herbie Hancock, Miles Davis oder Bobby McFerrin in dich auf.

Ein Fest für den Vater

Lade deine Freunde zu einem kräftigen Mittagessen ein, und bringe dazu gehaltvolle Speisen auf den Tisch. Mach dir einen Spaß daraus. Kleide dich wie ein erfolgreicher Geschäftsmann, und sorge dafür, daß alle Gäste Visitenkarten, Prospekte oder Unterlagen über ihre neuesten

Projekte mitbringen. Bitte auch jeden darum, eine Liste mit Dingen anzufertigen, die zu erledigen sind und die er dann in der Gruppe in einer Performance vorträgt. Vergib einen Bill-Gates-Preis für die beste Präsentation.

Beschließe das Treffen mit einem Power-Tanz – zu einem starken, antreibenden Rhythmus im 4/4-Takt.

Der Sohn

Über Stiere reden
oder in der Arena stehen
ist nicht dasselbe.
Spanisches Sprichwort

In jeder Seele steckt ein gnadenlos männlicher, unbezähmbarer Teil, der unbedingt Freiheit will. Und zwar die Freiheit, das wildeste Wesen zu sein, das man sich nur vorstellen kann. Der *Sohn* ist sein Leben lang in der Pubertät; ständig steht er unter Dampf. Er lebt leidenschaftlich, er ist der Unberechenbare, der Joker, der Spinner; ein Kreuzritter, der sich nicht domestizieren läßt. Er ist ein Stück deines Herzens, vergraben im Rhythmus eines Liedes, das ungesungen blieb. Wer sich diesen Teil zurückerobern möchte, muß es wirklich ernst meinen. Denn man ist bei ihm nie sicher. Selten tut ihm etwas leid, und wenn es um Liebe geht, ist er zu jeder Verrücktheit bereit.

Mir fällt Isadora Duncan ein – Inbegriff aller *Söhne*. In Manhattan bewarf man sie mit Tomaten, aber die Dichter fielen ihr zu Füßen. In ihren Tuniken aus Rohseide drehte sie sich wie eine Gebetsmühle. Ihr

Leben war so zügellos wie ihr Tod. Isadora Duncan durchbrach die Formen, die tausend Väter geprägt hatten, und schuf ihren eigenen Tanz, der von ihrem Solarplexus unter ihrem wilden Herzen ausging.

Nijinsky springt an meinem inneren Auge vorbei und trifft auf Nietzsche, der den Berg der Einsamkeit erklimmt und dabei Worte des Zorns ausstößt.

Wann immer ich in Big Sur bin, kann ich den Geist des *Sohnes* spüren. Der Highway One, der dort vorbeiführt, trennt die Berge vom Meer und schlängelt sich wie eine Kurve in Gottes Rückgrat. Wenn ich ihn befahre, fühle ich mich immer wie ein Kind, das zwischen zwei geheimnisvollen Mächten gefangen ist – der sich auftürmenden Gegenwart eines dunklen, lastenden *Vaters* und den unergründlichen Tiefen einer unsteten, launischen *Mutter*. Der eine spricht in stummen Formen zum schwarzen Himmel; die andere redet in Zungen. Dazwischen spüre ich den Ruf der Wildnis. Auf dem Highway One fällt es mir oft schwer, die Augen auf die Straße gerichtet zu halten.

Als ich das letzte Mal in Big Sur war, ging ich bei Tagesanbruch zum Strand, um den Moment zu erleben, in dem die Surfer ins Meer hinauspaddeln, um die Sonne zu begrüßen. Dort setzte ich mich auf einen Stein – eine Zen-Mutter, die aufs Meer hinausschaut und dabei die Augen zusammenkneift, um den schwarzen Fleck zu erkennen, der ihr Sohn ist, der einen Meter neunzig große Jugendliche, der auf den Wellen der Großen Mutter reitet.

Als ich den Blick über die Brandung schweifen ließ, fiel mir ein, daß ich an diesem Strand vor langer Zeit schon einmal gewesen war, als junges Hippiemädchen, das es hier unter den Augen Gottes und der Möwen wild mit ihrem Freund trieb. Ich malte mir aus, wie eine Gang von Surfer-Seelen vom Rand der Welt einen Wettlauf in meine Gebärmutter veranstaltet hatte. Schlagartig wurde mir klar, daß es mein wilder *Sohn* gewesen war, der meinen Sohn empfangen hatte, diesen erstaunlichen schwarzen Punkt am Horizont, der gerade eine gewaltige Welle erwischt hatte.

Es ist kein Zuckerschlecken, zwischen dem knallharten, direkten *Vater*, der das Hier und Jetzt, die materielle Wirklichkeit und das Seine-

Sachen-geregelt-Kriegen verkörpert, und dem *Heiligen Geist* zu hängen, der für das Immer und Überall steht und für die Leere. Das Bewußtsein des *Sohns* bildet eine Brücke zwischen diesen beiden voneinander getrennten Wirklichkeiten. Er bringt das Blut und den Schweiß des *Vaters* mit der ungreifbaren Intelligenz und den Träumen des *Heiligen Geistes* zusammen und führt diese beiden Polaritäten im Herzen zusammen.

Es war der *Sohn* in Jesus, der ihn die Geldwechsler aus dem Tempel vertreiben und der ihn vierzig Tage und Nächte in der Wüste umherstreifen ließ. Siddhartha, Moses, Mohammed, Osho – sie alle waren wilde Männer, Söhne Gottes, revolutionäre Geister. Jeder von ihnen hatte einen ungeheuren Groove; jeder bewegte sich wie eine funky Baßlinie, die oben und unten, Himmel und Erde zusammenhält. Sie alle brachen Tabus.

Der *Sohn* ist der Typ, der im Kaufhaus Damenunterwäsche anprobiert, bloß weil er das Gesicht der Verkäuferin sehen möchte, wenn er fragt, welche Umkleidekabine gerade frei ist. Der *Sohn* inspiriert die Girls, die ein graues Seidenkleid und dazu derbe Verpiß-dich-Plateaustiefel tragen.

Staccato ist der Geist des Rock 'n' Roll, und Rock 'n' Roll ist der Geist des wilden *Sohns*. Ich erinnere mich an den Auftritt von Henry Rollins 1994 in Woodstock. Bis auf ein paar schwarze Shorts hatte er nichts an. Auf den Rücken hatte er sich »search and destroy«* tätowieren lassen. Als er seine Band vorstellte, sah man das Muskelspiel unter seiner Haut, von der mit dem Schweiß auch die Bitterkeit seiner Lieder herabströmte. In seinem Ausatmen gab Henry Rollins der Wut einer ganzen Kultur Ausdruck. Er stieg in eine Unterwelt aus Krach und Knochen hinab, in der prügelnde, pogotanzende Jungs einander wie beim Autoscooter in die Seiten rammten und Schlamm-Typen den brutalen Rhythmus dazu schlugen. Worte emporstoßend und dabei seine Stimme bis zum äußersten treibend, zog Rollins sich in eine innere Landschaft aus Felsen und Ödland zurück. Sein Drängen war Reinigung, ein Urgebet aus Schweißperlen, sein Weihwasser, mit dem er sein

* Suche und zerstöre (Anm. d. Ü.)

heidnisches Selbst salbte. Manchmal brauchen wir solch eine Transfusion; manchmal genügt es, das Radio anzuschalten.

Im Herzen eines jeden von uns wohnt der Trommler einer rüden Rockband, ein ganzer Kerl, immer zum Handeln bereit. Diese Kraft begleitet uns durch alle Phasen des Lebens. Dabei wechselt sie ihre Kleider, die Orte und Handlungen und ihre Ausdrucksformen. Sie zeigt sich etwa bei Malcolm Forbes, der noch als über Siebzigjähriger eine Harley Davidson fährt, oder bei Drew Barrymore, wenn sie in der Letterman-Show ihre Brüste zeigt. Der *Sohn* ist der Teil in mir, der vollkommen am Boden war und doch immer eine Wahl hatte; mein *Sohn* hat bei Safeway geklaut, er ist getrampt und marschiert, er ist Streikposten gewesen, hat protestiert, Fast food gegessen und beim Stierkampf mitgebrüllt. Er hat auf dem Oktoberfest gekotzt und sich auf der falschen Seite der Berliner Mauer festnehmen lassen. Er hat die Menschen in tausend Auditorien dazu aufgewiegelt, mit ihrem Hintern hochzukommen und ihre Herzen freizutanzen, er hat eine Chrome-Hearts-Motorradjacke gekauft und nie aufgehört, dem Mann im Mond Luftküsse zuzuwerfen.

Als ich in der fünften Klasse war, wurden wir manchmal von der Mutter einer Freundin in die Schule gefahren. Das war immer so, als würde man auf einem Stier reiten. Sie war ein James Dean mit Titten; sie fuhr immer mit quietschenden Reifen, trug eine Baseball-Kappe und Männerhemden, und aus dem Winkel ihres hellroten Mundes hing immer eine Kippe. Jedes zweite Wort war ein Fluch. So eine Mutter hatte ich noch nie gesehen. Vielleicht deshalb nicht, weil sie in Wirklichkeit ein *Sohn* war.

Der *Sohn* ist ein cheeky bastard*, wie die Briten sagen würden. Er ist nicht bloß ein Rebell, sondern ein Trickster, der auf gerissene Weise die väterliche Autorität untergräbt. Als wir einmal bei einem Glas Cabernet-Sauvignon auf der Couch saßen, beklagte Robert die Tatsache, daß er keinen wilden *Sohn* habe. Doch dann wurde ihm klar, daß das der Teil in ihm war, von dem er in seiner Zeit als Strafverteidiger am meisten

* frecher Lümmel (Anm. d. Ü.)

Gebrauch gemacht hatte. Ich bat ihn, eine seiner Geschichten zu erzählen.

»Mein Mandant war ein College-Student, der versucht hatte, seine Studiengebühren durch den Verkauf von Marihuana zu finanzieren, das er von Florida nach New York schmuggelte. Als er nach New Jersey kam, wurde er von einem berittenen Polizisten geschnappt, der sein besonderes Augenmerk auf langhaarige Typen mit Kennzeichen aus Florida gerichtet hatte. Er ließ ihn aussteigen, durchsuchte den Wagen und fand den Stoff. Als Begründung für die Durchsuchung gab er an, daß er das Marihuana gerochen habe, als er nach den Papieren fragte. Die Schmuggelware war in drei extra-starke Müllsäcke eingewickelt gewesen und steckte in einem mit Isolierband verschlossenen Karton.

Am Tag der Verhandlung wickelte ich drei Pfund Fisch auf dieselbe Weise ein und legte das Päckchen unter die Richterbank. Als der Richter sich anschickte, gegen unsere Seite zu entscheiden, zeigte ich auf den Karton zu seinen Füßen. ›Ich frage mich schon die ganze Zeit, was der da soll‹, sagte er. ›Was hat das mit dem Fall zu tun?!‹ Ich schlenderte rüber, schlitzte den Karton auf und konnte beobachten, wie sich die Gesichtsfarbe des Richters schneller änderte als ein Kaleidoskop.

Als er seine Haltung wiedergewonnen hatte, erkannte er auf gesetzeswidrige Durchsuchung und ließ meinen Mandanten frei. Die Verhandlung war beendet.«

Nicht immer fährt der wilde, katalytische Teil von uns eine Harley. In unserer Kultur neigen wir oft dazu, uns intellektuell eine Wildheit zu verordnen, die mehr von uns verlangt, als wir eigentlich leben können. Ein Freund erzählte mir: »Ich hatte mir ein Bild von mir zurechtgelegt, in dem ich wild und frei war. Ich ging aus Manhattan weg und zog nach Maine, ließ mir die Haare wachsen und lernte Bäume fällen. Ich wurde zur Karikatur des Marlboro-Manns, mit einem Joint statt einer Zigarette in der Hand. Aber es war ganz schön anstrengend, ständig da draußen auf den Beinen zu sein. Ich war meinem eigenen Bild von Freiheit in die Falle gegangen. Ich schien ein Rebell ohne Unterlaß, aber in Wirklichkeit hatte ich tödliche Angst vor Veränderung und vor Menschen und benutzte den Wald als Versteck.«

Um wirklich wild und frei zu sein, müssen wir dem Herzen folgen und nicht dem Kopf. Im Äußeren gibt es keine tauglichen Bilder für das, was Freiheit ist. Wir müssen tief in uns hineinschauen, um herauszufinden, was für uns das richtige ist.

Such in deinem Herzen nach dem, der die Veränderung vorantreibt. Such nach dem Teil in dir, der die Dinge auf den Kopf stellen will, der Risiken eingeht. Such nach dem wilden Kind, das immer ruhig sein und stillsitzen sollte. Such nach dem Teil, der hemmungslos ist, der weiß, daß die Lüge gefährlich ist, Nettsein der Tod und Als-ob nur ein schlechtes Spiel.

Ist es nicht traurig, wie viele Menschen vor dieser Seite in sich davonlaufen? Ich verstehe die Bedrohung, die davon ausgeht – schließlich begibt man sich dabei auf gefährliches Terrain, wenn man ein bestimmtes Selbstbild hat, etwa der Höfliche zu sein, der Brave, der alte Langweiler oder sogar der Rebell. »Mich bringt man nicht in Wut«, sagte sie und zermalmte ihre Zähne bis auf die Stümpfe. Weshalb halten wir ein Selbstbild aufrecht, das uns begrenzt und oft genug Schaden zufügt? Gib der Wut ihren Raum, und schau, was sie dich zu lehren hat.

Denk an den Teil in dir, der gern etwas ausprobiert. Auf meinem letzten Workshop bat ich die Teilnehmer, ihren Tanz von unterschiedlichen Teilen ihres Körpers führen zu lassen. Ein fabelhaft aussehender Engländer schaffte sich derart in seine Hüften, daß er den ganzen Saal mitriß. »Meine Hüften wollten sich einfach winden und drehen und stoßen. Ich fühlte, wie ein Ton in mir emporquoll, und dann brach ein löwenartiger Schrei aus meinem Bauch heraus. Diese völlig entfesselte Energie war überwältigend. Ich kam mir vor wie ein riesiges, wütendes, haariges Tier, das einfach toben und brüllen und ficken wollte. Mit einem Schlag brach ich endlich aus der guten Mittelschicht-Kinderstube aus, in der ich zu so einem *reizenden* Jungen erzogen worden war. Es war phantastisch!«

In jedem von uns wartet ein Stripper, der uns bis auf die Knochen ausziehen möchte. Mit seiner messerscharfen, unverblümten Zunge will er uns die Haut aus Konditionierungen und Überlieferungen abziehen. Er weiß nichts von der Sünde und alles über die Freiheit. Er möchte ein freier Geist sein, auch wenn er vielleicht nicht weiß, wie er zu einem wird.

Ich traf einmal einen Mann, der mit zwei seltenen chinesischen Hunden und einem Haus voller Frauen in einem Tal am Hang wohnte. Er lebte von Ebenholzmalereien. Auf der Stirn trug er eine Narbe, die die Form Afrikas hatte und teilweise von Dreadlocks verdeckt war. Er war der harmloseste und friedfertigste Mensch, dem ich je begegnet bin, doch er besaß einen Panther und viele andere Wildkatzen. Er ging zu ihnen in den Käfig, setzte sich auf den Boden und sprach mit ihnen. Ich fragte ihn, wie er es anstellte, daß sie ihn nicht bei lebendigem Leibe auffraßen. Er sagte, daß er sie eben liebe. Den ganzen Abend sah ich ihm unverwandt zu, in der Hoffnung, daß sich sein Geheimnis irgendwie in seinem Gesicht offenbaren würde. Alles, was ich sah, war Staunen. Doch vielleicht ist es das ja: das Staunen über das Wunder der Wildheit.

Ein paar Monate, nachdem sie in Manhattan einen Workshop bei mir mitgemacht hatte, lief mir Josie über den Weg. Damals war sie mir aufgefallen, weil sie ziemlich aufgekratzt schien, als wir den wilden *Sohn* tanzten, als wäre dieser Teil von ihr bis dahin in irgendeinem Schrank weggesperrt gewesen. Nun saßen wir in einem dieser hippen Straßencafés im East Village, um ein bißchen zu plaudern. Ich erzählte ihr, daß ich ihren Tanz als schön und wild in Erinnerung behalten hatte. »Oh, Gabrielle«, rief sie, »ich habe solch eine Angst vor meiner wilden Seite! Gestern war ich nah dran, wieder Heroin zu nehmen. Meine wilde Seite möchte nicht davon lassen. Ich liebe diese Seite an mir und möchte sie nicht zügeln. Wovor ich beim Entzug am meisten Angst habe, ist, daß ich dabei den wilden *Sohn* verliere. Er hat mich an ein paar unglaubliche Orte geführt. Mit ihm habe ich einige der besten Zeiten meines ganzen Lebens verbracht, und ich habe so viel von ihm gelernt, weil er mich ständig vorwärtsgetrieben hat. Im Entzugsprogramm heißt es: ›Nimm dich vor Leuten, Orten und Dingen in acht.‹ Nun ist mein wilder *Sohn* zu etwas geworden, vor dem ich mich hüten soll. Ich habe echt Probleme damit, ihn ausfindig zu machen und herauszufinden, wie er sich jetzt in mir ausdrückt.«

»Josie«, sagte ich mitfühlend, »dein *Sohn* ist der, der dir hilft, den Entzug durchzustehen! Wer, glaubst du denn, steht in den Treffen auf und erzählt die ganzen Geschichten, die so weh tun? Diese Leistung verlangt ungeheuer viel Mut!«

Ich begriff, daß ihre Sucht vermutlich mit der nicht geerdeten Energie des wilden *Sohns* zu tun hatte. Ich mußte daran denken, wie meine entwurzelte *Vater*-Energie mein Leben länger bestimmt hatte, als ich zugeben wollte. Ich verstand aber auch, daß ihr wilder *Sohn* ihr die Kraft gab, sich zu verändern, und daß diese Kraft diesmal aus der Fürsorglichkeit kam. Man braucht Mut, um sich von einer Sucht zu lösen. Man muß sich ehrlich der emotionalen Wahrheit stellen und bereit sein, aufzustehen und sie anderen mitzuteilen. Man muß das Alte hinter sich lassen und den Weg in unbekanntes Terrain einschlagen, nackt, wund und schutzlos. Für eine solche Befreiungstat braucht man die Hilfe des wildesten Anteils in sich selbst.

Der *Sohn* geht unseren Leidenschaften nach und lebt unsere Träume; er ist der extrovertierte Performer, der in jeder Seele lebt. Eines Nachts um eins stand ich dick vermummt auf der Eisbahn in Chelsea Piers bei einer Probe zu einer Ein-Mann-Performance auf dem Eis mit dem Titel *Freezer Burn*. Während einer Pause setzten wir uns bei Minusgraden hin und sprachen darüber, wie Greg den Auftritt einer seiner Rollen geplant hatte. »Ich bin echt von den Socken, wenn ich dich hier auf dem Eis erlebe – du bist der Prototyp des wilden *Sohns*«, sagte ich.

»Ja, bei dieser Show ist er die Hauptfigur. Er macht doppelte Drehungen in der Luft, Rollen rückwärts und landet danach im Handstand. Er tanzt auf des Messers Schneide. Als ich auf der High School war, fühlte ich mich immer wie der Depp, weil ich keinen Sport machte. Dann sagte ich mir, na und? Was soll ich hinter diesen blöden Bällen herrennen? Schließlich habe ich selber welche in der Hose!«

Der *Sohn* ist der emotional ausdrucksstarke Teil der Seele, der um jeden Preis die Wahrheit sagt. Im *weiblichen* Modus sind wir uns unserer Gefühle bewußt, gehen ihnen im Körper nach und sind empfänglich für die Botschaften, die sie uns geben. Im *männlichen* Modus bringen wir diese Gefühle zum Ausdruck und riskieren, sie offen zu zeigen. Wir benutzen sie, um mit Kopf und Herz anderer Menschen in Beziehung zu treten. Der *Sohn* weiß, daß es eine heilige Arbeit ist, seine Seele zu entblößen, die Gedanken frei zu äußern und dem Herzen ins Dickicht der Beziehungen zu folgen, wo wir oft im Dunkeln tanzen müssen.

Der *Sohn*, dieser wilde, männliche Fürst der Gezeiten, sucht die Ekstase. Er verlangt nichts Geringeres als die vollständige Inbesitznahme durch ein übernatürliches Selbst, das man weder konfektionieren noch verpacken, noch verkaufen kann. Der *Sohn* in uns geht auf eine Heldenfahrt, um den Gral zu finden oder den Drachen zu töten; er ist das Bild im Spiegel, bereit, alle vorgefertigten Bilder zu sprengen.

Weil der *Sohn* am Rand des Unvorhersehbaren lebt, zieht er das Interesse der anderen auf uns. Wenn wir die Energie der *Wild card* ins Spiel bringen, entscheiden wir es zu unseren Gunsten. Dazu brauchen wir die Bereitschaft zu Leidenschaft und Anteilnahme, zu Erdung und Innigkeit, zu Verletzlichkeit und, wenn es gefordert ist, auch zu übermenschlicher Größe. Entscheidend ist dabei das Gleichgewicht. Zuviel *Sohn*-Energie ist bedrohlich, zuwenig davon ist langweilig.

Tun (oder nicht tun) – *Sohn*

Gewahrsein

Kennst du den Stuntman in deiner Seele, den magischen Teil in dir, der sich die noch nicht ausgetretenen Pfade sucht, der Umwege liebt und Gipfel lieber kletternd als im Sessellift erreicht? Rennst du gern Bällen hinterher, reitest du auf Brettern oder rollst du auf Rädern, gleich welcher Art? Macht Stillsitzen dich kribblig?

Hast du jemals die Zehn Gebote in deinen eigenen Worten formuliert? Pornovideos ausgeliehen? Hast du jemals auf einem Baum Liebe gemacht (oder meinetwegen auch mit einem Baum), im Klo eines Flugzeugs, auf der Rückbank im Bus, in einer Telefonzelle in Frankfurt oder auf einem Hochsitz im Wald? Hast du Mauern eingerissen, Grenzen verschoben, einen Bann gebrochen? Hast du dich mal piercen oder tätowieren lassen? Hast du schon mal schwarzen Lippenstift oder Kruzifixe getragen oder dein Haar orange gefärbt? Ist es dir unmöglich, dich dem Ruf der Wildnis zu verschließen?

Handeln

Schließe deine Augen, und nimm Fühlung mit deiner Wut auf. Spüre, wie sie wie eine dunkle Gewitterwolke von den Füßen bis in deinen Mund aufsteigt und aus ihm herauskommt. Erfahre die Energie deiner Wut, statt sie zu intellektualisieren. Bewege dich wie ein Blitz. Bring diese rauhe Energie in deinen *Staccato*-Tanz, und mach aus ihm einen sehr zornigen, stilisierten Tanz. Mach das millionenmal, so daß es nicht länger Therapie ist, sondern zu einer Kunst wird. Mach es so lange, bis dein Tanz frei von Vergangenheit wird und reine, rohe, unverfälschte Gegenwart ist.

Eine Party für den Sohn

Wähle aus deiner Sammlung an Musik die Lieder aus, die den wilden *Sohn* am besten repräsentieren – seinen Rhythmus, seine Gedanken, seinen Freiheitskampf, seine saftige, vibrierende, energiegeladene Power. Nimm die Stücke entweder auf Kassette auf, oder lege sie dir für die Party für den wilden *Sohn* zurecht, zu der du deine Freunde einlädst. Mach die ganze Nacht den DJ, rufe diesen Geist in den Raum und den Raum dieses Geistes in den Körper. Sei für ein paar Stunden ein Schamane.

Der Heilige Geist

In jedem von uns wirkt ein *Heiliger Geist*, der aktiv nach einer Antwort sucht, nach einer Bedeutung, nach dem Sinn des Lebens. Dies ist der Teil in uns, der zum Trekking in den Himalaja reist, der Buddhist wird,

Kurse über Religion und Philosophie belegt oder Tai Chi übt. Er läßt uns beten und ehrenamtlich arbeiten, er beteiligt sich am Marsch auf Washington und bringt es in irgendeiner Disziplin zur Meisterschaft. Mit dieser Seite in uns suchen wir nach Wegen, auf denen wir das heilige Verlangen erforschen können.

Es war der *Heilige Geist* in ihm, der Richard Alpert nach Indien reisen und zu Ram Dass werden ließ, der Albert Einstein dazu verhalf, das Undenkbare zu denken, der es Gandhi ermöglichte, durch die Kraft seines Atems Welten auseinanderzupusten, der Gregory Bateson die Augen darüber öffnete, wie alle Muster miteinander in Verbindung stehen. Der *Heilige Geist* hütet die Pforte des reinen Geistes, des Satori und Samadhi und all jener exotischen Orte, zu denen uns kein Flugzeug bringt.

Selbst in Momenten, in denen wir gar nicht bei uns selbst zu sein scheinen, weil wir von irgend etwas total in Beschlag genommen sind, sei es eine Aktivität oder ein Gefühl, bleibt etwas in uns ungestört, unbeteiligt und losgelöst. Es betrachtet das Ganze, als stieße es jemand anderem zu. Später ist es dann dieser Teil, der sich an die Einzelheiten zu erinnern vermag und der uns sagt, ob wir instinktiv oder aus dem Ego heraus gehandelt haben. Egal wie erfolgreich wir auch darin gewesen sein mögen, andere zu täuschen oder zum Narren zu halten: Diese Seite in uns kennt die Wahrheit, ja, sie *ist* die Wahrheit. Der *Heilige Geist* ist der Zeuge.

Einmal ging ich mit meinem Freund Bruce ins Il Bagatto. Während wir ausgezeichnete Fettucine mit Lachs in Wodka aßen, kamen zwei Rastas zur Tür herein und setzten sich an den Tisch uns gegenüber. Bruce sog schlürfend eine Nudel ein und sagte: »Weißt du, ein Teil von mir ist von Rastas total fasziniert. Diese Idee von ›Jahs Fürsorge‹ finde ich sehr inspirierend. Ich habe auf Jamaika einen Rastafreund, den ich sehr genau beobachtet habe. Ich habe versucht, ihm diese unglaubliche, gelöste Heiterkeit nachzumachen. Aber mir fehlte etwas, das er hatte; wahrscheinlich das Vertrauen, daß das schon funktionieren wird. Die Rastas beölen sich ziemlich über weiße Jungs, die Rastas sein wollen. Aber in ihrem Kreis habe ich eine Gemeinsamkeit im Geist gespürt, die ich noch nie zuvor erfahren hatte. Die haben keine Dogmen, kennen keine Schuld, da gibt's kein Buch 1, Kapitel 7, Vers 13. Wir rauchten ein bißchen ›Timeweed‹ zusammen, setzten uns auf ein Dock und schauten uns den Mond an. Da konnte ich meiner eigenen Sterblichkeit ohne Ego und ohne Angst ins Auge sehen. Ich wußte, wie alles miteinander zusammenhängt, wie alles gedacht ist. Wir kommen auf die Welt und tun, was wir tun. Mehr nicht. Ich mußte heulen, weil es so verdammt einfach war. Ich bin einfach von meinem Ego und dem manischen Nachdenken darüber, daß ich sterben muß, zu meiner Seele rübergewechselt, und die hat alles sofort durchschaut.«

Der *Heilige Geist* durchschaut alles. Er ist der Zeuge, und es ist ihm egal, was passiert, sogar mit uns. Denk nur daran, was dir im Leben schon alles begegnet ist: all die Leute, die du kennst; Situationen, in die du geraten bist; deine Sehnsüchte; die Hindernisse, die dir den Weg versperrten; die Beziehungen, die du hattest; all die Orte, zu denen dich deine Reisen geführt haben; die Verletzungen und Demütigungen, unter denen du gelitten hast. Du wirst feststellen, daß es bei all dem, auch bei den schwierigen Phasen, immer einen Teil in dir gab, der unverändert blieb, der weder festhielt noch losließ, den Teil in dir, der einfach *war*. In dem Moment, in dem er dein übriges Selbst erweckt, ist die Erlösung da.

In Gospelzelten, Ashrams, unter dem Bodhi-Baum – wo immer Menschen im Namen Gottes zusammenkommen, ist es unser *Heiliger Geist*, unser höheres Selbst, das uns mit den Mustern des Universums und den Schutzengeln zusammenführt. Diese Kraft bringt uns dazu, die Einheit unserer wahren Natur durch das Handeln und das Zusammensein mit anderen Menschen zu erkennen. Während sich die *Madonna*-Energie in der Wahrnehmung des Heiligen, der kosmischen Einheit und der Gesetze der Natur entfaltet, geht der *Heilige Geist* den Schritt vom Individuellen zum Gemeinsamen, von der Meditation zum Gebet, vom Gewahrsein zum Handeln. Die *Madonna* kennt meinen Geist; der *Heilige Geist* bringt ihn zum Ausdruck.

So war es auch mein *Heiliger Geist*, der mich um die halbe Welt reisen ließ, um mit Geistheilern auf den Philippinen in Kontakt zu treten. Ich wollte nicht bloß Zeugin sein, sondern ihre Kraft, ihre Präsenz und die Art ihres Betens und Heilens selbst erfahren. Ein Freund von mir war mit Mitte Fünfzig nach der Diagnose eines inoperablen Hirntumors und der Aussicht auf maximal noch sechs Monate Lebenszeit mit der Empfehlung nach Hause geschickt worden, er möge so langsam die letzten Dinge regeln. Zufälligerweise beschäftigte dieser Freund eine Köchin von den Philippinen, die ihm eröffnete, daß es in ihrem Land Heiler gebe, die solche Fälle keineswegs aufgäben und Leute mit ihren bloßen Händen heilen könnten. Tags darauf reiste er mit seiner Köchin auf die Philippinen. Dort wurde er operiert, und als er zurückkam, lebte er noch weitere 33 Jahre. Seit ich diese Geschichte gehört hatte, spürte ich den Drang, in diesen Teil der Erde zu reisen, um selbst zu sehen und zu spüren, was es mit diesen sagenhaften Heilkräften auf sich hat.

In einer Klinik nahe bei der Stadt Baguio geschah es. Ein Heiler betete zu Jesus, fiel daraufhin umstandslos in Trance, tat seine Hand in meinen Bauch und heilte mich von einem Magengeschwür. Dabei hatte ich ihm von meinen Problemen mit dem Bauch gar nichts erzählt. Was für mich ein Wunder war, war für ihn bloß ein gewöhnlicher Arbeitstag. Ich fragte ihn, wie er seine Kraft empfangen habe. Er erzählte mir, daß seine Schwester einmal lebensgefährlich erkrankt sei, als er noch ein Teenager war und sie hoch im Gebirge lebten. Damals habe im Traum eine Stimme zu ihm gesprochen und ihm genau gesagt, was er mit seinen Händen tun solle, um sie zu heilen. Er tat, wie ihm geheißen, und war fortan ein Heiler. »Das Krankenhaus war sehr weit weg. Gott war sehr nah«, sagte er. »In meinem Kulturkreis ist das Krankenhaus immer sehr nah und Gott sehr weit weg«, antwortete ich ihm.

Auf dieser Reise bin ich vielen Heilern begegnet. Jeder von ihnen war zutiefst spirituell. Alle glaubten an Jesus; keiner von ihnen gehörte einer Kirche an. Sie wirkten wie einsame Wölfe in den Außenbezirken der uns bekannten Welt. Den Körper betrachten sie als eine Ansammlung elektromagnetischer Wellen und behandeln ihn entsprechend. Um Störungen zu beheben, teilen sie die Wellen mit ihren Händen.

Ich kenne einen Journalisten, der auf der Suche nach einem Guru nach Indien reiste – oder wenigstens auf der Suche nach einer guten

Story über seine Suche. Sie endete in einem entlegenen Dorf, wo er vor einer Hütte auf die Einwilligung des Gurus wartete, ihn zu empfangen. Drei Tage wartete er voller Ungeduld. Als er gerade gehen wollte, ließ man ihn ein. Der Guru sagte kein Wort, sondern fing an, rhythmisch mit den Fingern zu schnippen. Mein Freund konnte kaum glauben, daß er drei Tage hatte warten müssen, um jetzt so etwas geboten zu bekommen, aber nachdem er sich mit der Bedeutungslosigkeit all dieser Dinge abgefunden hatte, dachte er, daß er genausogut mitmachen könnte. Nach ungefähr einer Stunde gemeinsamen Schnippens schloß der Guru seine Augen und entließ ihn.

Der Journalist ging zurück ins Dorf, um seine Freunde zu treffen. Er fühlte sich betrogen und war enttäuscht. Es gibt keinen Gott, jedenfalls nicht in Indien, dachte er, während er durch die staubigen Straßen ging. Die beiden Freunde fragten ihn aus, wie das Treffen verlaufen sei. Er sagte ihnen, daß sich nichts ereignet hätte.

»Nichts?«

»Nichts. Das einzige, was er tat, war, mit den Fingern zu schnippen!«

»Wie hat er das gemacht?«

Also fing er an, im selben Rhythmus mit den Fingern zu schnippen, wie der Guru es getan hatte. Ein paar Leute aus dem Dorf hielten in ihrem Tun inne und machten mit. Rasch hatte sich eine Traube um meinen Freund gebildet, und alle schnippten mit ihren Fingern im selben Rhythmus, im selben Puls. Die Dorfbewohner lächelten breit; sie nahmen diese drei seltsamen Männer in ihr Herz und ihren Rhythmus auf. Die Welt hielt an, alle Grenzen lösten sich auf, und der Journalist fühlte, wie er in die Seligkeit entschwand.

Ist das nicht das, was wir alle wollen? In die Seligkeit entschwinden, in das ozeanische Gefühl des Einsseins? Viele von uns glauben, daß sie dazu in exotische Länder reisen müssen, und halten es für unmöglich, daß ihnen das auch in ihrem Wohnzimmer in Amerika geschehen könnte, noch dazu in unseren westlichen Körpern. Aber es ist da, in jedem von uns, in unserer Seele. Allerdings bedarf es einer bewußten Entscheidung, um zu diesem Gefühl vorzudringen.

Vor vielen Jahren unterrichtete ich in einem psychiatrischen Krankenhaus. Eine der Gruppen, mit der ich jeden Tag arbeitete, bestand aus einem Kreis von Teenagern, die gerade auf Entzug von verschiedenen Süchten waren. Am ersten Tag sagte ich ihnen: »Ihr müßt ganz schön sensibel sein«, woraufhin sie wie im Schock zurückwichen. Denn die meisten Leute hielten sie für abgestumpft. Die Kids wollten wissen, wie ich das meinte. »Ich stelle mir vor, daß ihr eurem Leiden wirklich nah gewesen sein müßt, wenn ihr es so dringend abstellen wolltet. Und dann wart ihr clever genug herauszufinden, daß gar nichts diesen Schmerz abstellen kann. Was wir hier mit dem Schmerz tun, ist, daß wir euer Leiden in Kunst verwandeln. Ihr werdet lernen, daß ihr davor nicht davonzurennen braucht, sondern daß ihr damit euer Feuer anfachen könnt. Schaut euch zum Beispiel mal diesen Raum hier an. Wenn ihr mich fragt: Ich finde ihn zum Kotzen. Er riecht wie ein Aschenbecher und sieht aus wie ein Pissoir. Wie wär's, wenn wir ihn umgestalten?« Sie schauten mich verständnislos an. »Warum machen wir aus dem Raum hier nicht einen Platz, an dem ihr richtig Bock drauf habt, eure Zeit zu verbringen?« Daraufhin überlegten wir, was alles getan werden mußte, und dann gingen wir zusammen zum *Women's auxiliary** und beantragten Geld und Sachmittel, die uns gerne gewährt wurden. In den folgenden drei Tagen tünchten wir die Wände weiß, dekorierten den Raum mit Pflanzen, brachten ein schwarzes Brett an, hängten Poster auf und schneiderten riesige bunte Kissen, in die man sich fläzen konnte. Wir schufen auch einen Altar mit Gegenständen, die uns an unsere Seelen erinnern sollten. In welche Richtung der Blick auch schweifen mochte, immer sollte er auf einen Gegenstand fallen, der unsere gemeinsame Stärke und Kraft symbolisierte. Als wir fertig waren, setzten wir uns im Kreis auf den Fußboden und erzählten uns unsere Geschichten. Indem wir ganz schlicht einen Raum zusammen erschufen, faßten diese Kids Vertrauen, und eine Gemeinschaft war entstanden.

Gemeinschaft ist ein geschützter Raum. Der Geschichte jedes einzelnen zuzuhören ist ein Akt des Mitgefühls, der tiefe und grundlegende

---

* Kreis von Frauen der Ärzte, die sich um soziale Belange im Krankenhaus kümmern (Anm. d. Ü.)

Heilung sowohl im Erzählenden als auch im Zuhörer bewirkt. Wir müssen gesehen und angehört werden; tatsächlich verzehren wir uns nach dieser Art der Aufmerksamkeit. Jeder braucht essentielle Aufmerksamkeit, das heißt Aufmerksamkeit, die sich auf die essentielle Natur des einzelnen richtet.

Thich Nhat Hanh sagt, Gemeinschaft sei der kommende Buddha. Jedesmal, wenn ich in einem Kreis sitze, verstehe ich, was er meint. Jeder einzelne im Kreis ist ein einzigartiger und göttlicher Tanz, ein kleines Stück aus dem Puzzle des Universums. Wenn ich in die Leere zwischen uns schaue, sehe ich deutlich, daß die größte Hoffnung für unsere Zukunft darin liegt, den Verstand aufzugeben und seinem Fallen zuzusehen.

Während unsere *Madonna* die Mitglieder des Stammes identifiziert – diejenigen, mit denen wir tanzen können, auf welcher Ebene und wo auch immer, oft als Fremde, die sich nie wiedersehen –, sucht unser *Heiliger Geist* aktiv nach einer Gemeinschaft geistesverwandter Seelen, mit denen sich die heilige Arbeit des Erwachens vollbringen läßt. Diese Arbeit verlangt langfristige Bindung. Oft findet sie in einem bestimmten Rahmen statt – in einem Ashram, einem Zen-Kloster oder einem Tanzstudio. In jedem Fall ist es ein Platz, an dem wir in unsere Einzelteile zerfallen und die Ganzheit wahrnehmen können. Es ist ein Ort, an dem wir üben können, menschlich zu sein und spirituell, empfindsam und begriffsstutzig, traurig und albern, wo wir in keinem Wettbewerb stehen, uns nicht befangen fühlen müssen und keine Angst zu haben brauchen, verurteilt zu werden. Dieser Ort kann den Hintergrund zu deiner Geschichte abgeben.

Gemeinschaft finden wir, wenn wir uns nach all unserer spirituellen Wanderschaft endlich niederlassen. Wenn wir Wurzeln schlagen und die Erde unseres Alltagslebens spüren, werden wir eines Tages als ein Stamm erwachen, der viele Äste ausgetrieben hat. Gemeinschaft erwächst aus gemeinsamem Sein und gemeinsamem Tun, aus dem Umgang mit den Einzelheiten der Welt und den häuslichen Dramen. Sie braucht Zeit, Aufmerksamkeit und Vertrauen. Eine Gemeinschaft besteht aus den Menschen, die man um sich haben möchte, wenn die

Kacke mal am Dampfen ist. Sie besteht aus den Menschen, bei denen man einfach man selbst sein kann, aus Leuten, die man nicht zu beeindrucken braucht. Sie besteht aus Menschen, die dich stützen und die dich niemals fallenlassen werden.

Lori schreibt mir über ihre Gemeinschaft: »Meine Gemeinschaft ist hier in meiner Küche. Wir wissen, in wessen Garage der Futon, den wir in Reserve haben, zuletzt gesehen wurde, wir teilen Mahlzeiten und finanzielle Katastrophen, bepflanzen unsere Gärten, sehen unsere Kinder groß werden und machen uns lächerliche Sorgen um die Zukunft. Wir ziehen enge Kreise um die Krisen der anderen, wie um Brennpunkte auf einer Landkarte im Krieg. Wir gestehen uns unsere Gefühle ein und gehen zusammen auch mal ans Eingemachte. Wenn die Grippe umgeht, kursiert ein Topf mit Suppe, der nie leer wird. Wir lieben einander, hassen uns ab und an, sehen höflich über gelegentlich auftretenden Irrsinn hinweg, ertragen nachsichtig ein ödes vegetarisches Thanksgiving-Mahl, wenn gerade einer seine buddhistische Phase hat, und kaufen ein Pfund von Peets kolumbianischem Kaffee extra, weil wir sowieso da hingehen. Je mehr Falten wir bekommen, desto leichter können wir über uns selbst lachen. Voller Genuß weben wir weiter an diesem warmen Netz, wohl wissend, daß wir in einem Alter sind, in dem ein rarer Neuzugang noch hineinschlüpfen mag, aber niemand je herausfallen wird.«

In *Mirrors*, einem meiner Workshops, untersuchen wir das Ego in all seinen Maskierungen und machen den Unterschied zwischen dem Ego und der Seele deutlich. Das tun wir unter anderem in einer Performance, bei der jeder drei bis fünf seiner Ego-Rollen auf die Bühne bringt: Typen wie Günther Groll, Karl Killer, Bonnie Binichnichtoll, Freddie Freßsack oder Trini Trübsal. Obwohl wir schon nach fünf Tagen wieder auseinandergehen, ist jeder dieser Workshops eine Gemeinschaft. Solange wir zusammen sind, dienen wir einander, inspirieren uns gegenseitig, werden füreinander zu Zeugen und teilen uns mit, wie wir einander wahrnehmen. Der weise Teil in uns weiß, daß wir zwar die Verantwortung für alle Ego-Projektionen übernehmen müssen, die vom Spiegel der Gemeinschaft reflektiert werden, daß wir gleichzeitig aber auch im

Leib der Gruppe vor ihnen Zuflucht finden können. Unsere Weisheit läßt uns dazu eine Gemeinschaft suchen, weil man dort vor nichts weglaufen kann.

Eine Gemeinschaft ist wie ein Brunnen, aus dem man trinken kann. In ihr können wir unseren Geist stärken und die Kraft tanken, die wir benötigen, um das Auf und Ab unseres Lebens zu meistern. In der Gemeinschaft erfahren wir auch, was wir zu geben haben. Jeder von uns hat etwas, das er teilen kann, und es liegt in der Verantwortung des einzelnen, die Hand auszustrecken und jemandem zu helfen, der womöglich gerade zu kämpfen hat. Dienst an der Gemeinschaft ist tätiges Gebet. Um ganz zu werden, brauchen wir die Erfahrung des Dienens.

Wer bei mir die Ausbildung zum Lehrer der Fünf Rhythmen macht, muß im Jahr 24 Stunden Dienst an der Gemeinschaft leisten und zur Inspiration für andere aufschreiben, was er oder sie dabei erfahren hat. Angela hat dieses Jahr mit einer Gruppe hörgeschädigter Kinder gearbeitet. Sie schreibt: »Damit die Kinder verstehen, was ich ihnen mitteilen möchte, müssen mich alle anschauen. Ich muß mit meinen Anweisungen so lange warten, bis auch sicher alle zu mir hersehen und mich sehen können. Das hat meine Konzentrationsfähigkeit gefördert und mich überhaupt mehr Klarheit in meiner Arbeit gelehrt.« Was immer du in solchen Diensten gibst, du bekommst es zehnfach zurück.

Der *Heilige Geist* strebt nach dem Höchsten in uns und gibt sich ihm hin. Der Mönch beobachtet seinen Atem. Die Schriftstellerin folgt ihrer Hand. Skifahrer und Berg werden eins. Der Sänger und sein Lied, die Mutter und ihr Kind – nichts als fortwährende Hingabe. Sich auf diesen Raum einzulassen ist reiner Zen-Saft – so schnell du ihn auch trinken magst, du wirst mehr davon wollen.

Dieser Teil von uns erkennt unseren Hunger auf alles Geistige an und handelt entsprechend, auch wenn diese immerwährende existentielle Sehnsucht nie gestillt werden kann. Es ist ein heiliger Hunger.

Ich will
Mein Blut zum Sprechen bringen
Ich will
Meine Knochen
Weiß und sauber entzweibrechen sehen
Mit einer neuen Sprache
Dichtung soll aus dem Schweiß
Meiner Handflächen sprießen
Sprache, die mich streichelt
Mich offenleckt
Die mich badet
Im Glauben ans Unbekannte
Die mich rüttelt
Wachrüttelt
Die mir ins Ohr flüstert
Die den Atem des Werdens atmet
Die mich segnet unter den Frauen
Die die Herzen der Männer öffnet
Die mir Liebe bringt
Wieder und wieder
Wie der Atem mein Gebet ist
Und das Wort
Fleisch ward.
Ich weiß, daß dies sein wird.

Jody Levy

Tun (oder nicht tun) – *Heiliger Geist*

Gewahrsein

Der *Heilige Geist* verbirgt sich in deinem Leben, deinen Bewegungen, deinen Philosophien und deinen Handlungen. Wie manifestierst du diese Energie? Wie bringst du deine spirituelle Natur in der Welt zum Ausdruck? In deiner Arbeit, deinen Beziehungen – deinem Sein?

Wo suchst du spirituellen Trost: in der Wissenschaft, in der Religion, im Sex oder in der Kunst? Was inspiriert dich dazu, dich dem Mysterium hinzugeben? Was machst du mit deiner spirituellen Sehnsucht? Wie suchst du in deinen dunkelsten Momenten nach Licht, wie den Himmel auf Erden?

Wo nimmst du Zuflucht, um dich mit dem tiefsten Teil deiner selbst zu verbinden, dem verdichtetsten Teil, der so dunkel ist, daß er schon wieder hell erscheint? Er ist von einer Helligkeit, die du mit offenen Augen nicht sehen kannst.

Jeder von uns hat seine eigene, oft schmerzhafte Geschichte über seine Beziehung zu Gott. Der *Heilige Geist* in uns vermag sich auf ein anderes menschliches Wesen einzustimmen und seine Tiefen zu ergründen. Er meint es ernst. Das ist heilige Kommunion.

Schreib diese Geschichte auf.

Handeln

Halte deinen Atem an, und bewege dich so lange, bis du ihn nicht länger anhalten kannst. Wiederhole dieselbe Bewegung, aber atme jetzt dabei und spüre den Unterschied. Sei dir bewußt – genauer: achte darauf –, wie du dazu neigst, den Atem anzuhalten. Bleib dieser Neigung beim Tanzen auf der Spur. Wenn du bemerkst, daß du wieder deinen Atem anhältst, laß ihn los. Es hilft, wenn du dabei den Kiefer hängen und den Mund leicht geöffnet läßt.

Ein Fest für den Heiligen Geist

Lade deine Freunde zu einem Fest zu Ehren des *Heiligen Geistes* in uns ein. Bitte jeden Gast, eine schriftliche Offenbarung von einem oder über einen großen Meister mitzubringen, der seine Seele berührt hat: von Rumi, Osho oder Jesus, aus der Kabbala, Sufi-Geschichten, heilige Schriften, Dichter. Sorge dafür, daß von jedem Text so viele Kopien wie

Gäste da sind. Nachdem alle ihren Text vorgestellt haben, stelle einen Korb mit Lochern, Scheren, Bändern, weißem Papier, Buntstiften und anderen Utensilien in die Mitte, damit sich jeder aus der Sammlung sein eigenes heiliges Buch mit einem Titelbild und einem eigenen Namen machen kann.

Wir sind zusammengekommen

Wir sind zusammengekommen, um auseinanderzubrechen.
Die Königin des Chaos sitzt rittlings auf
  unseren Corpora callosa.
Zügel aus Rohseide flechten unsere Willen zusammen,
  hinein in die Ecken des kollektiven Verstands.
Zum Chaos gehört mehr, als der Verstand erkennen kann
  im Gespräch mit Dämonen, Göttinnen
  und Gott.
Flügel liegen uns unbewußt zur Seite,
  erheben sich und schaudern.
Wenn Chaos nur Chaos wäre,
würden wir nicht in neue Häute hineintanzen,
wüchsen uns keine neuen Schwänze.
Wenn Chaos nur Chaos wäre,
säßen wir nicht im Dunkel
der Neumonde, unser Geheul unterdrückend.
Wenn Chaos nur Chaos wäre,
erhöbe sich diese Schneide rasiermesserscharf
und schnitte uns unsere Köpfe ab.
Weg mit unseren Köpfen!
Wir äßen unseren Kuchen und tanzten auf den Krümeln.
O Gott!
Wenn Chaos nur Chaos wäre,
nähme sie ihren Dornenabsatz
und durchbohrte damit unsere Kehlen
Reife Worte trieben es mit uns die ganze Nacht.
Wörter flögen von unseren Lippen wie Vögel,
in einer von Menschen noch nie gesehenen Formation.
Wenn Chaos nur Chaos wäre,
käme es nicht auf die Worte an
und das Gedicht würde immer da sein.
Immer da sein
Da sein
Da sein
Wir sind hier zusammengekommen
Wir sind zusammengekommen
Wir sind zusammengekommen, um auseinanderzubrechen.

Jewel Mathieson

Sechstes Kapitel

CHAOS

Rainer Werner Fassbinder
Lawine
Tornado
Monty Python
Kochendes Wasser
Achterbahn
Autoscooter
Bilder von Jackson Pollock
Kairo, Mexico City, Manila
Milchmixgetränke
Filme von David Lynch
Jerry Lewis
Die Niagara-Fälle
Das chinesische Neujahrsfest
Jack Lemmon
Schrottplatz
Flohmarkt
Free Jazz
Mais, wenn er zu Popcorn wird
Das West Village von New York
Antonin Artaud
Affen
Wildwasserfahrt im Kanu

Mein Verstand ist eine gefährliche Gegend.
Ich sehe zu, daß ich möglichst
nicht allein hingehe.

Anne Lamott

Ein brütend heißer Tag im August. Weil ich von der unbarmherzigen, feuchten Hitze ein wenig Erholung im Grünen brauche, zieht es mich in den Central Park. Die Straßen dort sind für Autos gesperrt, und der Park strotzt nur so vor Energie. Mit Lichtgeschwindigkeit sausen Leute auf Skateboards, Fahrrädern und Rollerblades in einem Wirbel aus Farben, Polstern, Helmen, Schweiß und Haut vorüber. Ich folge den Rollerblade-Fahrern hinter Sheep's Meadow, wo sich auf einem Teerstreifen ein Stück Himmel für Hiphopper auftut. Die Musik aus den Lautsprechern mischt sich mit den Klängen einer bunten Truppe von Live-Trommlern, an denen mein Weg zur Promenade hinauf vorbeiführt. Die Rhythmen schwirren in der Luft und setzen sich fort in den Körpern, die in der Sonne dösen, Frisbees ausweichen oder mit hübschen Raubkatzen flirten, die auf der Suche nach dem Richtigen sind. Ein Hund, der einem Ball nachjagt, saust hinter mir vorbei. Ein Schwarzer in weißen Gewändern steht auf einer Bank und rezitiert aus *Othello*. Drei Leute bleiben stehen und hören ihm zu. Ich lasse Shakespeare links liegen und wende mich lieber dem Komiker zu, vor dem sich eine Menschentraube gebildet hat. Er spielt eine Szene, in der ein Makler mit puertorikanischem Akzent versucht, ein winziges Loch ohne Fenster in Harlem zu vermieten. In der Ferne höre ich einen Latin-Rhythmus und gehe in seiner Richtung weiter. Beim Näherkommen sehe ich einen Typ und sein Mädchen in schwarzen Radlershorts ihre Fahrräder auf die Wiese werfen. Eine zwölfköpfige Band spielt, ungefähr 200 Leute hören zu, verspeisen dabei gebratene Hühnchen und schenken dem verschwitzten Paar, das mit Fahrradhelmen und Sonnenbrillen Rumba tanzt, keinerlei Beachtung.

Die Rhythmen *Flowing* und *Staccato* treffen aufeinander und erschaffen den Rhythmus *Chaos*. *Chaos* dürfte tatsächlich die zutreffende Beschreibung für fast alle Begegnungen des Weiblichen mit dem Männlichen sein, ob sie nun in unserer Psyche stattfinden oder in der Pravda Bar auf der Lafayette Street. In unserem Kulturkreis genießt *Chaos* als Energie einen ziemlich miesen Ruf. In meinen Workshops erlebe ich oft, wie sich der Raum förmlich vor Angst zusammenzieht, wenn wir uns diesem Rhythmus nähern. *Chaos* impliziert, daß man außer Kontrolle gerät, und das macht viele Menschen nervös. Das Wort *Chaos* kommt aus dem Griechischen und bedeutet leerer Raum oder Abgrund. Die meisten von uns fürchten sich vor der Leere, weil wir sie für ein Vakuum, für eine negative Kraft halten. In Wirklichkeit aber ist die Leere eine positive Kraft. In ihr ist alles möglich, denn sie ist frei von den Einengungen und Vorschriften der gewöhnlichen Welt. *Chaos* enthält viele Lehren; in ihm lösen sich Gegensätze wie männlich und weiblich auf. Hier werden die Polaritäten überwunden und miteinander versöhnt. Im *Chaos* ist die Vision etwas Gewöhnliches; deshalb ist es das Reich der Kunst.

Barneys, ein vornehmes Kaufhaus in Manhattan, hat seine Schaufenster dem Thema »Chaos nach der Modemesse« gewidmet. Sie zeigen, wie es nach der Modenschau aussieht. In einem Fenster sind die Laufstege und der Zuschauerraum zu sehen. Nach der Hatz auf die Tür am Ende der Show liegen die Stühle im Saal kreuz und quer übereinander, der Fußboden ist mit Programmzetteln und Visitenkarten übersät, überall liegen leere Mineralwasserflaschen herum. Die Laufstege sind mit Einladungsschreiben, leeren Filmdosen und weiteren Visitenkarten vollgemüllt. Das zweite Fenster zeigt, wie es backstage aussieht: Kleider hängen von Garderobenständern und liegen überall im Raum verstreut. In der Schminkecke ist der Boden knöcheltief mit Kleenex und Q-Tips bedeckt. Ein angebissener Hamburger von McDonald's ruht neben einer leeren Packung Aspirin. Ein vergessenes Handy liegt herum, Haarteile wurden achtlos über Stuhllehnen geworfen, ein Paar schmutziger Stiefeletten von Manola Blahnik ist auf die Seite gefallen, und überall sieht man Plastiktüten. Ein Zyklon von *Chaos*; die Schattenseite, die wir alle so gut kennen – doch was für ein Kunstwerk!

In der unwahrscheinlichen Szenerie des Broadway Ballrooms im Marriott Marquis ging ich einmal anläßlich einer vom Omega Institute veranstalteten Konferenz mit 900 Tanzwütigen in eine ekstatische Trance. Auf der Bühne standen drei Männer: mein süßer Robert, der auf den Toms den Grundrhythmus hielt; der Percussion-Zauberer Cyro Baptista, der sich inmitten der tiefen Töne der Surdo-Trommel bewegte, dem Schwirren des Berimbao, Shakern mit Glasperlen, die gegen den ausgehöhlten Kürbis schlagen, der Repinque-Trommel mit ihrem hohen Ton, der quietschenden Guica und allen Arten von Glocken – Kuhglocken, Schlittenglocken, Chimes, Ago-go-Glocken; und Sanga of the Valley, der Krieger aus Trinidad, das Herz des Trios, der die Songs auf der Djembé und seinen Bongos antrieb. Gemeinsam groovten sie sich auf einen starken Tribal-Rhythmus im 6/8-Takt ein.

Der Raum war wie ein Bauch voll unwiderstehlicher Rhythmen, von denen jeder einen anderen Körperteil anzurufen schien. Zuerst vertrauten sich die Füße Roberts Trommeln an, die uns alle im selben Muster erdeten. Dann rief der dionysische Geist einen Körper nach dem anderen dazu auf, seine jeweiligen Dämonen in spontanen Anfällen der Preisgabe auszutreiben. Die Djembé versengte die Haut, hob Arme wie Flügel hoch, während die Shekere die Grenzen verschob, die die Vernunft sonst den Köpfen setzt. Unsere Geister erschufen, zerstörten und lösten sich, bis unsere Körper leer wurden, die Götter von uns Besitz ergriffen und wir befreit waren.

Unter den vielen Leuten fiel mir eine Tänzerin ins Auge, deren Körper Mantren der Bewegung sang, die älter als die Zeit zu sein schienen. Sie war von einem schamanischen Geist besessen; ihre Augen waren halb geöffnet, als hinge sie im Raum zwischen den Welten. Ihre Füße waren fest im Rhythmus verankert, ihre Wirbelsäule schwang ganz gelöst. Pochende Rhythmen trommelten in wiederholten Wellen über ihr Fleisch; sie war eine Schlangenfrau, die in den Körper eines pubertierenden Jungen, einer Großmutter, eines Panthers, eines Adler zu gleiten vermochte. Sie schwang sich in eine Zone auf, in der sie zur Synthese des Männlichen und Weiblichen wurde, weder das eine noch das andere war, sondern all das und noch mehr. Wie sagte Nietzsche: »Man muß noch Chaos in sich haben, um einen tanzenden Stern gebären zu können.«

Während *Flowing* uns mit der Erde verbindet und *Staccato* unser Feuer entfacht, schleudert uns *Chaos* in einen Strudel aus Wasser. Der Körper besteht zu 90 Prozent aus Wasser, und in diesem Rhythmus beginnen wir, uns in den flüssigen Raum hineinzubewegen, auf den wir ein natürliches Anrecht haben. Das Tao Te King sagt: »Nichts auf der Welt ist so weich und nachgiebig wie das Wasser. Doch es ist unübertroffen, wenn es darum geht, das Harte und Unbewegliche aufzulösen.« Wir sind hart und unbeweglich geworden, und der Rhythmus des *Chaos* löst uns in Wellen auf.

Als Mutter eines surfenden Sohnes befinde ich mich emotional oft im Zustand des *Chaos*. Tag für Tag bete ich zur Großen Mutter, daß sie ihm das Geschenk ihrer Lektionen erweisen, doch gnädig sein und seine Sicherheit bewahren möge. Als ich einmal mit anhörte, wie er einem

Freund von einer gefährlichen, gigantischen Welle erzählte, auf der er geritten war, wollte ich mir einerseits am liebsten die Ohren zuhalten, andererseits war ich fasziniert.

»Als sie sich genau vor mir aufbaute, wußte ich instinktiv, daß ich entweder kneifen und nicht mehr mitmachen oder aufstehen und zum Ritt meines Lebens hineinfahren mußte. Zehn Meter vor mir konnte ich das Loch sehen, aus dem ich herauskommen würde. Ich war sehr weit hinten in der Röhre, eingepackt in tosende Kraft, einen massiven Wirbel aus Wasser, und flitzte über einem flachen Korallenriff in einem Strudel der Stille vorwärts. Ein Ausrutscher, und ich wäre Hackfleisch gewesen. Ich kann eine Welle entlangsausen und eine Bewegung machen, weil ich glaube, daß etwas Bestimmtes passiert, und dann taucht etwas völlig anderes auf. Es ist Hingabe an das Unbekannte, aber im Unterschied zum Tanzen kostet das hier einen Preis. Wenn ich mich aufs Abwägen verlege und nicht das tue, was nötig ist, fliege ich sofort raus. Wenn das passiert, sagt Mutter Natur: ›Laß locker und versuch's später noch mal mit mir.‹ Wellen sind gigantisch, und man weiß, daß man von ihnen verdroschen wird. Wenn es soweit ist, mußt du unter ihnen durchtauchen und dich einfach von ihnen durcheinanderwirbeln und verdrehen lassen. Wenn du dagegen anzukämpfen versuchst, säufst du unweigerlich ab.«

Neulich kam eine Frau in den Vierzigern in der Pause eines Workshops zu mir und gestand, daß *Chaos* ihr immer Schwierigkeiten bereitete. Als sie das erste Mal versuchte, *Chaos* zu tanzen, habe sie sich unbeweglich gefühlt und viel Kraft aufgewendet. Diesmal, ein Jahr danach, habe sie ihren Körper lockerlassen und sich dem *Chaos* wirklich hingeben können. »Nach ungefähr zehn Minuten fingen meine Ellenbogen an, zustechende Bewegungen zu machen, und ich hörte mich sagen: ›Geh mir aus dem Weg!‹ Immer wieder, als wenn plötzlich ein verrückter Gesang von mir Besitz ergriffen hätte! Als ich dieser seltsamen Litanei noch mehr nachgab, tauchten immer mehr Bilder von Leuten in meinem Leben auf, denen ich gestatte, mich zurückzuhalten. Ich fing an zu weinen, tanzte aber die ganze Zeit weiter, so lange, bis alle Bilder verblaßten und meine Tränen zu Freudentränen geworden waren.«

Eine andere Frau, die in demselben Workshop *Chaos* tanzte, sah sich als kleines Mädchen, das an nichts Spaß haben konnte. Nun versuchte sie, sich beim Tanzen dazu zu bringen, Spaß zu haben. Ich sagte ihr, daß ich das für keine gute Idee hielte. Statt ein Gefühl über ihren Tanz zu stülpen, solle sie lieber in genau den Tanz hineingehen, den sie vermeiden wollte, den Tanz, keinen Spaß haben zu können, und ihn so gründlich aus- und durchtanzen, bis er sich von selbst änderte. Es gibt keine guten oder schlechten oder bessere oder schlechtere Tänze; es gibt nur den Tanz selbst.

Wenn du dich ertränken möchtest,
quäle dich damit nicht
in flachem Wasser ab.
Bulgarisches Sprichwort

Chaos ist wie Tiefseetauchen. Wir springen in den Ozean unseres Seins und bestaunen die Bilder, die uns darin umspülen und die die stärksten Gefühle aufzurühren vermögen. Oft rufen diese Bilder Trauer hervor, denn sie zeigen Teile von uns, die verborgen waren und abgewehrt wurden. Manchmal bringen sie uns in die Zeit zurück, in der wir Heranwachsende waren und in der die Stimmen unserer Wünsche und Träume erstmals von der Kakophonie der Ratschläge und Verhaltensmaßregeln unserer Eltern und Lehrer übertönt wurden. Dieser frühe Verlust ist deshalb besonders tragisch, weil *Chaos* die Pforte zum intuitiven Verstand ist, jenem Teil, der den Schlüssel zu unserer Bestimmung in der Hand hält, zu unserem Lebenszweck, unserer Präsenz und Individualität.

Chaos ist der Rhythmus der Adoleszenz, die in unserem Kulturkreis mit dem Einsetzen der Pubertät mit etwa zehn Jahren beginnt und die in der Regel nicht aufhört, bis wir dreißig sind.

Mein langjähriger Freund und Schüler Eliezer hat eine Stelle als musikalischer Leiter einer Jugendtheater-Truppe in Virginia angenommen. Kürzlich schrieb ich ihm, weil ich wissen wollte, wie es sich anfühlt, erneut in diesem Energiefeld zu sein. Er schrieb mir zurück: »Ich bin von verrückt spielenden Hormonen umgeben, von Teenagern, die die Wände einrennen, von Jungs, die ihre Karategriffe zeigen, von Mädchen, die in ihren Modeklamotten aufmarschieren, von Millionen Flirts, Witzeleien und lässig hingeworfenen Großsprechereien – von einem Strudel der Dummheit. Unterdessen erwartet man von mir, daß ich inmitten dieser unkontrolliert vor sich hin rotierenden Energie die musikalische Leitung einer Show übernehme. Proben scheint hier für jeden die allergeringste Priorität zu haben. Aber im Tanz des *Chaos* geht es ja darum, in all diese verrückten Strömungen hineinzuspringen und ihnen nachzugeben, ihrem Fluß zu folgen und dabei zu helfen, daß von irgendwo tief unten eine Form, eine Kontur entsteht. Das Ergebnis erscheint mir jedes Mal aufs neue wie ein Wunder: Aus diesem ganzen *Chaos* erwächst tatsächlich eine wirklich fabelhafte Performance. Die Kids machen das mit links; zehn Minuten später sind sie zu Häagen-Dazs verschwunden, um die Neue abzuchecken, die da Almond-Fudge-Eis verkauft.«

Kürzlich hatte ich eine Magengrippe, die mein gesamtes System ins *Chaos* stürzte. Vor zweitausend Jahren wurde Jesus geboren, und dieses Ereignis stürzte den ganzen Planeten ins *Chaos*. Verlieb dich, und du stürzt ins *Chaos*, gerätst außer Kontrolle und wirst zum in Angst und Schrecken gehaltenen Sklaven deines wild gewordenen Herzens. Leben ist *Chaos*. Natur ist *Chaos*. *Chaos* ist die Natur des Universums.

Jeder Rhythmus hält seine besondere Lehre für uns bereit. *Flowing* lehrt uns Feinfühligkeit gegenüber dem Fluß unserer einzigartigen Energie. Wir lernen, dieser Kraft zu folgen, ihr gegenüber wahrhaftig zu sein und sie in unserem Körper und in der Großen Mutter, der Erde, zu verankern. *Staccato* lehrt uns, wie wir unsere Kraft organisieren, bündeln und ausrichten. Wir lernen, auf unser Herz zu hören und das Bedürfnis nach Ausdruck unserer Gefühle zu respektieren. *Chaos* lehrt uns, wie wir unter die Oberfläche des Verstands zur Intuition hinabtauchen. Wir lernen, wie wir mit unseren Neigungen, unseren Impulsen, unserer unvermittelten, poetischen Intelligenz in Kontakt kommen und wie wir ihnen den Weg durch unseren Körper und unser Herz freimachen.

Wir versuchen verzweifelt, unser Leben im Griff zu behalten, alles abgesichert und vorhersehbar zu machen. Aber mit echtem Leben hat das nichts zu tun. *Chaos* lehrt uns, wie es sich im Unbekannten lebt und wie gut sich das anfühlt.

Wenn wir *Chaos* tanzen, verankern wir den Verstand im Körper und lassen all das los, was uns von unserer Intuition trennt. Als ich anfing, meine Praxis täglich zu üben, öffnete sich mir eine unermeßliche Welt intuitiver Energie. Eine Zeitlang kanalisierte ich sie als Hellseherin. Ich setzte mich mit jemandem hin, schloß meine Augen und versank in ein Gewahrsein meines Körpers, das sich zu einem Gewahrsein des Körpers des anderen erweiterte. Die *Mutter* öffnete ihr Sein einem anderen. Dann wechselte ich zum *Vater*, ging den Eindrücken nach, die ich empfangen hatte, und brachte sie in eine Ordnung. So hatte ich etwa eine Sitzung mit einem Mann, bei dem ich sofort ein ganzes Kaleidoskop von Bildern mit Kunstgegenständen sah. Es gab auch noch andere Bilder, über die ich hätte reden können, aber die von den Kunstgegenständen drängten sich immer wieder auf. Schließlich hörte ich mich sagen: »In deinem Leben gibt es viel Kunst. Sie steht mit deinem Dickdarm in Zusammenhang und mit einer tiefsitzenden Angst vor dem Loslassen.« Er hatte tatsächlich einen künstlichen Darmausgang und häufte seit dreißig Jahren indianische Kunstwerke bei sich an.

Intuition ist chaotisch. Wer Angst vor *Chaos* hat, wird Schwierigkeiten beim Zugang zu seiner Intuition haben. *Chaos* ist der wilde Verstand, der sich vollständig verkörpert hat; öffne dich ihm, und die Welt wird durchsichtig. Dann kannst du sie lesen wie ein Buch. Der Rhythmus *Chaos* erweckt den Verstand und verwurzelt ihn in den Füßen. Wenn wir *Chaos* tanzen, benutzen wir ein bestimmtes Bewegungsmuster in den Füßen, mit dessen Hilfe wir unser Gewicht von einer Seite auf die andere verlagern und damit auch unseren Verstand von einer Hirnhälfte auf die andere. Mit jedem Schritt gestatten wir unserem wilden Verstand, die Regie zu übernehmen. Welche physische oder emotionale Energie dabei auch entfesselt werden mag, sie schafft Bewegungsformen, die unseren individuellen Stil ausdrücken, unsere Seele.

Chaos setzt uns neu zusammen; unser Verstand wird losgelöst, damit er durch unser Herz und durch unseren Körper fließen kann. Wenn du deiner Energie treu bleibst, wird sich schließlich auch all das lösen, was in dir ist – was immer du angesammelt und in den Schattenplätzen deines Körpers aufbewahrt hast, all das, was du im Schatten deines Herzens nicht hast fühlen wollen. Was unterdrückt wurde, kommt empor, und jedes Hochkommen ist wie eine Opfergabe. *Chaos* lehrt uns, wie wir loslassen und ins Unbekannte vordringen. Es lehrt uns das Sterben und die Wiedergeburt.

Atma schreibt mir über ihre Erfahrung beim *Chaos*-Tanzen in einem Workshop: »Ich habe die Vision eines Vogels, der in einem Käfig gefangen ist, wie ich es mal in einer Fernsehsendung gesehen habe. Er fliegt auf und ab, aber nirgendwohin. Der arme Vogel flattert, schwebt, flattert erneut. Auch ich flattere und schwebe richtungslos im Luftzug. Ich fühle mich in der Falle wie der arme Vogel, der es trotzdem versucht. Ein paarmal fuchtele ich mit den Armen gegen die Konditionierungen an, die in meinen Körper eingebaut sind. All die Muster meines Lebens sind da, klebrig und schwer, und ziehen mich runter. Ich bin kurz davor, darin zu ertrinken. Da kommen mir Tränen, ich mache mich los und fliege.«

Chaos verwebt die weiblichen Archetypen mit den männlichen. Kürzlich tanzte ich mit einem hinreißenden milchkaffeefarbenen Transvestiten. Wir begannen, in der Schwingung der *Mutter* unseren jeweiligen Flow auszutesten. Dabei stimmten wir uns auf die Energie des anderen ein und trieben sie zu neuen Höhen. Im *Vater* prüften wir unsere Grenzen, erweiterten und verengten den Raum zwischen uns und sahen, wie nah und weit entfernt voneinander wir tanzen und immer noch zusammensein konnten. Bei einem dieser Wechsel fielen wir kopfüber in die *Geliebte*; was für ein begnadeter Flirter er war! Wir reizten es bis an die Grenze aus und fielen danach in einen sehr bewegenden, verletzlichen *Sohn*-Tanz. Plötzlich waren wir in der Gefahrenzone, in der wir gesehen werden konnten und etwas Empfindliches und Wahrhaftiges berührten. Das öffnete uns die Tür zur *Madonna*. In dieser Schwingung sah ich in seinen Wangenknochen etwas Engelhaftes, das aus alter Zeit zu kommen schien, etwas Ehrfurchtgebietendes und Strahlendes, das mir den Atem nahm. Mit dem Atem eines neuen Rhythmus gerieten wir auf die Wellenlänge des *Heiligen Geistes*, wo wir uns gemeinsam im Tanz auflösten und uns nicht mehr darum scherten, wer führte und wer folgte, wohin wir gingen oder wie wir dahin kamen. Selig traten wir in einen Zustand der Gnade ein.

Im Chaos vereinen sich die weiblichen Energien von *Mutter*, *Geliebter* und *Madonna* mit ihren männlichen Gegenstücken *Vater*, *Sohn* und *Heiliger Geist*. Ihre alchemistische Hochzeit bringt den *Künstler*, den *Liebenden* und den *Suchenden* hervor. Der *Künstler* integriert in sich *Vater* und *Mutter*. Form ohne Inhalt ist der Alptraum der Kunst, Inhalt ohne Form ist der Alptraum des Künstlers. Der *Liebende* integriert in sich die *Geliebte* und den *Sohn*. Bleibt das Fühlen ohne Ausdruck, fühlt man sich wie im Gefängnis; fehlt dem Ausdruck das Gefühl, ist alles nur schlechtes Theater. Der Suchende integriert in sich die *Madonna* und den *Heiligen Geist*. Um die Wahrheit zu suchen, mußt du unschuldig sein; sowie du mit der Suche aufhörst, verlierst du deine Unschuld.

Tun (oder nicht tun) – *Chaos*

Tanze wie eine Stoffpuppe. Verlagere dabei dein Gewicht von links nach rechts, immer hin und her. Fühle den Rhythmus des Basses in deinen Füßen, laß den Kiefer, den Hals, das Gesicht locker, mach deinen Kopf biegsam. Fühle, wie der Atem dich durchströmt und wie dein Herz klopft. Schüttle alles ab, laß alles los.

Denk dir deine Arme als große, flatternde Flügel. Jetzt flattere mit diesen Flügeln im Rhythmus. Tanze wild, hemmungslos, schamlos. Denk daran, deine Augen wenigstens halb geöffnet zu halten und mit deiner Aufmerksamkeit auf dem Boden zu bleiben.

Musiktips:

LIED	CD	ANMERKUNG
»Chaos«	*Initiation*	*leicht*
»Buffalo Dream«	*Zone Unknown*	*mittel*
»Snake«	*Bones*	*schnell*

Der Künstler

Um schöpferisch zu leben,
müssen wir die Angst
vor dem Irrtum verlieren.
Joseph Chilton Pearce

Der Künstler integriert *Mutter* und *Vater*, indem er den nebulösen, femininen, schöpferischen Impulsen Form und Struktur gibt und sie ins Leben bringt. Sind männliche und weibliche Energien nicht im Gleichgewicht, kann die Integration nicht stattfinden, was zu einer künstlerischen Krise führt.

Ich habe einmal ein ganzes Jahr lang an einem Song gearbeitet und ihn am Ende doch rausgeschmissen. Schon von Anfang an gefielen mir die aufgenommenen Tonspuren nicht, aber ich äußerte mein Mißfallen nur mit einem Piepsstimmchen, das offenbar niemand hörte. Bei jeder weiteren Aufnahme redete ich mir ein, daß diese das Stück nun endlich besser machen würde. Mit der Zeit kamen immer neue Spuren hinzu, die natürlich jedesmal Geld kosteten. Als der Song endlich fertig war und wir ihn acht Stunden lang gemischt hatten, saßen wir auf einem verschossenen Ledersofa, kurz davor, den Aufnahmeknopf zu drücken. Da wurde mir klar, daß ich diesen Song überhaupt nicht leiden konnte und daß nichts auf der Welt ihn retten könnte. »Ich finde ihn unerträglich und möchte ihn löschen«, sagte ich. »Und ich weiß genau, was ich statt dessen tun will.« Da war sie endlich, die Stimme der Autorität, nach der ich ein Jahr lang gesucht hatte! Als sie sich endlich Gehör verschafft hatte und sich außerdem ein neuer Kreativitätsschub einstellte, war ich imstande, innerhalb von zehn Stunden einen neuen Song zu komponieren, aufzunehmen und zu mischen. So entstand »Silver Desert Café«, eines meiner Lieblingsstücke.

Ein Freund von mir gestaltete einmal eine Fotoausstellung. Die Anmutung war hervorragend – seine technischen Qualitäten als Photograph waren außergewöhnlich, die Abzüge waren exzellent, die Rahmen ließen Inspiration erkennen. Bloß die Bilder taugten nichts. Sie waren ohne Leben, ohne Energie, ohne Leidenschaft, sie hatten keine Substanz. Als wenn die Bilder nur ein Vorwand dafür gewesen wären, seine Begabung für das Formale herauszustellen.

Ebenso, wie es möglich ist, nur aus Form zu bestehen und inhaltlich nichts zu bieten, kann man auch nur aus Inhalt bestehen und keinerlei Form besitzen. Kreative Visionen hatte ich schon im Überfluß, aber ich wußte nicht, wie ich sie bündeln und rüberbringen sollte, wie es mir gelingen könnte, die Musik so werden zu lassen, wie ich sie haben wollte. Mein Freund wiederum hätte lieber die Bilder anderer Photographen rahmen und ihnen ihre Ausstellungen gestalten sollen. Manche Menschen kommen nie aus den Startblöcken heraus, weil sie sich keine Gedanken darüber machen, wie sie ihre schöpferische Großartigkeit der Welt zugänglich machen können; andere wiederum verbringen soviel Zeit damit, kreativ zu tun – etwa indem sie Schwarz tragen, Cloves* rauchen, in den richtigen Cafés abhängen –, daß sie keinen Saft mehr haben, um wirklich schöpferisch zu sein.

Ich kenne eine Frau, die sich für eine Schriftstellerin hält. Sie kauft jedes Handbuch übers Schreiben, das sie kriegen kann, in der Gewißheit, daß eines davon schon das Geheimnis enthalten wird, wie sie die nächste Utta Danella wird. Sie liest und liest und liest, geht zu Vorträgen übers Schreiben, rüstet sich mit Windows 95 aus und wartet ungeduldig auf Windows 98. Aber schreiben tut sie nicht. Dasselbe gilt für die angehende Tänzerin, die sich Ballettsachen und Legwarmers kauft, Jazzschuhe und eine Ballett-Tasche, die aber nie zum Tanzen geht. Alles Verpackung ohne Inhalt.

Wenn das Männliche und das Weibliche im Gleichgewicht sind, verbinden sie sich zu reinem und großartigem *Chaos*. Meine Freunde Martha und Zeet sind dafür das beste Beispiel. Beide sind Künstler und sehnten

* Hippe indonesische Zigaretten mit besonders vielen Schadstoffen (Anm. d. Ü.)

sich danach, eine gemeinsame Vision zu verwirklichen. Also kauften sie sich ein aufgegebenes Café und verwandelten es in ein wundervoll schräges und außergewöhnliches Restaurant. Die Einrichtung des gemütlichen Speiseraums, der 40 Gästen Platz bietet, verkörpert eine weibliche Ästhetik subtiler, fortwährender Bewegung. Auf jedem Tisch flackert mysteriöser Kerzenschein, und an der Decke drehen sich ein paar Ventilatoren. Dazu läuft eine faszinierende Mischung aus verführerischen Schlagern und Salsa. Wo man auch hinblickt, überall bietet sich etwas, das die Sinne nährt – die Blumen, das Essen, vor allem aber die Ausstattung. Das komplette Dekor besteht aus recycelten Materialien, was diesen leblosen Gegenständen eine Aura der Verjüngung, ja des Organischen verleiht. So wurden alle Leuchtkörper aus dem Glasgeschirr geschaffen, das in dem früheren Laden benutzt worden war. Über den beiden vorderen Sitzgruppen hängen Kronleuchter, die »Kronzucker« getauft wurden, denn sie bestehen aus lauter altmodischen Zuckerstreuern. Ein Kandelaber, der aus alten Tassen und Untertassen entstand, trägt den Namen »Kaffeelaber«. Er steht auf der Ecke des Tresens und sieht ziemlich nach »Addams Family« aus. Die Theke ziert ein Mosaik aus zerbrochenem Geschirr, das Martha und Zeet über Jahre gesammelt haben. Jedes neu zerschlagene Geschirr wird in das Mosaik eingearbeitet. Wenn sich die Gäste für ihre Ungeschicklichkeit entschuldigen wollen, versichert Martha ihnen: »Machen Sie sich nichts draus, jetzt sind Sie ein Teil des Kunstwerks!«

Die Küche dagegen ist reines *Staccato*. Der hell erleuchtete Raum ist in Linien und Reihen aufgeteilt, die ein Gefühl von Ordnung und Kontrolle vermitteln. Hier finden genau definierte Handlungen statt – Hacken, Schälen, Mischen, Messen. Fische werden schwungvoll in der Pfanne gewendet, Teller werden gestapelt, abgegessene Teller werden ausgewischt, und es wird kochendheiß serviert. Die guten Chefköche sind ausnahmslos Tänzer mit fabelhafter Beinarbeit, die auf einem metronomgenauen Timing basiert.

Jede reibungslos funktionierende Technik
hat den Anschein von Magie.

Arthur C. Clarke

Wenn der weibliche Flow des Speiseraums auf den männlichen Puls aus der Küche trifft, können die Gäste des Lokals die wahre Energie des schöpferischen *Chaos* kennenlernen. »Man kann die Uhr danach stellen«, erzählt mir Martha. »Exakt um 20 Uhr kommen zwanzig Leute rein, die nicht reserviert haben. Wenn ich sie alle untergebracht habe, ist gerade mal die erste Krise überstanden. Jeder hat seine Eigenarten und Sonderwünsche. Ich darf keine Sekunde unachtsam sein.« In manchen Restaurants sind Kunstwerke zu sehen; das Bistro Zeeto ist selbst ein Kunstwerk.

Wir sind von Kunst umgeben, und jeder ist ein Künstler. Nicht jeder ist ein Picasso, aber in jedem von uns wohnt eine Kraft, die uns dazu bringt, Kunst zu machen. Was ich die »Kunst des Alltags« nenne, wird vom Geist des Zaubers und der Kreativität inspiriert, mit dem wir allem begegnen, was wir tun. Das Leben steckt voller Material, und ob du nun in der Bäckerei um die Ecke oder in einem Büro arbeitest, du kannst deinen Job in Kunst verwandeln, je nachdem, wie hoch der Grad an Bewußtheit, Aufmerksamkeit und Inspiration ist, den du deiner Arbeit entgegenbringst.

Als Anlaß, kreativ zu sein, genügt schon die häusliche Umgebung. Ohne Blumen ist meine Wohnung für mich unvorstellbar, deshalb steht bei mir auf dem Küchentisch immer eine Vase mit Margeriten und Orchideen, die ich bewundern kann, während ich meinen Toast esse und dazu Tee trinke. In der Blumenseele sehe ich die süße Umarmung des Männlichen und des Weiblichen, von *Mutter* und *Vater*, Inhalt und Form. Voller Lebenskraft dreht sich die Blume immer zum Licht und öffnet ihre Blüten vom Inneren ihres zerbrechlichen Stengels aus, um mit allem und jedem zu verschmelzen.

Die Räume, die wir bewohnen, sprechen Bände über uns. Früher benutzte Robert eine Dunkelkammer in einem Loft um die Ecke. Eines Tages ging ich dorthin, um mich mit ihm zu treffen, und als mir der Eigentümer die Tür aufmachte, wäre ich vor Schreck beinahe tot umgefallen. Überall stapelten sich Berge von allem möglichen Zeug; nie hatte er eine Filmdose, ein Magazin, ein Schraubglas oder eine Zeitung weggeworfen. In diesem Raum fehlte jede Luft zum Atmen; er war ein

Denkmal für die Vergangenheit dieses Mannes und dafür, wie sie ihn erstickte.

Die Zubereitung des Essens kann Kunst sein. Mein Mann kocht den besten Reis diesseits des Mississippis. Die Choreographie jeder Bewegung ist dabei sorgfältig einstudiert. Zuerst beugt er sich über die Theke in der Küche, um auf Augenhöhe mit der Tasse zu sein, wenn er das Wasser abmißt. Dann hackt er den Knoblauch ganz fein und die Zwiebeln in gleichmäßig große Stückchen, so daß sie gleichzeitig gar werden. Darauf gibt er vorsichtig Öl in die Pfanne und fügt den Knoblauch hinzu, damit er durchbraten kann. Dann kommen die Zwiebeln, und im genau richtigen Moment mischt er eine Tasse Reis unter. Er rührt und vermischt und bewegt den Reis um und um, so daß jedes Körnchen genug von dem Olivenöl abbekommt, das nun vom Duft des Knoblauchs und der Zwiebeln infiltriert ist. Schließlich gibt er das Wasser hinzu und kocht den Reis genau achtzehn Minuten. Ich habe gesehen, wie er dafür eine Stoppuhr benutzte. Am Ende besprenkelt er den Reis mit winzigen angebratenen Gemüsestückchen, um dem Ganzen noch etwas Farbe zu verleihen. Dieser einfache Akt der Schöpfung macht ihn glücklich.

Mit der Zeit habe ich gelernt,
daß das Wichtigste an einem Kleid
die Frau ist, die es trägt.

Coco Chanel

Sich anziehen ist unbedingt eine Kunstform. Früher war ich mal mit einem Musikkritiker zusammen, der sich dazu entschieden hatte, Uniform zu tragen. In seinem Schrank befanden sich nur fünf genau gleiche schwarze Anzüge, fünf identische schwarze Hemden und zwei Paar schwarzer Schnürschuhe. Meine Freundin Martha dagegen besitzt ganze Schränke, Körbe und Kästen voller Kleidungsstücke. In den zwanzig Jahren, die wir uns kennen, sah ich sie niemals genau die gleichen Sachen tragen. Ihr lässiger, durch Spitze geprägter Stil ist unnachahmlich. Jede Einzelheit ihrer Kleidung wird zu einem Bestandteil ihrer Gestalt. Wenn wir uns beim Anziehen Gedanken machen und nicht einfach irgendwelche alten Klamotten überwerfen, kann das Zusammenstellen eines »Looks« zu den schöpferischsten Handlungen des Tages werden.

In den achtziger Jahren ging ich zu einer Friseuse, die ihr Image alle zwei oder drei Monate vollständig zu verändern pflegte. Es gelang ihr erstaunlich gut – manchmal erkannte ich sie kaum wieder. Mal trug sie kurze rote Haare, mal schwarze Locken, dann wieder asymmetrisch geschnittene Haare in Pink. Auch wenn du keine Friseuse oder kein Schneider bist, sollte dich nichts davon abhalten, deinen Körper als Leinwand zu betrachten und ein Kunstwerk aus dir zu machen. Man braucht Mut, um sich neu zu erfinden, doch ist es eine gute Möglichkeit, die wunderbare Vielfalt der Archetypen in uns auf wahrhaftige Weise zum Ausdruck zu bringen.

Dostojewski schrieb: »Einen neuen Schritt zu wagen, ein neues Wort zu äußern ist das, was die Menschen am meisten fürchten.« Doch was könnte erfrischender sein, als über deine Grenzen zu tanzen, ins Dunkel zu springen und dich nur von deinem Vertrauen tragen zu lassen, daß du zu einem lebenden Kunstwerk werden kannst? Wenn wir den Sprung riskieren, können unsere Instinkte und Impulse unzensiert durch uns hindurchströmen, bis wir uns wie ein göttlicher Derwisch zu drehen beginnen. Denk an einen einmal losgelassenen Robin Williams, an Sam Shepard bei einem Tobsuchtsanfall oder an Patti Smith auf einer Welle. Jeder reitet auf der Energie seines eigenen, unverwechselbaren Geistes.

In der Kunst des Alltags sind Worte das große und oft vergeudete Medium. Unsere Gespräche könnten Kunst sein, wenn wir nicht soviel Zeit damit vertun würden, darüber zu klagen, was uns runterzieht, und statt dessen miteinander darüber redeten, was uns anmacht.

Jede Erfahrung gibt uns Gelegenheit, das, was in uns und um uns herum geschieht, auf neue Weise zu beschreiben. Mein täglicher kleiner Schwatz mit der Kassiererin des Supermarkts an der Ecke ist mittlerweile zum Spanischunterricht geworden. Inzwischen weiß ich die Namen aller Obst- und Gemüsesorten und aller Getränke auswendig, die man südlich der Grenze bekommen kann. Beruhigend zu wissen, daß ich in einem lateinamerikanischen Land wohl nie verhungern werde.

Der Geschichtenerzähler Johnny Dark, den ich schon früher erwähnt habe, erstellt seine epische Autobiographie, indem er Gesprächsfetzen zusammenfügt, die jeder andere für gewöhnlich hält. Dieser Mann ist in das Leben verliebt. »Du fragst dich vielleicht, wie ich darauf gekommen bin«, fragte er mich, als wir einmal miteinander telefonierten. Da ich zugab, daß dem so sei, erklärte er es mir. »Als eine Menge Leute aus meinem Bekanntenkreis anfingen, sich intensiv mit spiritueller Suche zu beschäftigen, ging mir das ganz schön auf die Nerven. Sie reisten nach Indien oder machten Rückführungen in frühere Leben, und dabei ist doch sonnenklar, daß das, wonach sie suchen und wonach sie sich sehnen, genau hier und jetzt passiert. Leben ist so phantastisch und wunderbar! Ich kriege echt zuviel, wenn ich mit ansehen muß, daß die Leute das gar nicht sehen und nicht erkennen wollen, daß ihnen alle ihre Wünsche erfüllt werden. Deshalb wollte ich die gewöhnlichsten Ereignisse auf eine Weise beschreiben, die die Leute dazu anregt, das Wunder, das sie dauernd umgibt, mehr wahrzunehmen. Jedesmal, wenn ich ein Bild von van Gogh sehe, denke ich: Mann, die Welt ist echt voller Farben! Am meisten nervt es mich, wenn ich jemanden sagen höre: ›War ich schon, kenn' ich schon.‹ Für mich bedeutet das Leben genau das Gegenteil: Fünf Minuten später muß man wieder dort sein und es neu kennenlernen. Dieser Spruch bringt alles zum Stillstand. Bewegung, Abwechslung und das Unerwartete – das sind die Dinge, die das Leben lebenswert machen.«

Aus heiligen Kühen werden
die besten Hamburger.
Mark Twain

Einmal aßen wir in einem ziemlich lauten und angesagten Lokal zu Abend. Nachdem der Kellner die Nachspeisen mit besonderem Schwung heruntergerasselt hatte, fragte ihn Johnny Dark: »Meinen Sie, Sie könnten das noch einmal wiederholen?« Der Kellner grinste: »Na klar doch!« Diesmal ließ Johnny ein Band mitlaufen. Am selben Abend schrieb er den Mitschnitt ab und fügte den Text in Band 17 seiner

Memoiren ein. Vor kurzem hat er beschlossen, alle Menschen anzurufen, die in seinem Leben mal eine Rolle gespielt haben – den Typ, mit dem er zum ersten Mal als Rettungsschwimmer gearbeitet hatte; die berühmt-berüchtigte blonde Dichterin mit dem weißen Schäferhund, mit der er in einem himmelblauen VW-Bus gereist war; seinen Zimmergenossen, der ein Filmstar wurde; die alleinerziehende Mutter, mit der er in Tanger zusammengelebt hatte; ihren inzwischen erwachsenen Sohn, der Reporter und heroinabhängig geworden war; seinen Cousin, dem ein Musikladen gehört –, um herauszufinden, was sie mit ihrem Leben angefangen hatten. Einige von ihnen waren ziemlich wortkarg, während andere ihm ihr Herz ausschütteten. Das ist Band 18.

Kunst braucht weder imponierend noch beängstigend zu sein, noch muß sie aus Angst geboren sein. Bruce dachte immer, um Künstler zu sein, müsse er sich quälen, und wahre Kunst entstände nur aus Leiden: »Ich dachte, ich bräuchte das Leiden, um komponieren zu können. Jetzt versuche ich eher, es mir gutgehen zu lassen, bevor ich mich ans Werk mache. Und das, was ich dann schaffe, ist gesünder, weil ich es auch bin.« Wenn du Kunst als den Weg betrachtest, auf dem du dich den gewöhnlichen Details deines Daseins näherst, und nicht als etwas, das im Museum hängt, kannst du dich von den Beschränkungen freimachen, die dich bislang am Ausdruck deiner Kreativität gehindert haben. Wenn unsere Seele sich vom inneren *Künstler* trennt, verblaßt sie und welkt dahin. Denn es ist die Kunst, die uns lebendig erhält. Sie ist die Sprache der Seele.

> *Jedes Kind ist ein Künstler.*
> *Das Problem ist nur: Wie bleibt es ein*
> *Künstler, wenn es groß wird?*
>
> *Pablo Picasso*

Die Seele versteht, daß wahre Kunst im wilden, unvorhersehbaren Rhythmus des *Chaos* entsteht.

Wir glauben, wir müßten wissen, was wir tun; das Gegenteil davon ist wahr. Was wir als Künstler der Welt geben können, ist unsere einzigartige Sicht auf das Unbekannte. Kunst, die nicht aus dem *Chaos* kommt, aus dem Ort, an dem alles gleichzeitig geschieht und an dem sich unsere Beschränkungen auflösen, solche Kunst wirkt allzu intellektuell, unoriginell und langweilig.

Ich habe noch keinen Menschen getroffen, der *kein* Künstler gewesen wäre. Das wäre für mich ebenso undenkbar, wie jemandem zu begegnen, der keine Seele hat. Bei manchen Menschen muß man ein bißchen graben, bis man den Künstler in ihnen findet. Doch zwangsläufig fliegt einem dabei irgendwann ein genialer Funke ins Gesicht, in dem ihr künstlerisches Selbst wie in einem Blitzlicht aufscheint. Das kann plötzlich beim Tanzen passieren oder etwa, wenn man in einer Gruppe beisammen sitzt, in der Songs aus den 50er Jahren gesungen werden, und plötzlich jemand, von dem man gar nicht wußte, daß er überhaupt singen kann, aufsteht und anfängt, wie ein Vogel rumzuscatten*. In einigen Menschen ist der Genius freilich so hoch entwickelt, daß alle anderen nur still sein und zuhören oder zuschauen können. Diese Menschen, die bis an den Rand mit kreativem Geist angefüllt sind, nenne ich die Superkünstler. Sie inspirieren uns und laden unsere Batterien neu auf. Das soll nicht heißen, daß wir anderen nichts zu bieten hätten. Es ist vielmehr so, daß wir erst dann, wenn wir selbst in den schöpferischen Prozeß eingetaucht sind, die Hingabe, die Fertigkeiten und die Vision, die zur Meisterschaft gehören, richtig würdigen können. Und das sind wichtige Qualitäten in unserer Kultur des Fast food und der Schnellreparatur, der Piraten und Klone.

Ich kann aus jedem Menschen einen Tänzer machen, weil ich weiß, daß tief drinnen in jedem einer steckt; und mein Wissen ist stärker als ihr Widerstand. Jeder, der laufen kann, kann auch tanzen. Jeder, der reden kann, kann auch schreiben. Jeder, der atmen kann, kann singen. Man muß es nur *tun*.

Als ich Anfang Zwanzig war, bin ich in San Francisco viel mit einer Gruppe Studenten zusammengewesen, die aus Äthiopien stammten. Jeden Sonntag gingen wir in den Park, um Ball zu spielen, uns zu unter-

* Scat: Jazzgesang mit Silben, die nichts bedeuten (Anm. d. Ü.)

halten und ein Picknick zu machen. Auf dem Hin- und Rückweg sangen sie immer – mal erst die Frauen, dann die Männer, mal sangen alle gemeinsam diese wundervollen Harmonien. Keiner von ihnen war »Sänger«; für sie war Singen eine Art zu leben, sich auszutauschen und gute Stimmung zu verbreiten. Für jede Gelegenheit hatten sie ein Lied. Und sie waren die fröhlichsten Menschen, die ich je kennengelernt habe.

Wenn du dich vollständig einer schöpferischen Kunst verschreibst, werden sich Knoten in dir lockern. Letzten Sommer fiel mir in einem Workshop auf, daß Susannas Stimme sich vollkommen verändert hatte; sie schien höher zu sein, lyrischer. Ich wußte, daß sie sich neuerdings mit dem Singen beschäftigte, und deshalb befragte ich sie darüber. »Ich habe meiner tiefen Stimme immer größeren Wert beigemessen als meiner hohen«, sagte sie mir. »So wie ich auch meine männlichen Energien höher einschätzte als meine weiblichen. Plötzlich wurde mir klar, daß ich das, was in meiner Stimme geschah, nicht abkoppeln konnte von dem, was sich sonst in meinem Leben vollzog. Meine Angst, etwas Hohes, Leichtes, Luftiges oder Weibliches zum Ausdruck zu bringen, hat mich immer davon abgehalten, im Sopran zu singen, der aber, wie ich jetzt festgestellt habe, meine natürliche Stimmlage ist.«

Jeder von uns ist einmalig. Jeder hat seine einmalige Geschichte, seinen unverwechselbaren Tanz, und jeder hat ein Lied, das allein zu seiner Seele spricht. In seinem Buch *The Human Cycle* berichtet der britische Anthropologe Colin Turnbull, daß bei den Mbuti in Zaire jede schwangere Frau für ihr ungeborenes Kind ein Lied komponiert, das von niemand anderem und für niemand anderen gesungen wird. Dieses Lied singt sie dem Kind vor, wenn es noch im Bauch ist, dem Neugeborenen, wenn es ihr an die Brust gelegt wird, und sie singt es immer dann, wenn das Kind Trost braucht. In der Kultur der Mbuti wird man mit einem Lied geboren.

Deine Seele wird dir sagen, auf welche Weise sie sich ausdrücken möchte – du brauchst bloß still zu sein und ihr zuzuhören. Nur weil deine Mutter eine verhinderte Ballett-Tänzerin ist, mußt du nicht unbedingt ein Baryschnikow werden. Sei für alle Möglichkeiten offen, und laß dich von deiner Intuition leiten.

Bei einer unserer ersten Begegnungen erzählte mir Robert, daß er am liebsten Schriftsteller wäre. Als er das sagte, stand er am Fenster, von dem aus man den Ozean überblicken konnte. Da fiel ein Lichtstrahl durch die Jalousie. Als das Licht seine rechte Hand erreichte, sah ich in einer Vision, wie Fotografien daraus hervorströmten. Da machte es in mir klick: »Rob, du bist ein Fotograf!« Ein paar Wochen später schenkte ich ihm zum Geburtstag eine Nikon. Er machte damit Fotos, als hätte er das schon sein Leben lang getan. Ein paar Jahre später hatte er seine erste Ausstellung in Soho. Jetzt hängen seine Fotos bei uns an der Wand. Sie erinnern ihn an inspirierte Augenblicke und inspirieren ihn mit Visionen für die Zukunft.

Tun (oder nicht tun) – *Künstler*

Gewahrsein

Der *Künstler* wird in der alchemistischen Hochzeit deiner männlichen und weiblichen Energien geboren. Sie verschmelzen miteinander, um deinen unverwechselbaren Stil zum Ausdruck zu bringen, angefangen damit, wie du dich bewegst. Wie tanzt du durch den Tag? Bist du in deinem eigenen Flow oder in dem von jemand anders? Bist du immer vorneweg, oder stehst du dir eher auf den Füßen? Schlurfst oder hüpfst du durch den Tag? Improvisierst du, oder ist alles in einer Choreographie festgelegt?

Werde dir deiner Stimme als Instrument bewußt. Tönt sie aus dem Körper heraus? Beendest du jeden Satz mit einem Fragezeichen? Bist du so leise, daß niemand dich hört, oder benutzt du das Stillsein dazu, die anderen zu locken? Kultivierst du die Kunst, andere zu übertönen? Bist du jemand mit einem Warnschild: Achtung, Ohrstöpsel einlegen!? Drehen sich die Leute im Restaurant nach dir um, wenn du sprichst? Wie ist es in deiner Familie – schreien sie, flüstern sie, oder reden sie gar nicht? Ruht deine Stimme im Bauch und schwingt Gefühl mit, oder klingt sie trocken und monoton? Oder ist sie kehlig, hast du diesen spröden, rauhen Rock-'n'-Roll-Sound à la Marianne Faithfull? Hör deinem Klang zu – er ist ein Lied.

Bist du dir dessen bewußt, wieviel Poesie jeden Tag durch dich hindurchströmt, wenn du Memos schreibst, Geburtstagsgrüße, Liebesbriefe, Einkaufslisten und Tagespläne, Nachrichten für die Kinder, den Babysitter, den Menschen, der deinen Hund ausführt? Vielleicht führst du auch Tagebuch. Nutzt du diese Gelegenheiten, um den spezifischen Ton deiner Sprache zu kultivieren, die Poesie deines alltäglichen Seins?

Tag für Tag spielst du in einer Szenenfolge, bei der du verschiedene Rollen übernimmst. Dabei sind Freunde, Lebensgefährten, Kinder, Nachbarn und andere in einer faszinierenden Vielfalt von Situationen deine Partner. Wir halten Monologe und Vorträge, wir führen Gespräche, Streitgespräche und nehmen an Konferenzschaltungen teil. Manchmal ziehen wir uns für unsere Rollen sogar um ...

Der *Künstler* bringt auf einzigartige Weise unseren Tanz und unseren Gesang zum Ausdruck, unsere Poesie und unser ganzes Auftreten. Deine Kunst ist das größte Geschenk, das du zu geben hast, und im Geben liegt die Essenz deiner Praxis.

Handeln

Tanze genau so *Chaos*, wie es dir heute geht. Vielleicht bist du heute aufgeregt oder schwerfällig oder bewegt – egal. Tanze, wie auch immer du dich fühlen magst. Achte beim Tanzen auf alle Bewegungen, die du häufig wiederholst, auf Muster oder Grooves, in die dein Körper verfällt. Schenke diesen Impulsen deine Aufmerksamkeit, gib ihnen alles, was du hast, bis sie sich in etwas Neues auflösen. Mag sein, daß *Chaos* wie Wassertreten für dich ist. Entspanne dich in den Rhythmus hinein, bis ein neues Muster auftaucht. Dann folge diesem. Übe den Wechsel zwischen der völligen Auslieferung an den Rhythmus und der genauen Ausführung eines bestimmten Bewegungsmusters. Laß diesen Prozeß sich organisch und intuitiv entfalten, steuere ihn nicht mit dem Verstand. Und stülpe dem Tanz kein Bewegungsmuster über. Laß es von allein hervorkommen.

Eine Party für den Künstler

Dies ist eine Party für den inneren *Künstler*. Vergiß alle Diskussionen sowie deine Neurose namens »Mein innerer *Künstler* ist verlorengegangen«. Auf ins reine, unverfälschte *Chaos*! Dies ist ein Kostümfest, und es dient dazu, dein inneres Genie freizulassen. Darum laß bei der Einladung deinem Einfallsreichtum die Zügel schießen. Stelle für die Party einen Soundtrack voller Überraschungen und guter Einfälle zusammen. Du könntest ihn zum Beispiel mit Dialogen aus berühmten Filmen durchsetzen, ihn mit Werbespots oder Schlagzeilen aus den Nachrichten anreichern. Die Party fängt an, sowie der erste Gast eingetroffen ist. Laß deine Gäste sich mit einem erfundenen Namen eintragen, nimm mit Fingerfarben ihre Fingerabdrücke, pinne Papierrollen für Gedichte, Zeichnungen, Collagen an die Wände. Besorge Schminke und Körperfarben. Verleihe den Dennis-Rodman*-Preis für das gewagteste Kostüm.

Der Liebende

Wahl
Mit verbundenen Augen
würde ich dich erkennen
an deiner Haut
an deinem Geschmack
an deinem Geruch
unter tausend anderen
und im Erkennen würde ich
dich erwählen.
Maude Meehan

---

* Basketball-Star aus den USA, der für seine exzentrische Kleidung und Haartracht bekannt ist (Anm. d. Ü.)

Der *Liebende* ist die Frucht der *Geliebten* und des *Sohnes*, das Ergebnis aus Anziehung und Handeln. Wenn sie sich in uns verbinden, können wir uns auch mit anderen verbinden. Wenn nicht, bleiben wir frustriert und unbefriedigt. Wenn die *Geliebte* keine Beziehung zum *Sohn* findet, werden wir zur Autorin von Liebesromanen, die außerstande ist, selbst eine Liebesbeziehung zu leben, und statt dessen ihre Tage damit ausfüllt, ihren Lesern in lustvoller Ausführlichkeit solche Beziehungen zu beschreiben. Was ist mit der ganzen wundervollen Energie der *Geliebten*, die sich in nie abgeschickten Liebesgedichten entladen hat? Findet der *Sohn* keine Beziehung zur *Geliebten*, kommt es zu Gelegenheitssex, der scharf sein mag, aber herzlos ist. Ist dagegen die Wildheit des *Sohns* immer unterdrückt worden, ist es immer die gleiche Leier – dann gibt es keine gewagten Sprünge vom Sofa auf den Fußboden, kein plötzliches gemeinsames Verschwinden im Behindertenklo des Intercitys für einen Quickie, dann gibt es kein Prickeln und keinen Zauber.

Kate ist das Musterbeispiel dafür, wie die *Geliebte* und der *Sohn* dann zusammenkommen können, wenn wir es am wenigsten erwarten. Nach einer leidvollen Trennung saß sie bei mir auf dem Sofa und klagte darüber, daß ihr wilder *Sohn* nun ein verlorener und einsamer Pierrot sei und ihre *Geliebte* sich versteckt hielte. Ich riet ihr, sich keine Sorgen zu machen, denn ich hatte so eine Vorahnung, daß ihr *Sohn* ihre *Geliebte* bald finden und entschleiern würde. Tatsächlich bekam ich ein paar Monate später folgenden Brief:

»Liebste Gabrielle,

ich bin mit einer Compagnie von teilweise gehörlosen Tänzern in Estland. Wir sind wie eine Truppe reisender Troubadoure und unterhalten uns mit Hilfe überdeutlicher Zeichen und Symbole – eine stumme, aber doch erstaunlich lebendige Sprache.

An meinem 30. Geburtstag haben wir auf dem Platz improvisiertes Straßentheater gespielt. Ich hatte mein Clownskostüm an und war nicht mehr allein. Wir sahen aus wie auf den alten Bildern der Commedia dell'Arte – oder wie die Marx Brothers, wie man's nimmt.

Was noch viel erstaunlicher ist (oder, wie Lewis Carrolls Alice sagen würde, »kuriöser und kuriöser«): Als ich eines Tages auf dem Platz ankam, sagte der Choreograph zu mir: »Ich möchte ein Stück über Goyas Clowns machen, und ich möchte gern, daß du Goyas Geliebte spielst.« So bin ich in diesem Tanztheaterstück als Goyas Geliebte in einem Clownskostüm aufgetreten. Deine Vorhersage ist also eingetroffen! Ich bin jetzt sowohl die Geliebte *als auch der* Sohn. *Und ich habe mich verliebt!«*

Sind diese beiden Energien im Gleichgewicht, dann führt das Herz, und alles andere folgt. Ich rede nicht vom physischen Herzen mit seinen Geräuschen und verstopften Arterien, sondern vom metaphysischen Herzen, von der Seele des Herzens, jenem Teil von uns, der sich verliebt. Aus Angst davor, unsere Gefühle zu erkunden, neigen wir dazu, kaltherzig zu handeln. Um die Macht der Liebe zu erfahren, müssen wir auftauen.

Liebe hat zwei Bestandteile: Leidenschaft und die Bereitschaft zur Bindung. Das bedeutet einerseits, die Wünsche zu fühlen, die dein Herz in jedem Augenblick hat, und andererseits, ganz präsent zu sein für den Menschen, mit dem du zusammen bist, oder für das, was du tust. Die Brücke, die die Leidenschaft mit der Verantwortung verbindet, heißt Verletzlichkeit. Sie ist nicht leicht zu überqueren.

Beziehungen mögen uns oft chaotisch erscheinen, doch sie sind ein wesentlicher Bestandteil unserer spirituellen Entwicklung, denn durch sie lernen wir lieben. Bevor wir allerdings jemand anderen lieben können, müssen wir ein leidenschaftliches Verhältnis zu uns selbst entwickelt haben. Dieses leidenschaftliche Verhältnis zu uns selbst wird zur Grundlage unserer Freundschaften, und diese Freundschaften wiederum lehren uns, gute Liebende zu werden. Und erst wenn wir die Kunst der Liebe gemeistert haben, können inspirierte Seelengefährten aus uns werden.

Jesus sagte: »Liebe deinen Nächsten wie dich selbst.« Leider tun wir genau das. Traurig für den armen Nächsten! Es ist wirklich tragisch, wie viele Menschen keinen blassen Schimmer davon haben, wie sie sich selbst lieben können. Manche glauben nicht, daß sie's verdient hätten. Manche denken, daß sie's mehr als alle anderen verdient hätten. Und manche können die Liebe zu sich spüren, aber nicht danach handeln. Als ich noch jung war, gehörte ich zur ersten Gruppe.

Weil ich seine Gefühle nicht verletzen wollte, hörte ich mich vor langer Zeit einmal »ja« zu einem Lover sagen, der mich heiraten wollte. Es war in einem Ort namens San Jose. Die Sonne ging gerade unter. Wir saßen auf einem geblümten Sofa. Er war ein schöner Beatnik; wer ich war, wußte ich nicht so genau. Er wollte gleich meine Eltern anrufen; ich belog ihn und sagte, sie seien gerade verreist.

Am nächsten Tag, vor einer Klasse voll erschrockener Schüler, setzte mein Herz plötzlich aus. Man brachte mich sofort ins Krankenhaus. Nach einem EKG und einer ernsthaften Befragung durch den Arzt kamen wir schließlich darauf, daß mein Herzaussetzer etwas mit meiner Entscheidung zu tun hatte. Der freundliche, weißhaarige Doktor riet mir, gleich nach Hause zu gehen und dem jungen Mann mitzuteilen, daß ich ihn nicht heiraten würde. Wenn ich das nicht täte, würde mir das Herz kaputtgehen. Statt dessen brach ich seins. Eine Woche später sah ich meinen Beatnik auf einer Party. Er hatte sich den Schädel kahlrasiert, weil er gehört hatte, daß Krieger das tun, wenn sie trauern.

Irgendwann war ich darauf konditioniert worden, mich zu opfern und ja zu sagen, auch wenn mein Herz nein meinte. Wie war ich bloß darauf gekommen zu glauben, daß das Glück eines schäbigen Folkies mit Gitarre wichtiger sei als meins? Damals hätte ich lieber einen Herzanfall in Kauf genommen, als jemanden zu enttäuschen. Irgendwo unter meiner Haut schlummerte ein junges Mädchen in marineblauer Schuluniform, das Angst vor Bestrafung hatte, ein Mädchen, dem im Vergleich zu anderen Menschen, insbesondere zu Männern, jedes Selbstwertgefühl abging, und das dachte, daß es gewiß in den Himmel käme, wenn es nur immer das brave Mädchen bliebe. Weil das Schöntun keineswegs meiner Natur entsprach, mußte ich, um es fertigzubringen, viel von dem runterschlucken, was mich eigentlich ausmachte. Ich glaube, daß ich darin einfach ein Kind meiner Zeit war, doch auch heute noch erkenne ich diese Haltung in Menschen jeden Alters und beiderlei Geschlechts.

Jahre später gab ich mich in meinem Wohnzimmer einem tiefen

Chaos-Tanz hin, der die lebenslange Angst, die mich immerzu mein Herz betrügen ließ, endlich aufzulösen vermochte. In einem schweißdurchtränkten Gymnastikanzug und mit löchrigen schwarzen Jazztanz-Schuhen erschlug ich das brave Mädchen in mir. Unwissentlich hatte ich zwischen mir und allen anderen eine Wand des Kummers errichtet, meine höchstpersönliche Klagemauer. Im Tanz riß ich diese Mauer ein, fiel auf die Knie, fuchtelte mit den Armen, riß mir Geheimnisse aus dem Herzen und schleuderte sie genau in die Mitte meines riesigen Huichol-Gemäldes, das die Reise des Schamanen zeigt. Ich opferte mein Geheimnis der unendlichen Weisheit, warf mich schluchzend auf den Boden und schrie so lange »Nein!«, bis dieses Nein zu einem Mantra der Kraft und der Freiheit geworden war.

Wir können nicht lieben, wenn wir uns weigern, unsere Angst vor all den Gefühlen zuzulassen, die wir im Herzen unterdrücken. Eine der Aufgaben der Liebe besteht darin, uns gegenseitig durch diese dunklen Bereiche zu geleiten. Wenn wir es uns selbst verwehren, die Größe unseres Herzens zu erfahren, hindern wir andere daran, die Größe ihres Herzens zu erkennen. Beziehungen, in denen wir Teile von uns zu verbergen trachten, sind dazu verdammt, oberflächlich zu bleiben. Sie werden uns nie Erfüllung bringen, und wenn wir in dieser Verteidigungsstellung verharren, werden wir eines Tages erwachen und feststellen, daß wir zwar jede Menge Bekannte haben, aber nicht einen einzigen wirklichen Freund.

Die Freundschaft liefert die Grundausbildung für die Liebe. Dort reißen wir die Mauern ein, die wir zu unserem Schutz vor emotionalem Treuebruch errichtet haben, dort trainieren wir Offenheit und Verletzlichkeit. In Freundschaftsbeziehungen lernen wir die Emotionen des anderen zu ertasten und eine geschützte Umgebung für dessen Selbstausdruck zu schaffen. In der Freundschaft erfahren wir die brutale Wahrheit: Mutter hat gelogen. Wir sind nämlich nicht der Mittelpunkt des Universums.

Während eines Ausbildertrainings hatte einer meiner Schüler einen plötzlichen Anfall von Scheu. Er fühlte sich isoliert und außerstande, in der Gruppe Freunde zu finden. Ich erteilte ihm den Auftrag, innerhalb der nächsten 24 Stunden wenigstens zehn Dinge über zehn verschiedene Menschen herauszufinden, die mit ihm in diesem Training waren, und mir dann Bericht zu erstatten. »Frag sie, ob sie gut geschlafen haben, ob ihnen das Essen schmeckt, ob sie genug Zeit haben, sich zurückzuziehen. Schau dir ihre Energie an, und finde heraus, wie es ihnen geht. Vermissen sie ihre Kinder oder ihren Liebsten? Sind sie mit ihren Gefühlen verbunden oder nicht? Quälen oder analysieren sie ihre Zimmergenossen, meditieren sie mit ihnen, sind sie mit ihnen glücklich? Frag sie, wie sie hierhergekommen sind, und finde heraus, wohin sie anschließend fahren.« Am nächsten Tag war der scheue Schüler völlig im Fluß der Dinge: »Ich kann's kaum glauben. Ich hab' immer gedacht, daß ich über mich reden müßte, daß ich 'ne Show abziehen müßte, um mit anderen in Beziehung zu treten. Als ich deinen Auftrag ausführte, habe ich gemerkt, daß ich, um Freunde zu gewinnen, mir nur meiner selbst bewußt zu sein brauche und demjenigen Aufmerksamkeit schenken muß, mit dem ich gerade zusammen bin.«

Freundschaft ist das Rückgrat aller Beziehungen, sie ist die Blaupause für alle anderen Herzensangelegenheiten. Wir müssen einander im Kampf gegen den Impuls unterstützen, uns und die anderen in saubere kleine Kästchen und Schubladen zu stecken, auf daß alles vorhersehbar und sicher werde und wir alles unter Kontrolle haben. Statt einander auf diese Weise geringer zu machen, unterstützen wirkliche Freunde einander vielmehr in ihrer ganzen Wildheit und Bandbreite und empfinden Respekt für das unbekannte, mysteriöse Selbst des anderen.

Weil Larry das Gejammer seiner Freunde satt hatte, daß sie keine Lover hätten, schrieb er für jeden speziell zugeschnittene Kontaktanzeigen. Ein schönes Beispiel von »A Little Help From My Friends«!

MANN SUCHT MANN

Baujahr 1962, gut getuned (Seele sitzt am Steuer). Weißes, sportliches Coupé m. starkem Motor, großer Stoßstange, zuverl. Bremsen. Langfr. zu verm. oder zu verk., s. zuverl. Fahrer, der sich d. Straße hingeben kann. Säufer oder Junkies a. Art zweckl. Chiffre …

FRAU SUCHT MANN

Locken wie Medusa (bin aber weniger tödl.) s. musk., coolen, cleveren, anschmiegs. Typ z. Pferdestehlen u. fürs Heu. Bist du ganzheitl. orient., kannst Tarot von Turbo untersch. u. bist o. BBB? Dann schreib m. Bild (gar. zurück) an Chiffre …

Wer sehnt sich nicht nach Liebe? Am Tag nach meiner ersten Begegnung mit Robert dachte ich: »Diesmal ist das Ende noch nicht absehbar.« Vorher hatte ich mir immer schon am Anfang das Ende einer Beziehung vorstellen und sehen können, wie sie in meinen Drei-Jahres-Plan paßte. Diesmal war es anders, diesmal war es ernst. Als ich mich verliebte, geriet ich in das totale *Chaos*. Mir wurde klar, daß ich, um meinem Herzen zu folgen, meine Wurzeln, meine Arbeit und meine Freunde verlassen und wegziehen mußte, quer über den ganzen Kontinent. Ich wußte, was ich wollte, und als ich diesmal ja sagte, meinte ich es aus vollem Herzen. Natürlich bin ich zwischendurch auch etwas ausgeflippt, aber Robert war immer da, um mich aufzufangen. Er war mein bester Freund.

Seine Freunde zu lieben und ihre Individualität zu respektieren schafft die Grundlage für Liebe. Dieses Fundament muß felsenfest sein, denn wenn die Sexualität ihr schönes Haupt erhebt, stürzen alle Wände ein. Im sexuellen Akt sind wir in unserer ganzen Verletzlichkeit bloßgestellt, in unserem *Chaos*, und wir brauchen die Gewißheit, daß wir in diesem Zustand der Nacktheit rückhaltlose Unterstützung finden. Unter Liebenden geht es um mehr; die Einsätze steigen, auch die Fallhöhe steigt, und es gibt kein Netz, das uns auffängt. Wir geben mehr und empfangen mehr, und das Opfer, das wir bringen, ist nichts Geringeres als wir selbst – unser Körper und unsere Seele. Jesus sagte: »Eßt mein Fleisch und trinkt mein Blut.« Er opferte sich als Abendmahl. Er war der Inbegriff des *Liebenden*.

Beim Sex ist nichts sicher.
Und wird es auch niemals sein.
Norman Mailer

Die Kunst der sexuellen Liebe erfordert Übung. Man muß offen über Sex reden können, ihn freizügig ausüben und ein bißchen Sachkenntnis entwickeln. Du brauchst nicht auszusehen wie aus der Calvin-Klein-Werbung, um jemanden zur Leidenschaft anzustacheln. *Liebende* helfen einander dabei, sich mit ihrem Körper wohl zu fühlen. Solange wir in unserer Sexualität verklemmt sind, werden wir uns weder mit uns selbst noch mit anderen wirklich wohl fühlen. Schließlich ist sie eine der wichtigsten Kräfte des Lebens; aus Sex sind wir geboren, und jede unserer Zellen ist sexuell.

Um zu *Liebenden* zu werden, müssen wir uns in die Liebe verlieben. Wir müssen unseren Kopf an unser Herz verlieren, unbekanntes Terrain erkunden, uns dem Neuen anvertrauen und ohne all die Macho-Illusionen oder romantischen Vorstellungen auskommen, mit denen wir unser Leben lang zwangsernährt wurden. Eine der größten dieser Illusionen besteht darin, daß wir glauben, wir verstünden etwas von der Liebe. Warum geben wir's nicht einfach zu? Wenn's um die Liebe geht, sind wir wie Kinder, die man im Wald ausgesetzt hat. Wir sollten lieber dem *Flow* folgen, uns dem *Chaos* hingeben und annehmen, was immer da kommen mag.

Brad pflegte allzeit auf dem Pfad der Tugend zu wandeln, bis ihm innerhalb einer Woche sein komplettes Selbstbild flötenging. In dieser Woche war er nämlich mit drei verschiedenen Frauen zusammen. Da er zuvor lange nach dem Prinzip der Enthaltsamkeit gelebt hatte, versetzte ihm dieser plötzliche Wandel einen gehörigen Schock. »Meine konservative Konditionierung geriet völlig aus den Fugen! Die drei Frauen waren so grundverschieden, und jede brachte eine andere Seite in mir zum Vorschein. Joy holte den wilden *Sohn* hervor – Sex mit ihr war gefährlich, wir kletterten die Wände hoch. Sie verführte mich auf die harte Tour; im Bett kannte sie keine Grenzen, und von diesem Bereich hatte ich mich zuvor immer ferngehalten. Gleich in der nächsten Nacht brachte Terri Mae mit ihren Kerzen, den Räucherstäbchen und den Massagen die *Madonna* in mir hervor. Wir schliefen unter einem Jesusbild miteinander. Und zwei Nächte später blies mir Georgette einen, während ich bei Tempo hundert am Steuer saß. Ich kann dir sagen, meine WG war vielleicht neidisch! Aber da ging etwas in mir los, das ich nicht wieder abstellen wollte.«

Zerr meine Lippen über diese Münder.
Zerr meine Hüften durch diese Menge.
Neugier kennt keine Grenzen.
Am liebsten möchte ich mit der ganzen Stadt schlafen.
Tim Booth

Der *Liebende* ist manchmal unbequem und selten konservativ – es sei denn, er ist in Dogmen gefangen, die nicht tanzen, in Glaubenssätzen, die nicht dienlich, und in Theorien, die nicht offen sind. Am Anfang brauchen wir wohl viele Liebhaber, um soviel wie möglich über uns selbst herauszufinden. Jede Geliebte, jeder Liebhaber löst neue Gefühle aus, jede lehrt uns etwas, jeder öffnet uns mehr unseren wirklichen Bedürfnissen und Sehnsüchten.

Manchmal stößt uns ein Lover auf einen Teil in uns, von dem wir zuvor nicht wußten, daß es ihn gibt. Eva erinnert sich an das erste Mal, als sie mit einer Frau tanzte: »Es war bei einem Workshop. Ich ging, um eine Freundin zu umarmen, und sie fing an, eng umschlungen mit mir zu tanzen, so wie früher auf der High School. Das törnte mich an. Diese Reaktion bewußt wahrzunehmen war der Anfang meiner Heilung. Es war, als würde ich aus einem Traum aufwachen. Ich war zwanzig Jahre mit meinem Mann verheiratet gewesen und konnte mir nie erklären, warum mir Sex mit ihm so wenig Vergnügen machte. Ich dachte, wenn ich es nur ausdauernd genug versuchte, würde ich schon noch lernen, auf ihn zu reagieren, aber das passierte nie, und ich gab mir die Schuld dafür. Tag für Tag durchlebte ich diese Hölle, und ich fürchtete sie jede Nacht. Als der Tanz mit meiner Freundin zu Ende war, wußte ich, daß ich noch mit einer Frau zusammensein will, bevor ich sterbe.«

Der *Liebende* in uns schreit nach sexueller Ekstase, und *Chaos* ist der Schlüssel zu unserem erotischen Potential. Doch wenn sie einander in die Arme fallen, sind die meisten Männer und Frauen leider vollkommen ahnungslos. Wenn man bedenkt, wie viele Frauen noch nie einen

Orgasmus hatten, könnte man meinen, die Partei der Braven Mädchen wäre noch immer am Ruder.

Es ist Zeit für eine Revolution. Ich meine weder eine feministische Revolution noch einen politischen Umsturz, sondern vielmehr eine Revolution des Denkens. Die Position, die der Verstand einnimmt, ist die grundlegendste Stellung im Sex, und unsere Köpfe tun es noch immer in der Missionarsstellung. Es ist Zeit, daß wir unseren Instinkten folgen, dem, wovon wir uns angezogen fühlen und was wir ersehnen, und daß wir das in Liebe und mit Verantwortungsgefühl tun. Der Körper ist frei von aller Theorie und jedem Dogma; er ist ein Teil des Tanzes, mehr nicht. Der Körper hat nicht einmal Beziehungen; er führt sie bloß aus. Die Energie stellt die Beziehungen her; in einer guten Beziehung gibt es ein gesundes Gleichgewicht zwischen männlicher und weiblicher Energie – gleichgültig, in welchen Körpern. Eine Freundin von mir verließ ihren Mann wegen einer anderen Frau, mit der sie eine Beziehung einging und von der sie glaubt, daß sie ihre Seelenpartnerin sei. Beim einzigen Mal, bei dem sie sich für kurze Zeit trennten, waren beide mit Männern zusammen. Als ich Lori nach ihrer sexuellen Präferenz befragte, antwortete sie: »Herzsexuell«.

Wenn wir uns vom eigenen Geschlecht angezogen fühlen, ist es wichtig, diesem Impuls nachzugehen. Sonst verbringen wir den Rest unseres Lebens in einem Zustand vereitelter Ekstase, und unser unterdrücktes Sehnen wird uns ein Loch in die Seele fressen.

Erst wenn das Männliche
weiblich wird und das
Weibliche männlich,
wirst du ins Himmelreich eintreten.

Jesus, Thomas-Evangelium

Am letzten Tag eines Workshops kam einmal eine Frau Anfang Dreißig zu mir und flüsterte mir ins Ohr: »Letzte Nacht hatte ich meinen ersten Orgasmus.« Wie sie so dastand, sah sie aus wie die Neon-Ausgabe der Venus von Botticelli. Sie erzählte mir, daß sie mit ihrem Liebsten unterm

Vollmond im Wald geschlafen hatte: »Wir haben früher nie beim *Flowing* angefangen – mein Freund kommt immer ziemlich schnell zur Sache. Er dringt meistens *Staccato*-artig in mich ein und geht sofort zum *Chaos* über. Ich fühle mich dann immer stehengelassen, denn mein Körper macht nicht so schnell. Er ist wie ein Dampfkochtopf, aber ich brauche Zeit, bis ich in Wallung komme.« So wahr, kleine Schwester.

Dieses Bett steht in Flammen
Von leidenschaftlicher Liebe –
Die Nachbarn haben sich
Über den Lärm von oben beschwert –
Aber sie kommt nur,
Wenn sie oben ist.

Tim Booth

Natürlich ist der Orgasmus nicht das ein und alles. Orgasmen dienen eher dazu, uns in eine Leichtigkeit des Seins zu katapultieren, in der wir über uns und unsere Liebhaber hinaus geraten – in eine göttliche Leere, die uns in ihre Arme lockt. Der selige postkoitale Verstand ist nichts anderes als eine Meditation über das Lieben.

Wenn wir gelernt haben, uns selbst zu lieben, diese Liebe mit einem Freund zu teilen und sie im Sex auszudrücken, sind wir bereit, unseren Seelenpartner zu finden. Auf dieser Ebene weist die Liebe über die Grenzen der Partnerschaft hinaus in die Welt. Familien tauchen auf und verschmelzen, Stämme wachsen, größere Gemeinschaften schlagen Wurzeln.

Jetzt, wo sich das Zeitalter der zersplitterten Familie dem Ende zu nähern scheint, können wir vielleicht besser überblicken, was eigentlich falsch gelaufen ist. Für meine Begriffe war ein Teil des Problems der Umstand, daß viele Leute den Sprung in die Ehe wagten, ohne vorher die Künste entwickelt zu haben, die man braucht, um Freund, Liebender, Seelenpartner zu werden. Die Ehe, in unserer Kultur der Weg, Seelenpartner miteinander zu verbinden, ist ohne diese Fähigkeiten zum Scheitern verurteilt. Wenn das Ziel der Ehe nicht darin besteht, uns gegenseitig beim Wachstum hin zum Gottesbewußtsein zu helfen, hin zu einer totalen Bereitschaft, das Erwachen des anderen zu ermöglichen – also zu den Tiefen, nicht zur Oberfläche –, sondern wenn es statt dessen um Geld oder Pflichten oder um Erwartungen geht, dann führt das unvermeidlich zu Ärger, Frust und Langeweile.

Ich glaube, daß Männer mit
einem gepiercten Ohr besser
auf die Ehe vorbereitet sind.
Sie haben Erfahrung mit Schmerzen
und haben schon mal ein Schmuckstück gekauft.
Rita Rudner

Manchmal gehen Ehen deswegen schief, weil sich beide Partner so auf den anderen konzentrieren, daß sie sich dabei selbst aus dem Blick verlieren. Andere Ehen scheitern daran, daß die Partner zu sehr auf sich selbst fixiert sind und ihnen dabei der andere aus dem Blickfeld gerät. Im Idealfall sind wir auf die Energie konzentriert, die zwischen uns besteht – die Liebe. Seelenpartner werden zu einer guten Ausrede, sich dem göttlichen Geliebten hinzugeben.

Ich kenne zwei Menschen, die einander wirklich lieben und deren Ehe trotzdem nicht funktioniert. Er wünscht sich eine Frau, die den Mittelpunkt seines Lebens bildet und für die ihre Partnerschaft zugleich Berufung und Beruf ist. Sie möchte einen Partner und Geliebten, der sie auf ihrem Weg in die große weite Welt noch anspornt. Wenn einer der beiden versucht, sich dem anderen zuliebe zu ändern, setzt das einen Teufelskreis aus Groll und Unwillen in Gang. Sie sind wie Romeo und Julia, nur liegen die Kräfte, die ihre Beziehung sabotieren, in ihnen selbst. Und aus der Seelenqual, die ihnen das bereitet, sehen sie keinen anderen Ausweg als die Trennung.

Das Problem liegt darin, daß beide sich ein Bild davon machen, wie ihre Beziehung aussehen sollte. Doch ist es nicht dasselbe Bild. Nach meiner Überzeugung sind alle Bilder gefährlich. Wenn wir versuchen, unsere Beziehung mit dem Schuhlöffel in die Schuhe eines anderen hineinzuquetschen, seien es die von *Harry und Sally* oder die von Charakteren aus der

Lindenstraße, dann holen wir uns unweigerlich Blasen und Hühneraugen. Beziehung heißt *Chaos*. Wer versucht, sie zu kontrollieren, vergeht sich an ihrer Lebendigkeit, an ihrer Individualität, an ihrem göttlichen Tanz.

Liebende lieben um der Liebe willen; in alle Lebenslagen springen sie mit dem Herzen voran hinein. Eine wirklich leidenschaftliche Liebesbeziehung lebt im Moment und umarmt das *Chaos*. Auch wenn wir unsere gemeinsame Zukunft planen – es ist klug, flexibel zu bleiben, einander Raum für Veränderung und Wachstum und unvorhersehbare Entwicklungen zu lassen. Wenn wir dem Unbekannten keinen Part zubilligen, wird unsere Beziehung zur bloßen Wiedergabe eines schon geschriebenen Skripts.

Dabei sind phantasievolle *Liebende* Trumpf. An ihrem Geburtstag kam Martha von der Arbeit nach Hause und fand dort ihren Mann als Geisha gekleidet vor. Er hatte einen sorgfältig zusammengestellten Imbiß für sie vorbereitet, und während sie speiste, massierte er ihre winzigen Füße. Danach führte er sie in ein üppig von brennenden Kerzen umstandenes Schaumbad, und als sie herauskam, lag er in ihrem gemeinsamen Bett. Er trug ein weißes Kleid. »Komm und hol dir dein Geburtstagsgeschenk«, sagte er mit listigem Lächeln.

Was uns davor zurückhält, ins *Chaos* unserer Beziehungen hineinzutauchen, ist die tiefsitzende Angst vor Intimität. Die meisten von uns haben eine Heidenangst vor diesem groß geschriebenen I. Wir brauchen Intimität, wir wollen sie, aber wenn wir ihr bis auf Schrittweite nahegekommen sind, nehmen wir wieder Reißaus. Wir halten fest, wir halten uns zurück, wir halten aus. Wir vermeiden Blickkontakt, weil wir fürchten, daß er unsere Verwirrung offenbaren könnte. Wir wollen den anderen offen, verletzlich und leidenschaftlich haben, wir wollen, daß sein Handeln integer ist, doch wir scheuen uns davor, dasselbe zu tun. Intimität ist keine Einbahnstraße – wir müssen geben, um zu empfangen. Unsere Beziehungen sind ein Maßstab dafür, was wir zu geben bereit sind. Die Leute beklagen sich immer darüber, daß keiner sie liebt und daß sie allein sind. Ich sage: »Dann lieb doch jemanden. Was immer du haben möchtest: Gib es fort!«

Jahrelang hatte ich einen Horror vor festen Bindungen und Intimität.

Deshalb war ich gespalten. Entweder hatte ich eine tiefe, leidenschaftliche sexuelle Partnerschaft mit jemandem, mit dem mich sonst nichts verband, oder ich war mit jemandem zusammen, der intellektuell anregend und liebenswürdig war, aber ein Langweiler im Bett. Solange ich einen Teil meiner selbst schützen konnte – entweder meinen Kopf oder meinen Körper –, fühlte ich mich sicher.

Es liegt Schönheit darin, die Furcht vor Intimität zu überwinden, sie loszulassen und die Intensität des *Chaos* in seiner ganzen, plötzlich aufscheinenden Leuchtkraft zu erfahren. Als *Liebende* reiten wir auf unserer Reise ins Herz des göttlichen Geliebten die wilden Wellen tiefdunkler Meere. Doch diese Odyssee unternehmen wir nicht allein. Obwohl sie bei der Selbstentdeckung beginnt, endet sie mit dem Loslassen des Selbst in den chaotischen Kosmos, in das magische Zauberspiel, das im Kern eines jeden von uns ruht: in den Geist Gottes.

Sie ruft den wilden Mann,
Der nackt tanzt an den Ufern
Des Ozeans, der sie ist,
Er, der mit Tigern spricht,
dessen Muskeln sich mit Anmut bewegen,
langsam und fließend.
Er, der nicht länger sein Dunkel
Fürchtet oder die Stille der Erde oder
Den manchmal erstickenden Zug
Ihrer unablässigen Rhythmen, ihrer
Anziehungskräfte und Gezeiten,
Er, der seinen Frieden gemacht hat
Mit Kali und mit der Leere,
Er, der nicht länger davonzurennen oder
Sich zu verbergen braucht
Vor der süßen Quelle der Kraft,
Die ihn ruft, von
Tief innen.

Jody Levy

Tun (oder nicht tun) – *Liebender*

Gewahrsein

Mache eine Liste mit allen Liebespartnern, die du bis jetzt hattest. Falls dir Namen entfallen sind, tut es auch eine kurze Beschreibung ihres Äußeren. Stehst du selbst auch auf der Liste? Wie oft machst du Liebe mit dir selbst? Oder rollst du dich im Bett auf die Seite und liest statt dessen lieber ein Buch mit Anleitungen zur Selbsthilfe? Wollte ja bloß mal fragen.

Jetzt sieh dir die Liste an. Was sagt sie über dich aus, allein in bezug auf die Anzahl? Wenn all diese Liebespartner nun auf einmal in deinem Zimmer aufscheinen würden wie der Chor im griechischen Theater: Was wäre ihr Gesang, ihre Klage, ihr Jubelruf? Studiere diese Liste, und benenne bei jeder Person den am meisten ausgeprägten Archetyp – *Mutter*, *Geliebte*, *Madonna*, *Vater*, *Sohn*, *Heiliger Geist*. Markiere jene, die alle Typen in sich verkörpern, mit einem Stern, und sieh in deinem Adreßbuch nach, ob du noch ihre Telefonnummer hast.

Was hast du daraus gelernt? Ziehst du besonders *Väter* oder *Madonnen* an? Nimm bei der Vorstellung, in welche Kategorie *du* jeweils fallen würdest, wenn sie dich beschreiben müßten, die Liste zu Hilfe. Welche Rolle hast du in ihrem Leben gespielt? Den Versorger, den Entwicklungshelfer, das Sexhäschen, den Herzensbrecher? Sei dichterisch; du bist ein *Künstler*!

Handeln

Ich empfehle die »Roth-Rhythmus-Methode«, allein oder mit anderen anzuwenden. Übe zuerst den *Flowing*-Liebenden. Leg Musik auf, die zu *Flowing* paßt, und erschaffe einen ganz fließenden, femininen, sinnlichen, erdigen Raum um dich, wie auch immer er deiner Vorstellung nach sein soll. Stürz dich in diesen Rhythmus, und mach es dir zur Aufgabe, ihn in deinem Partner zu erwecken. Übe anschließend den *Stac-*

cato-Liebenden. Verwende dazu funky Musik; mach Liebe auf einem Stuhl, im Stehen an der Wand, auf der Rückbank eines Autos. Übe dann den *chaotischen* Liebenden: Werde animalisch, kehre zu den Anfängen zurück, mach dabei Geräusche. Mach zu *Techno-Tribal*-Musik Liebe am Strand oder im Wald. Sei wild, unvorhersehbar und schöpferisch. Übe den *Lyrical*-Liebenden: Sei verspielt, spinn dich aus, zaubere. Mach Liebe zu klassischer Musik. Übe den *Stillness*-Liebenden: Mach Liebe zu tibetischen Chants oder einer anderen Musik, die den Geist in dir erweckt. Versuch dich dabei sowenig wie möglich zu bewegen. Lausche auf den Körper deines Partners, auch wenn das du selber bist. Vermeide einen Orgasmus. Konzentriere dich ganz auf euer beider Körper (oder, wenn du allein bist, auf deinen), wie sie in eine Zone hineingeraten, die frei ist von Zeit und Ego.

Eine Party für den Liebenden

Die Party für den *Liebenden* ist keine Pyjama-Party (es sei denn, du möchtest es so), sondern eher ein Kreis von Schreibenden. Verbring einen Abend mit guten Freunden, unterhaltet und belehrt euch gegenseitig mit euren Geschichten. Ein paar Themenvorschläge:

1. Wie ich meine Jungfräulichkeit verlor.
2. Der beste oder der wildeste Sex, den ich je hatte.
3. Meine geheimste sexuelle Phantasie.
4. Wie wir im Kopf oder im Körper die Geschlechtergrenzen über Bord werfen.
5. Eine verhängnisvolle Affäre.
6. Das Sexleben meiner Eltern.
7. Eine Zeit in meinem Leben, in der mich ein Geliebter beflügelt hat.
8. Eine Zeit in meinem Leben, in der ich in einem anderen den *Liebenden* beflügelte.

Der Suchende

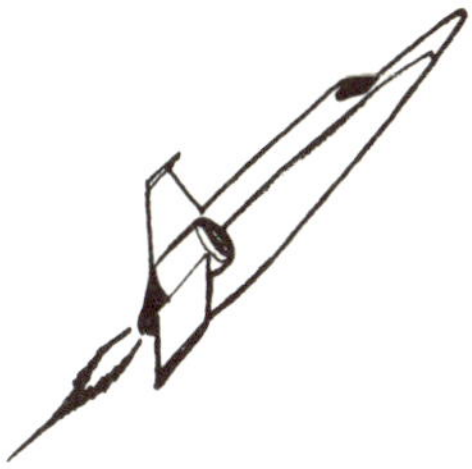

Ich war und bin noch immer ein Suchender,
aber ich habe aufgehört, Sterne oder Bücher zu
befragen; ich habe angefangen, auf die Lehren
zu lauschen, die mein Blut mir zuflüstert.
Hermann Hesse

Der *Suchende* ist die Verbindung aus der *Madonna* und dem *Heiligen Geist,* aus Unschuld und Weisheit. Der *Suchende* ist ein Geisteszustand, eine Metapher für unsere Existenz. Wenn unser intuitiver Verstand, der Verstand des *Suchenden*, in uns aktiv ist, dann brauchen wir nicht zu denken. Es genügt, wenn wir im Moment sind, offen für jede Erfahrung. Aus direkter Erfahrung kommt Weisheit, die etwas ganz anderes ist als Wissen. Wissen hat seinen Ursprung in äußeren Quellen und wird aus der umgebenden Kultur aufgesogen. Weisheit dagegen stellt sich nur dann ein, wenn wir unseren Verstand leeren und ihn von den Verengungen des Wissens befreien.

Im *Suchenden* steckt der Antrieb, im *Chaos* die Ordnung zu finden. Er fahndet nach dem Muster, das allem zugrunde liegt, er sucht nach den inneren, ewigen und bleibenden Themen und Verbindungen, die unserem Leben Sinn verleihen. Wir müssen darauf vertrauen, daß es solche Muster gibt, selbst wenn sie größer sein mögen, als es das Auge des einzelnen zu erkennen vermag. Sonst trudeln wir schließlich durch eine Landschaft des Nichts – und das ist kein schöner Aufenthaltsort. Solche Zuversicht verlangt einen vertrauensvollen Sprung. Vielleicht, weil ich Tänzerin bin, schrecke ich vor dem Sprung in die Leere nicht zurück. In mir ist der *Suchende* dasselbe wie Vertrauen.

Unter den Menschen, die ich kenne, gibt es keinen, der nicht noch mehr Glauben brauchen könnte. Ich meine nicht Glauben im religiösen Sinne, sondern den Glauben an unsere Entwicklung, an das, wer wir sind und was wir tun, woher wir kommen und wohin wir gehen. Vielen von uns fehlt das Vertrauen darauf, daß es irgendwo da draußen einen größeren Zusammenhang gibt, ein größeres Bild; statt dessen tapezieren wir furchtsam die Wände unseres Verstands mit Schnappschüssen davon, wie wir glauben, daß unser Leben aussehen sollte. Um die Erfahrung des Glaubens zu machen, müssen wir den ganzen Wirrwarr fortschaffen und Tabula rasa machen, bis unser Verstand ganz leergeräumt vor uns liegt. Mir widerfährt Glauben dann, wenn mein Verstand in meinen Füßen ist und ich frei von jedem Gedanken bin.

Vor ein paar Jahren sollte ich einmal in der Kirche St. James am Piccadilly Circus in London einen Vortrag halten. Aus unerfindlichen Gründen nahm ich dazu meinen Trommler Sanga mit. (Ich habe immer einen Trommler im Kofferraum. Sie kommen oft ganz gelegen.) Als er mit seiner Djembé ankam, sah er etwas verunsichert aus. Vermutlich raubten ihm all die in den Kirchenbänken hockenden Menschen den Mut.

Der Abend begann mit einer Zeremonie mit Kerzen. Zwei Frauen traten zum Altar, jede von ihnen entzündete eine dünne Wachskerze und wählte eine Qualität, die sie anrief und in den Raum einlud. Ich zündete die dritte Kerze an und rief Glauben herbei.

Fünfhundert Paar Augen sahen mich erwartungsvoll an, doch ich hatte nicht die leiseste Ahnung, was ich sagen würde. Alles, was ich wußte, war, daß Glaube die Brücke zwischen Unschuld und Weisheit ist, und so ließ ich mich in das marmorne Gedächtnis des Fußbodens sinken und diese Brücke überqueren. Meine Füße wußten, daß wir in dieser steinalten Kirche reif für etwas *Chaos* waren. Deshalb gab ich Sanga ein Zeichen, mit dem Rhythmus einzusetzen.

Ich begann im Kreis unter der vergoldeten Kuppel zu wirbeln und wünschte, daß Schwester Alberta mich jetzt sähe. Ich redete den Köpfen zu, sich fallen zu lassen, den Schultern, sich zu lockern, den Gesichtern, sich zu entspannen und den Körpern, sich aus den Kirchenbänken zu erheben und sich auf den Gang hinauszubewegen. Seit Jahrhunderten schon hatte ich von den Knien hochkommen und um einen Altar herumtanzen wollen, hatte ich eine Litanei aus Gliedmaßen zu Ehren des Gottes in uns erschaffen wollen – den Tanz in den Tanzenden, den Strom inmitten des Flusses. Ich beschwor ein Bild der *Madonna* herauf, die mit dem *Heiligen Geist* Tango tanzt. In dieser Verbindung bringt uns der *Suchende* ebenso gewiß zum göttlichen Geliebten, wie die *Mutter* uns der Erde übergibt.

Nachdem alles vorüber war, sprach ich mit Harry, dem Soundmann aus Australien, der sich als ausgebildeter Mathematiker herausstellte. »Also haben wir eine Menge gemeinsam«, sagte ich. »Wir sind beide von der Null besessen.«

Null-Mind ist das Reich des *Suchenden*, der Ursprung der Träume. Träume sind völliges *Chaos*, die private Filmvorführung des intuitiven Verstands. Und Träume sind oft sehr weise. Als ich in der Nacht vor Jonathans Operation in Utah war, träumte ich, daß er zwei riesige Schlangen im Mund hätte. Sie schlängelten sich um seine Wirbelsäule und kamen aus seinem After wieder heraus. Als ich aufwachte, wußte ich, daß er sich selbst heilen würde.

Bevor ich zu der Reise nach England aufbrach, die mich schließlich zur St.-James-Kirche führte, hatte ich geträumt, daß ich auf einer Küstenstraße einen Autounfall hätte. Auf dem Weg nach London machte ich auf Mallorca Station, um eine Woche bei meiner Freundin Lynn zu verbringen. Als wir nach glücklichen Ferien auf dem Weg zum Flughafen waren, kam uns in einer Haarnadelkurve plötzlich ein großer roter Reisebus entgegen. Der Zusammenstoß wäre nur dann zu vermeiden gewesen, wenn Lynn den Wagen über die Klippen gesteuert hätte. Sie entschied sich für den Bus. Das fand ich ziemlich weise.

Mit inneren Verletzungen, einer schweren Gehirnerschütterung und einem vollgepackten Unterrichtsplan kam ich in London an. Alle dachten, daß ich alles absagen müßte – bloß ich nicht. Da ich den Unfall vorher geträumt hatte, hatte er wohl sein sollen, und auch das folgende Nachspiel war wohl so gedacht. Ich gab meinen ganzen Glauben in diese Möglichkeit und machte mich ans Unterrichten, wobei ich die

Tour für mich unter das Motto »The Wounded Healer Rides Again«* stellte.

Ich beendete meinen Märtyrerakt, als mir klar wurde, daß ich einen Osteopathen brauchte. Man gab mir eine Liste mit zehn Namen, aber welchen ich aussuchen sollte, war mir völlig schleierhaft. Ich sah die Liste durch, schloß meine Augen und stellte fest, daß ein Name hängengeblieben war. Obwohl die dazugehörige Adresse von allen auf der Liste am ungünstigsten gelegen war, rief ich an und ließ mir einen Termin geben. Ich handelte im Vertrauen.

Mein Osteopath war ein *Madonna*-artiger Mann mit sanfter Stimme. Er praktizierte in einem kleinen Raum, in dem sich außer dem Behandlungstisch und der Reproduktion eines menschlichen Skeletts an der Wand nichts befand. Als er während der fünften Behandlungsstunde meinen Kopf hielt, bewegte der sich immer wieder nach rechts. Er fragte mich: »Was versucht Ihr Kopf zu sagen?« Ohne eine Sekunde zu zögern, antwortete ich: »Sei ein Buddhist.« Donnerwetter! Das war mir neu. »Und was fühlen Sie dabei?« fragte er mich beinahe flüsternd. »Große Traurigkeit.« Wie ich auf seinem Tisch lag und die intensive Wärme seiner Hände spürte, die in meinen Kopf hineinstrahlte, wurde ich von einem tiefen Gefühl der Sehnsucht überwältigt. Er forschte mich darüber aus, und ich hörte mich sagen: »Seit zweitausend Jahren suche ich meinen Lehrer.« In dieser Aussage fühlte ich tiefe Wahrheit, aber bisher war mir noch nicht aufgefallen, daß ich ein solches Gefühl in mir beherbergte.

Nach der Behandlung lud mich der Osteopath zu einem Tee in einem nahegelegenen Café ein. Bei einem Earl Grey und Waffeln mit Sahne vertraute er mir zu meinem größten Erstaunen an, daß er tibetischer Buddhist sei. Darauf erzählte er mir die Geschichte, wie er seinem Lehrer begegnet war, und das berührte mich tief. Während er sprach, sah ich immer wieder Bilder von Mönchen aus meinen Träumen auftauchen –

---

* »Die verwundete Heilerin ist wieder unterwegs.« Das Konzept vom »wounded healer« betrachtet die eigenen Wunden des Heilers als wesentliche Voraussetzung für die Ausübung seiner Kunst (Anm. d. Ü.)

einen tibetischen Mönch mit Cowboyhut, einen alten Mönch, der mit einem Kind auf dem Rücken einen steilen Hügel hinunterrannte, einen feurigen jungen Mönch, der sich an eine Gruppe von Menschen wandte, die auf Holzbänken vor ihm saßen. Mein Osteopath versprach mir, daß er seinen Lehrer bitten würde, mich anzurufen, wenn er in ein paar Monaten nach New York käme.

Zurück in Manhattan geriet ich schon bald wieder in den Sog meines hektischen Lebens, und als meine Verletzungen geheilt waren, hatte ich meinen netten Osteopathen schon ganz vergessen. Ein paar Monate später klingelte eines Tages das Telefon. Es war sein Lehrer, der gerade in New York angekommen war.

Am nächsten Morgen trafen wir uns zu einem japanischen Frühstück im Grand Hyatt Hotel. Als wir fertig waren, fragte ich ihn, was er tun wolle. Wollte er vielleicht in den Central Park? »Ein Park ist nur ein Park«, gab er sanft zur Antwort. Dann wollte er vielleicht lieber eines unserer großartigen Museen besichtigen? »Ein Museum ist nur ein Museum«. Endlich kam mir die Idee: »Dann lassen Sie uns zu Bloomingdale's gehen.« Da strahlte er.

Den restlichen Vormittag über fuhren wir auf der Rolltreppe auf und ab durch Bloomingdale's, ein in Karmesinrot und Gold gekleideter Mönch und eine Dame in Schwarz, Sonne und Leere, die nichts kauften, weil sie wußten, daß da nichts ist. Ab und an streunten wir durch die Etagen und sahen uns Kleider und Möbel und allerlei Geräte an. Vor den Lederwaren blieben wir bewundernd stehen; er hatte eine Schwäche für Portemonnaies, brauchte aber keins, da er nie mit Geld zu tun hatte. Es war eine ziemlich absonderliche Therapie für mich, mit einem Mönch einkaufen zu gehen.

Während wir die Lexington Avenue hinaufschlenderten, sagte ich zu ihm: »Manchmal ist mein Verstand nicht in meinen Füßen, und dann fühle ich mich endlos weit weg von der, die ich bin.« Er sagte mir, daß er sich niemals von seinen Füßen getrennt fühle. Das scheint ein typisch westliches Phänomen zu sein, dachte ich mir. Doch während wir nebeneinander hergingen, spürte ich, daß er unter einer anderen Art von Sehnsucht litt, unter einem Verlangen danach, frei zu sein, sich wie der

Wind bewegen zu können, wenigstens für einen Moment frei zu sein von Traditionen. Ich hörte das heraus, als er davon erzählte, daß er in seinem Heimatland keinen Schritt tun könne, ohne daß ihm ein paar tausend Menschen folgten. »Aber Sie können doch gehen, wenn Sie wollen, oder?« Er lachte. »Ja, ich bin in einem goldenen Gefängnis gefangen. Aber ich möchte nicht ohne Weisheit ausbrechen.« Über dieses Wort dachte ich lange nach. Wie viele von uns wollen schon wirklich Weisheit? Wir wollen alles mögliche, aber wer möchte schon echt weise sein?

Im letzten Jahr sprach der Dalai Lama in Manhattan, und eine Frau fragte ihn, ob er etwas über die zersplitterte westliche Familie sagen könne. »Seien Sie liebevoll«, antwortete er mit einem sanften Lächeln. Da liegt der Unterschied zwischen einem Kind aus Tibet und dem einsamen Jungen auf einem der vielen Basketball-Felder an den Straßen Amerikas: Die tibetische Seele wird mit Weisheit, Humor und Güte genährt. Man kann es an ihren Gesichtern ablesen. Obgleich sie oft mit denselben Dämonen zu kämpfen haben wie wir, sind sie durch ihre Kultur besser dafür gerüstet. Kein Wunder, daß ich von tibetischen Mönchen träume.

In den paar Stunden unseres Zusammenseins erfuhr ich eine Menge überraschender Dinge über diesen Mönch, unter anderem, daß wir dieselbe Fantasy-Literatur lesen. Erst war es mir fast ein bißchen peinlich, als ich ihm meine Vorliebe für Tolkien gestand. Nun fühlte ich mich versöhnt. Ich war immer der Auffassung gewesen, daß Fantasy-Literatur den Geist meines Verstandes ernährt, jenen Teil, der sich an die Magie erinnert, der mit Ungläubigen auf die Reise geht, sprechende Bäume und Zauberer trifft und sich in einer imaginären Welt bewegt. Jener Teil in mir, der Fantasy-Romane liest, weiß, daß auch mein Leben Fiktion ist – für das es keinen kurzen und knappen Überblick gibt, kein Register und kein Inhaltsverzeichnis. Wir alle sind die Autoren unserer Existenz, ständig damit beschäftigt, uns neu zu erfinden und zu überarbeiten. In welchem Stil wir unser Opus magnum schreiben, bleibt uns überlassen – Norman Mailer oder Stephen King, Virginia Woolf oder Rosamunde Pilcher.

Folge nicht den Fußspuren der Meister.
Suche, was sie gesucht haben.

Matsuo Basko

Als ich Anfang Zwanzig war und an der High School unterrichtete, gab man mir einmal eine Klasse von 35 Schülern aus zehn verschiedenen spanischsprachigen Ländern. Keiner von ihnen konnte ein Wort Englisch, und ich sollte es ihnen beibringen. Die Schulbücher waren natürlich mal wieder überfällig, und ich konnte nicht eine Silbe Spanisch. Es regierte das *Chaos*.

Gelegentlich schrie ich sie auf deutsch an, was für ein paar Minuten Ruhe schaffte. Ich erwog Selbstmord, erkannte dann aber, daß dies mein gesamtes Leben auslöschen würde und nicht nur diese zwei Stunden am Tag. Als ich einmal dasaß und ein Kind beobachtete, das ständig seinen Tagträumen nachhing, kam mir ein verrückter Einfall: Ich beschloß, ihnen vermittels ihrer Träume Englisch beizubringen.

Tag für Tag schrieben die Kinder nun ihre Träume auf Spanisch auf und übersetzten sie dann ins Englische. Wenn sie nichts geträumt hatten, liehen sie sich von jemand anderem einen Traum aus. Nachdem sie ihre Träume laut in der Klasse vorgelesen hatten, übertrugen sie sie in ein großes, gemeinsames Traumtagebuch. Auf diesen Seiten war Gott gegenwärtig, und die Kinder lernten schneller Englisch, als man es für möglich halten würde.

Jeder hat seine Geschichte, und indem wir diese Geschichte erzählen, wandeln wir unsere Erfahrung in Weisheit um. Ich habe mal einen Kahuna aus Hawaii kennengelernt, der ein gigantisch großes Herz und sechs Kinder hatte. Er erzählte mir viele Geschichten aus seiner Überlieferung. Eine, die mich sehr berührte, handelte vom Ho-O-Pono-Pono-Ritual. Jeden Abend vor Sonnenuntergang versammelt der Kahuna seine Familie um sich und erzählt ihnen von den guten und den weniger guten Dingen, die ihm an diesem Tage widerfahren sind. Jedes Kind tut es ihm nach, und am Schluß erzählt die Mutter von ihrem Tag. Bei dieser Gelegenheit klären sie alle unerledigten Probleme oder räumen Groll beiseite, der sich zwischen den Familienmitgliedern aufgebaut haben mag. Danach sitzen sie in Stille, sehen dem Sonnenuntergang zu und lassen mit ihm alles Gute und alles Schlechte des Tages gehen. Ich muß häufig daran denken, wie anders die meisten Familien ihren Tag verarbeiten, wie viele Familien negativen Ereignissen noch Jahre hinterherhängen und so keinen Raum für die Weisheit lassen, die aus ihnen strömt.

Manchmal lesen sich unsere Geschichten wie ein Kriminalroman. Eines Abends fühlte ich mich unüberhörbar von einem Restaurant in Soho gerufen, das wir noch nicht ausprobiert hatten. Es war ein frischer Winterabend, und ich hatte heftiges Verlangen nach einer Miso-Suppe. Für meinen Geschmack war die Speisekarte ein bißchen zu entschieden japanisch; trotzdem bestellten wir ein viergängiges japanisches Menü. Nach dem ersten Bissen schon ging mir etwas quer. Ich konnte nicht weiteressen. Da uns diese Erfahrung beide nicht gerade in einen Taumel der Begeisterung versetzte und da es ein sehr teures Essen war, das wir kaum angerührt hatten, baten wir den Kellner, es zum Mitnehmen für uns einzupacken. Daraufhin gingen wir in ein anderes Restaurant weiter downtown, wo wir fabelhaft aßen. Für den Fall, daß ein hungriger Obdachloser vorbeikäme, was in diesem Drittweltland namens Manhattan nur allzuoft vorkommt, ließen wir das in der Tüte mitgenommene Essen draußen vor der Tür stehen. Als wir aufgegessen hatten, stand die Tüte immer noch da. Also nahm ich sie mit, in der Hoffnung, daß wir unterwegs jemandem begegnen würden, der etwas zu essen bräuchte. Kaum waren wir drei Blocks weit den West Broadway hinaufgegangen, bemerkte ich einen Mann, der sich durch den Abfall an der Ecke Spring Street wühlte. Er war vornübergebeugt, und ich konnte ihn nicht richtig sehen. Als er sich zu uns umdrehte, fragte ich ihn: »Haben Sie Hunger?« Er nickte. Bevor ich ihm die beiden vollständigen japanischen Menüs aushändigte, sah ich noch einmal in die Tüte, um mich zu vergewissern, ob auch Stäbchen drin waren. Als ich den Kopf hob, trafen sich unsere Augen – er war Japaner! Der erste und letzte obdachlose Japaner, den ich jemals in Manhattan gesehen habe.

Leider finden die meisten Ausgrenzungen im Namen Gottes statt. Die Juden sind das auserwählte Volk, die anderen die Gojim (Menschen, die Gott nicht kennen); Katholiken kommen in den Himmel, die anderen verschmachten im Fegefeuer oder in der Hölle; die wiedergeboren werden, erlangen Erlösung, die anderen nicht; Moslems sind die Gläubigen, alle anderen sind Ungläubige. Alle trennenden Dogmen beruhen auf künstlichen Hierarchien. Wie ich schon sagte: Dogmen tanzen nicht. Im Bewußtsein des wahren *Suchenden* werden die Konzepte von Stamm und Gemeinschaft eins. Die Empfindung innerer Zugehörigkeit und äußerer Struktur löst sich auf. Es gibt keine Grenzen, keine Grüppchenbildung, keine VIP-Bereiche, keine Mitgliedskarten, keine PIN-Nummern.

Gott macht keine Fehler.
So ist er zu Gott geworden.
Archie Bunker

Für meine Workshops gestaltet Martha häufig künstlerische Installationen, die die Themen widerspiegeln, denen wir uns jeweils widmen. Bei einem *Bones*-Treffen schuf sie an dem der Farbe Rot gewidmeten Tag einen Altar aus einem roten Kleid, einer Schale mit Kirschen, einem Feuerlöscher, einem einzelnen roten Schuh, einer Rose, einem roten Telefon und einem Stoppschild. Zu einem *Heartbeat*-Workshop vor einiger Zeit brachte sie die Hand einer Schaufensterpuppe mit und stellte sie vor mir und den Trommlern auf. Martha wollte die Installation einfach halten, weil wir an diesem Ort nur den Abend verbringen und am nächsten Tag in einen anderen Raum weiter downtown umziehen würden. Einer meiner Trommler geriet über dieses Objekt ganz außer sich, aber ich sagte ihm, er möge sich wieder einkriegen, es sei schließlich nur eine Hand.

Der Weg zu dem neuen Raum am nächsten Morgen führte uns an einem obdachlosen Pärchen und ihren zwei Hunden vorbei, die die kleine Veranda vor dem Haus besetzt hielten. Sie waren am Tag zuvor zwangsgeräumt worden, und es war ihnen gelungen, wenigstens ein paar Möbelstücke und eine Kochplatte zu retten. Am dritten Tag des Workshops, als wir gerade aufgehört hatten, das Thema »Trauer« zu tanzen, fragte jemand, ob wir nicht etwas für die Familie auf der Straße unter uns tun könnten. Ihre Anwesenheit berührte uns alle, und so gab jeder ein paar Scheine. 500 Dollar kamen zusammen. Während ich überlegte, wie wir das Geld übergeben könnten, fiel mein Blick auf die Hand der Schaufensterpuppe, unseren symbolischen Altar. Da kam ich auf die Idee, die Geldscheine in die Zwischenräume der Finger dieser Hand zu stopfen und jemanden mit der Botschaft runterzuschicken: »Wir möchten euch eine Hand reichen.«

Der Tanz Gottes geht weiter
ohne Hände und Füße.
Kabir

Der *Suchende* lebt im *Chaos*, in der nichtdualen Zone, in der das Licht und das Dunkel in einer leuchtenden Umarmung miteinander verschmelzen. In dieser Zone löst alles sich auf im Tanz – *Madonna* und *Heiliger Geist*, *Künstler* und *Liebender*, *weiblich* und *männlich*, innen und außen. In dieser Verfassung halten wir nicht länger fest, wir lassen los. Wir denken nicht, wir wissen. Wir tun nicht, wir sind. Wir bleiben in Bewegung im Wissen, daß dies unser einziges Gebet ist.

Tun (oder nicht tun) – *Suchender*

Gewahrsein

Ein Freund auf dem College pflegte seine Zeit mit Kommilitonen in Cafés in Berkeley zu verbringen, wo er sich beibrachte, den Verstand auszuschalten. Seine Technik war ganz einfach: Worum es auch immer bei der Unterhaltung gehen mochte, immer nahm er den gegenteiligen Standpunkt ein. Besonderes Vergnügen hatte er daran, wenn er seiner eigenen Position Kontra gab und gegen sich selbst stritt. Eine fabelhafte Methode, Nichtanhaftung an Überzeugungen, Werte, Identitäten, Dogmen, Philosophien und alle anderen selbstgeschaffenen Konstrukte zu üben. Was für ein Weg, sich selbst zu entmystifizieren!

Versuche, jedesmal den gegenteiligen Standpunkt einzunehmen, wenn du dich eine bestimmte Sichtweise äußern hörst. Nimm ihn mit Überzeugung ein, mit der geballten Kraft deines göttlichen Verstands. Erweitere dein Bewußtsein, und dehne deine geistige Muskulatur.

Handeln

Denk an etwas, über das du mit dir im Streit liegst – ob du eine bestimmte Arbeit annehmen sollst oder nicht, oder ob du einer bestimmten Person etwas sagen sollst, was sie nicht gerne hören wird. Fang mit der einen Seite an. Drücke sie in Bewegungen aus. Übertreibe diese, bis sie zu einem stilisierten Tanz werden. Jetzt entwickle die andere Seite. Wenn beide Positionen in deinem Körper deutlich geworden sind, wechsle im Tanz immer zwischen beiden hin und her. Sorge dafür, daß deine Aufmerksamkeit auf den Raum zwischen beiden gerichtet bleibt, und tanze diese Energie.

Eine Feier für den Suchenden

Du lebst in einer Gemeinschaft, die inmitten anderer Gemeinschaften lebt. Wie kannst du dich dienend einer dieser Gemeinschaften anbieten? Du könntest etwa in ein Altersheim gehen und den Menschen dort etwas vorsingen oder tanzen oder ihnen deine Gedichte vorlesen – oder sie dazu bringen, selber welche zu schreiben. Du könntest dich auch einem Hospiz anbieten, um dort zu tun, was immer getan werden muß. Schenke einen Tag einem Verein, dessen Arbeit wirklich etwas bedeutet. Wie sagte Bob Dylan: »You gotta serve somebody.« Wem möchtest du dienen?

Maria, aller Pflichten ledig

Sie malt.
Reifes Licht flutet durch ihre Fingerspitzen,
die einen Bogen bilden, Engel aus Bindegewebe,
gehalten von Sehnsucht,
fordern sie ihren Farbton.
Sie entleert sich auf die Leinwand.
Sie ist das Meisterwerk.

Jewel Mathieson

Siebtes Kapitel

LYRICAL

Das Lied einer Drossel oder einer Nachtigall
Frühling
Balinesische Tänzer
Schaukeln
Schneeflocken
Audrey Hepburn
Ein Feld mit Osterglocken
Vergißmeinnicht
John Travolta in der Szene des Films *Erzengel Michael*, als er alle Frauen dazu bringt, mit ihm zu tanzen
Mobiles von Calder
Ausschnittbilder von Matisse
Frisbee
Seilspringen
Tolkien
Sekt
Lametta
Konfetti
Brahms' *Wiegenlieder*
Bimmelnde Glöckchen
Joan Mirós *Constellations*

Halloween gehört zu meinen liebsten Feiertagen. Nie lasse ich die Parade aus, die an diesem Tag wie ein chinesischer Drache auf Acid die Sixth Avenue entlang durch Greenwich Village schwankt. Als ich mich beeilte, um in diesem Jahr rechtzeitig dabeizusein, begegnete mir ein Würfelpaar, das in Motorradstiefeln die 13. Straße hinunterwackelte, und hinter einer Schwarzen Witwe mit baumelnden Beinen und einem neonroten Bauch blieb ich stecken. Sie lief in einer Linie mit dem Duo »Ernsthafte Kuchen«, das Business Anzüge und als Zitronenkuchen gestaltete Hüte auf dem Kopf trug. Das ist Manhattan in seiner wunderbarsten Form. Es gibt dort so viele Farben zu sehen, daß die Leute von weitem wie Luftschlangen aus Kreppapier wirken, die sich ihren Weg durch die Straßen bahnen.

Als ich die Ecke 13. Straße und Sixth Avenue erreiche, komme ich gerade rechtzeitig, um das Sandwich mitzuerleben. Zwei Brötchenhälften, ein Salatblatt, eine Tomate, eine Zwiebel, ein Hamburger und ein paar Pommes frites sind quer über die Avenue verstreut, wobei jeder seinem Tanz nachgeht, bis der Ton einer Trillerpfeife in den Haufen fährt und alle sich zu einem akkuraten Sandwich auftürmen. Danach schlage ich mir eine Bresche durch eine Menge lärmender Kinder in Hexenkostümen, Ballerina-Kleidchen und Superman-Capes. Hoppla! Aus Versehen bin ich auf Tinker Bell* getreten. Da kommt ein mit Playboy-Häschen geschmückter Festwagen eines Radiosenders vorbei, von dem Gloria Gaynor ihr »I Will Survive« hinunterplärrt. Ein Dutzend Marilyn Monroes mit Männerbeinen wirft auf Kommando ein Lächeln in die Menge. Ein betrunkener Seemann versucht, mitten in einem Dominospiel die Sixth Avenue zu überqueren. Auf halbem Wege fallen die Dominosteine, wie es ihre Art ist, einer nach dem anderen über seine Füße. Sein Schritt ist festen Boden noch nicht gewöhnt, deshalb purzelt der Seemann über sie. In dem Moment setzt die Samba-Band ein, und zwei Tina Turners werfen mir Luftküsse zu.

Diese Parade ist Straßentheater in Reinkultur. Sie bietet jedem die Möglichkeit zu sein, was oder wer immer man sein möchte. Mit ihren phantasievollen Kostümierungen und Persiflagen sorgen die Darsteller für jede Menge Inspiration. Sie arbeiten sich die Straße entlang, und die Schaulustigen an den Seiten geraten vor Begeisterung ganz aus dem Häuschen. Gesichter leuchten, von innen entzündet wie die Kürbisköpfe an Halloween. Für ein paar Stunden sind wir alle in ein und demselben Film, und zwar in einem, den Cecil B. DeMille inszeniert haben könnte.

Lyrical ist der komplizierteste von allen Rhythmen. Bei *Flowing* verwurzeln wir uns in der femininen Energie, bei *Staccato* in der männlichen; beim *Chaos* entdecken wir ihre Verbindung in uns. Bei *Lyrical* wer-

* Glöckchen – Figur aus *Peter Pan* (Anm. d. Ü.)

den wir uns bewußt, daß wir noch im Werden begriffen sind. Nichts ist fest, am allerwenigsten unsere Identität. Die tieferen Lehren von *Lyrical* sind jene der Selbst-Realisation, die sich im Fluß der inneren Freiheit einstellt.

> *Zwei oder drei Dinge weiß ich*
> *gewiß, und eins davon ist, daß ich*
> *eher nackt gehen als den Mantel*
> *anziehen würde, den die Welt für*
> *mich gemacht hat.*
>
> *Dorothy Allison*

Lyrical ist auch der Rhythmus, der am schwierigsten zu definieren ist. In Workshops höre ich oft: »Ich kann einfach nicht *lyrisch* werden!« *Lyrical* ist schwierig, denn man kann nicht so tun, als ob. Ich glaube, nicht mal Meg Ryan könnte *Lyrical* vortäuschen. Mag sein, daß sie Orgasmen simulieren kann, aber ich wette, daß sie die postkoitale Glut nicht vortäuschen könnte.

Man kann das Nachspiel eines Erlebnisses nicht vortäuschen, wenn einem das Erlebnis selbst fehlt. Und *Lyrical* ist das Nachspiel von *Chaos*. Wenn es uns nicht gelingt, all den Kram loszulassen, den wir mit uns herumschleppen – körperliche Widerstände, das emotionale Gepäck, die Grenzzäune im Kopf –, dann bleiben wir im *Chaos* stecken. Doch wenn wir es endlich geschafft haben, uns all dessen zu entledigen, was uns niederdrückt, dann werden wir leichter. In *Lyrical* vollzieht sich der Prozeß der Erleichterung.

In unserem Kulturkreis fällt es den Leuten schwer, ihre Schmusedecken wegzulegen und ihre Abwehrmechanismen fallenzulassen. Aus diesem Grund neige ich dazu, beim Unterrichten mehr Zeit auf *Chaos* als auf *Lyrical* zu verwenden. Erst kürzlich, nach zwanzig Jahren des Unterrichtens, entdeckte ich den Schlüssel zu *Lyrical*.

Vor einiger Zeit leitete ich an einem warmen Frühlingsabend in München einen *Waves*-Abend mit ein paar hundert Teilnehmern. Wir tanzten im Metropolis, einem sehr großen, alten Theatersaal mit einem tollen Holzfußboden und einem reich verzierten Balkon. Es ist ein hoher, offener Raum mit kleiner Bühne und hervorragender Akustik. Als wir noch gar nicht angefangen hatten, schwirrte die Luft im Saal schon vor gespannter Erwartung. Der Veranstalter hatte den klugen Einfall gehabt, mitten vor die Bühne eine kleine Treppe zu legen, so daß ich zwischen den Musikern auf der Bühne und den Tänzern im Saal hin und her steigen konnte. Ich fing auf der Bühne mit einem vom Jet-lag äußerst gebeutelten Robert und einem scharf aussehenden Sanga an – er trug einen weißen Umhang, in dessen Fäden ein riesiger orangefarbener Vogel hineingewebt war. Im Unterschied zu Manhattan, wo alle immer in verschiedenen Schattierungen von Schwarz zu Workshops erscheinen, erstrahlte dieser Saal in einem Regenbogen voller Farben.

In meinem äußerst behelfsmäßigen Deutsch stellte ich jeden Rhythmus vor. Die Tänzer hatten ihren Spaß daran, aber sie wußten meine Bemühungen zu schätzen. Mittlerweile bin ich zu einer Expertin im Radebrechen geworden, denn ich versuche immer, der Muttersprache des Landes, in dem ich gerade unterrichte, Ehre zu erweisen. Das zwingt mich zur Demut und zum Gebrauch des Präsens, und es bewahrt mich davor, ins weitschweifige Schönreden zu verfallen.

Ehe wir mit dem *Chaos* anfingen, bat ich Jonny, es zu demonstrieren. Er geriet derart schnell derart tief hinein, daß sein Tanz zu einer Invokation wurde und alle im Saal ihm so begierig folgten, als sei er der Rattenfänger von Hameln. Das *Chaos* war intensiv; niemand im Raum hielt noch irgend etwas zurück. Sangas Dreadlocks flogen in alle Himmelsrichtungen um seinen Kopf, Robert war in Trance – die Erschöpfung hatte all seine Widerstandskräfte aufgezehrt.

Als es Zeit wurde, in *Lyrical* überzugehen, wollte ich die Energie nicht durch eine Erklärung des neuen Rhythmus unterbrechen. Deshalb ließ ich den Wechsel nur über die Musik geschehen. Robert ließ die Baß-Tom weg und führte ein neues Pattern für die Füße ein, für das er die beiden am höchsten gestimmten Toms benutzte, um die Tänzer emporzuheben und ihre Schritte leichter zu machen. Sanga nahm seine Hände von der Djembé und bearbeitete sie nun mit zwei Timbales-Stöcken, doch mit einem intensiven, klingenden und stark akzentuierten Gesang auf seiner Trommel hielt er die Energie. Meine Stimme erhob sich mit ihnen in diesen hohen, luftigen Raum. Plötzlich überquerte der ganze *Tribe* von Tänzern die Schwelle zu *Lyrical.* Ihre Körper waren wie Hunderte schimmernder Blätter an einem riesigen Baum. Ich konnte ihren Atem hören und die Obertöne der Trommeln, die sich unter dem Gewölbe an der Decke des Saals eingenistet hatten und dort eine Sinfonie schufen, die an tibetische Klangschalen, hohe Streicher und den Gesang der Engel erinnerte.

Meine Aufmerksamkeit wurde von einem Tänzer in Weiß geweckt, der sich so anstrengungslos und leicht wie ein Vogel bewegte. Als er mitten in der Luft seine Sprünge und Drehungen vollführte, konnte ich die Fibern seines Seins erkennen, die ihn wie mit Lichtwurzeln an die Erde banden und es ihm gleichzeitig ermöglichten, sich dem Himmel entgegenzustrecken. Seine Bewegungen waren behende, gewandt und luftig; man konnte vom Zuschauen süchtig werden. Er erinnerte mich an einen Brief, den ich von einem Typ namens Rick in New York bekommen hatte, kurz bevor ich nach Europa abgeflogen war. Darin beschrieb er, wie sich *Lyrical* anfühlt: »Zum ersten Mal in meinem Leben genügt es völlig, einfach nur zu sein. Ich bin weißes, inneres Licht, ein Zusammenströmen tief empfundener Emotionen. Geist und Verstand sind unbeschwert, ich spüre Offenheit, Freiheit und Furchtlosigkeit. Ich bin ein kleiner Junge, der mit ausgebreiteten Armen in der Luft Kreise zieht, wie ein Papierflieger, der auf den Strömungen der Atmosphäre entlanggleitet und mit dem Winde lacht.« Und in der hintersten Ecke des Saals hatte sogar der Veranstalter für einen Moment alle Verantwortung fallengelassen und sich einer Träumerei von *Lyrical*-Bewegungen anheimgegeben.

Lyrical ist der Rhythmus meines Totemtiers, des Raben. Die akrobatischen Kunststücke, die die Raben in der Luft vollführen, faszinieren uns gewöhnliche Sterbliche sehr. Wie Kamikazeflieger jagen sie im Sturzflug herab, um im letzten Moment ihre Flügel auszubreiten und wieder aufzusteigen. Als Meister der Luftströmung lieben sie es, sich von steilen Felswänden herabzustürzen und vom Wind durch den Himmel geweht und umeinandergewirbelt zu werden. Sie sind Trickster; oft fliegen sie mit der Unterseite nach oben, schlittern über vereiste Teiche und lassen sich von Ästen herabhängen, wobei sie sich mit ihrem Schnabel oder einem Fuß festhalten. Kein Wunder, daß sie traditionell mit Magie in Verbindung gebracht werden. Ihre Flüge der Phantasie sind verspielt, einfallsreich und atemberaubend, und ihre irisierenden Schwingen gemahnen an das Mysterium des Dunkels in der absoluten Leere.

Ihr müßt uns zurückrufen,
denn heute sind wir sehr weit
ausgeflogen.

Spruch auf dem
Anrufbeantworter
von Zeet Peabody

Lyrical ist ein Rhythmus, der mit der Luft verbunden ist – während *Flowing* uns mit der Erde verbindet, *Staccato* mit dem Feuer und *Chaos* mit dem Wasser. Erdig, feurig, wäßrig und luftig zu sein heißt anzuerkennen, daß wir aus all diesen Elementen erschaffen wurden und daß sie unsere Anschauung und unser Handeln zu inspirieren vermögen. Die Rhythmen wirken als Katalysatoren, die diese Energien in uns erwecken. Wenn unsere Seele im luftigen Tanz des *Lyrical* zum Fluge ansetzt, dann wird auch unsere Vorstellungskraft grenzenlos.

Wir sind, wer immer zu sein wir uns vorstellen können. Vor Jahren traf ich einmal am Strand von Sitges in Spanien ein Mädchen aus dem tiefen Süden Amerikas, das davon geträumt hatte, Kindermädchen bei Prinzessin Gracia von Monaco zu sein. Aus einer Laune heraus schickte sie Ihrer Königlichen Hoheit einen Brief. Ein paar Wochen später kam ein Flugticket nach Monaco für ein Vorstellungsgespräch. Sie bekam den Job. Ich habe diese Geschichte nie vergessen und erzähle sie immer wieder Leuten, die denken, daß ihre Träume zu verwegen seien, als daß sie je wahr werden könnten. Die Phantasie des *Lyrical* ist auf Intuition begründet, die im *Chaos* ihren Feinschliff erhalten hat. Deshalb können wir darauf vertrauen, daß jedes noch so verwegene Projekt, das uns in den Sinn kommt, seine Wurzeln im fruchtbaren Boden unserer intuitiven Intelligenz hat.

Zum Erwachsenwerden gehört die Erkenntnis, daß wir unsere eigene Realität erschaffen. Wir mögen unsere Lebensumstände nicht bestimmen können, doch wir haben die Macht zu entscheiden, wie wir mit ihnen umgehen. Irgendwas geht immer schief, doch was zählt, ist, wie wir damit klarkommen. Statt uns in unserem Unglück zu suhlen, müssen wir die Verantwortung für unser Leben übernehmen.

In den Zyklen des Lebens gehört *Lyrical* zur Zeit der Reife. Sind wir endlich dort angekommen, haben wir Grund zum Feiern, daß wir die Pubertät und die Adoleszenz überlebt haben; jetzt sollte eigentlich alles leichter werden. Ich bitte die Menschen gern darum, sich an den Augenblick zu erinnern, in dem sie erwachsen wurden, sich jener Epiphanie zu entsinnen, da sie wußten, wer sie sind und wie sie das Spiel spielen würden.

»Man erwartet diesen Wechsel vielleicht in einer Meditationshütte oder in der Wüste«, erzählte mir Ya'Acov, »aber mir widerfuhr er bei einem Rock-Konzert. Mein Freund ist der Sänger einer sehr erfolgreichen Band, und ich glaube, daß ein Teil von mir ihn immer um seinen Star-Ruhm beneidet hat. Ich war auf einem seiner Konzerte, umgeben von Tausenden schreiender Teenager. Der Sound war enorm, und die Kids streckten meinem Freund ihre Hande entgegen, um wenigstens einen Hauch seines Atems oder eine Schwingung seiner Bewegungen zu erhaschen. Ich beobachtete das eine Zeitlang und hörte zu, bis ich die Augen schloß und mir die Hände auf die Ohren legte. Der Beat schaukelte meinen Körper, und die Lightshow drang durch meine Augenlider hindurch. Plötzlich wurde mir klar, daß ich die meiste Zeit meines Lebens mit der Phantasie zugebracht hatte, selbst einmal dort oben zu stehen und zu spüren, wie diese Hände sich nach mir reckten und mich brauchten. Gleichzeitig spürte ich, wie sich etwas in mir ausschaltete, wie ein altes Band. Und in einem Anfall von Erleichterung realisierte ich, daß mir mein Leben gefiel. Ich liebe meine Arbeit, meine Familie, meine Freunde. Wie eine Schlange, die sich häutet, ließ ich das Sehnen danach, ein Star zu sein, fallen. Ich lachte, machte die Augen auf, sah meinen Freund, den Rockstar, und lächelte ihm zu.«

Bei Robert schlug die Stunde der Reife, als er einen Fall von Tötung auf Verlangen übernahm. Ein 26jähriger Mann, der nach einem Motorradunfall vom Hals an abwärts gelähmt war, hatte seinen 23jährigen Bruder angefleht, ihn zu töten. Der tat es, mit einer abgesägten Schrotflinte. »Als ich den Fall übernahm, spürte ich zuerst den Neid dieses Jungen. Er war ein Einwanderer aus Polen, und ich lebte den amerikanischen Traum: Ich hatte Geld, Erfolg, ein Haus, Kinder, Ansehen. Doch bald beneidete ich ihn – denn ich konnte mir nicht vorstellen, daß ich jemanden genug lieben könnte, um zu tun, was er getan hatte, nämlich zu sagen: ›Wenn es das ist, was mein Bruder von mir braucht, dann bin ich bereit, dafür lebenslänglich ins Gefängnis zu gehen.‹ Ich schaute mir mein Leben an und stellte fest, daß ich nicht eine einzige Beziehung hatte, die auch nur ansatzweise so tief war wie jene, die meinen Klienten veranlaßt hatte, seine Liebestat zu begehen. Innerhalb eines Vierteljahres nach der Urteilsverkündung hatte ich alle Beziehungen, die nicht unterstützend und wesentlich gewesen waren, beendet. So wurde ich erwachsen und begann, Verantwortung zu übernehmen, indem ich herausfand, was in meinem Leben fehlte, und indem ich bewußt daran arbeitete, mein Herz und meine Seele zu füllen, statt meinen Verstand und meinen Geldbeutel.«

Wie alle Rhythmen hat auch *Lyrical* seine Schattenseite. Fehlt ihm die Erdung, laufen wir Gefahr, uns derart in eine Phantasie, einen Tagtraum oder ein Fluchtbedürfnis hineinzusteigern, daß wir den Kontakt zu unserem Körper, unserem Herzen und zum Verstand verlieren und wie eine düstere Wolke um uns selber kreisen.

Vor ein paar Jahren lief ich einmal die Fifth Avenue hinab. Ich war zerstreut und irgendwie nicht ganz da und achtete gar nicht darauf, wo ich hintrat. Undeutlich hörte ich einen Mann vor sich hinmurmeln: ›Ich werd' dir schon beibringen, mir aus dem Weg zu gehen‹, als ich auch schon einen kräftigen Schlag in meinem Solarplexus spürte. Plötzlich flog ich durch die Luft und landete mit einem Knall im Rinnstein. Umgeben von einem kleinen Kreis betroffener Gesichter, der sich um mich gebildet hatte, half mir Robert auf. Als ich wieder auf den Beinen war, im Schock, und mein rechter Arm herabbaumelte wie ein gebrochener Flügel, sah ich den Fremden die Straße entlangstolzieren, als wäre nichts gewesen. (Sicherheitshinweis: Nimm dich vor Männern in acht, die bei Frost nur ein T-Shirt anhaben.) Robert sagte: »Ich bring' dich ins Krankenhaus.« Doch ich sah ihn an, als sei er verrückt geworden, und antwortete ihm: »Nein, Liebling. Laß uns einen Kaffee trinken gehen und darüber reden.« Überflüssig zu sagen, daß Robert sich durchsetzte und ich die Nacht in der Notaufnahme verbrachte, betend, daß ich nicht an einen Assistenzarzt am Ende einer 36-Stunden-Schicht geraten möge.

Zerstreut und abwesend zu sein schadet Ihrer Gesundheit.

Tun (oder nicht tun) – *Lyrical*

Werde leichter. Bleib im Rhythmus von *Chaos*, frei und wild und verwurzelt, aber leichter. Laß die Anstrengung fallen, laß das Loslassen los. Tanze auf den Zehenspitzen, so daß du dich drehen, kreisen und hüpfen kannst. Laß dich durch den Raum springen, berühre dabei ganz leicht die Luft, den Boden und alles andere. Laß zu, was immer du fühlst, doch halte es nicht fest. Jetzt kannst du eine Schwerelosigkeit fühlen, so als wenn du ins Wasser sinkst und dabei kaum den Boden berührst. Laß das Gewicht von Vergangenheit und Zukunft entschwinden. Geh in Trance, und laß dich ganz darauf ein. Erfahre die erträgliche Leichtigkeit deines Seins. Konzentriere deinen Blick auf die Fingerspitzen und genieße es.

Musiktips:

LIED	CD	ANMERKUNG
»Eternal Dance«	*Totem*	*langsam*
»Ghost Dancer«	*Trance*	*mittel*
»Spirit«	*Waves*	*schnell*

Der Shapeshifter

»Mein Herr, ich fürchte, ich kann mich nicht erklären«, sagte Alice, »weil ich nicht ich selbst bin, sehen Sie.«
Lewis Carroll

Wenn *Lyrical* geerdet ist, wenn Körper, Herz und Verstand als Einheit zusammenwirken, dann sind wir nicht abwesend, sondern ganz und gar eingestimmt. Dann können wir schneller als jede Fernbedienung zwischen den Kanälen hin und her schalten. Dann verfügen wir über die improvisatorischen Fähigkeiten eines Jazzmusikers. Neulich etwa saß ich in der Küche einer Schauspielerin, mit der ich befreundet bin, und sah ihr äußerst erstaunt dabei zu, wie sie mit vier verschiedenen Anrufern auf zwei Apparaten gleichzeitig telefonierte, wobei sie sie immer wieder auf Warteposition schaltete.

Alles begann mit ihrer Mutter – wie so oft im Leben. Sie wurde vom Anruf der Telefongesellschaft unterbrochen, als gerade das andere Telefon klingelte. Auf diesem Apparat sprach sie einen Augenblick mit ihrer besten Freundin Buffy, die in Mexiko auf dem trockenen saß, nur um gleich von ihrem Agenten unterbrochen zu werden, der ihr Neuigkeiten vom letzten Vorsprechen mitteilte. Ich weiß nicht, wie sie im Kopf behielt, wen sie gerade auf welcher Leitung hatte, aber ich konnte beobachten, wie sie auf Knopfdruck die Rollen wechselte, ihre Stimme, den Tonfall – alles bis auf ihr Kostüm. Es war eine Oscar-reife Vorstellung.

In *Lyrical* wird uns bewußt, daß wir die Freiheit haben, jederzeit die Energie zu verändern. Wir sind nie auf nur eine Möglichkeit festgelegt, sondern wir wissen, daß uns immer alle Möglichkeiten offenstehen. *Lyrical* ist der Rhythmus der Seele, und die Seele ist von Natur aus ein *Shapeshifter*, Nachfahr einer alten schamanischen Tradition.

Die Legende besagt, daß einige *Shapeshifter* sogar ihre physische Identität verändern konnten. Sie konnten sich unsichtbar machen oder in Tiergestalten verwandeln. Wenn der Schamane sich das Aussehen und die Bewegungen von einem Tier lieh, indem er sich ein Kostüm anzog und die Körperbewegungen des Tieres übernahm, geschah häufig etwas recht Sonderbares. Der Schamane rief den Geist jenes Tieres herbei, nahm sich selbst als dieses Tier wahr und gab die Einsichten und die Weisheit jenes Tieres weiter. Er fing den spirituellen Gehalt dieser Kreatur ein, und indem er das tat, wurde diese Essenz in den Herzen, den Seelen und dem Verstand all jener lebendig, die Zeugen dieses Rituals waren.

In der modernen Zeit ist der Begriff *Shapeshifting* nahezu verlorengegangen. Allzuoft verharren wir in der Schattenseite des *Shapeshifters*, und zwar immer dann, wenn wir versuchen, uns unsichtbar zu machen oder jemand anders zu sein. Das geschieht dann, wenn wir, statt Vertrauen in den Fluß unserer eigenen Person zu haben, uns in eine Idee von dem verrennen, wer wir sind. Und wenn wir keine gute Idee haben, wer wir sein könnten, dann imitieren wir die von jemand anderem. Der Trick bei der Sache ist, sich mit dem Wandel zu identifizieren, statt mit der Gestalt, mit dem Prozeß statt mit dem Produkt.

Shapeshifting kann ein sehr nützliches Hilfsmittel dabei sein, wenn wir herausfinden wollen, wie wir unser Leben verwandeln können. Wir tragen die Gabe in uns, unsere Identität zu verändern, indem wir Energien Gestalt verleihen, die in uns verborgen sind. Ich habe in meinem Tanz die Erfahrung gemacht, daß eine Angst ihre Macht über mich verlor, wenn ich ihr physisch Ausdruck verlieh – etwa die Angst, meinen Geliebten zu verlieren, die Angst um die Sicherheit meines Kindes oder die Angst vor dem Beurteiltwerden.

Shapeshifting ist der Schlüssel zu meiner Form des rituellen Theaters. Es ist ein Weg, die archetypischen Rollen, die unser Leben beherrschen, in dramatischem Spiel darzustellen und sie so ins Wachbewußtsein zu holen. Als wäre die Psyche eine anarchische Theatertruppe, die sich aus lauter Hanswursten, Tragöden, Primadonnen und dem gelegentlichen Auftritt eines Wunderwesens zusammensetzt. Meist gibt es außer Captain Control, dem Herrn Über-Ich, keinen Regisseur, und bedauerlicherweise hat der für diese Aufgabe nur verschwindend wenig Talent.

In den späten 60er Jahren habe ich in Esalen mal an einem Psychodrama-Workshop teilgenommen, der von einem chinesischen Zwerg in Cowboystiefeln geleitet wurde, einem Subud-Meister. Ich fand es so maßlos aufregend, an einem Theaterworkshop teilzunehmen, daß es einiger Stunden bedurfte, ehe die Realität meine Erwartungen fortzuwischen vermochte. Der winzige Mann stellte sich vor uns auf und verkündete mit seiner dröhnenden Stimme, daß es in den nächsten fünf Tagen niemandem erlaubt wäre, diesen Raum zu verlassen, aus welchem Grund auch immer. Um seiner Absicht Nachdruck zu verleihen, hatte er an den Türen vier Assistenten postiert, in deren Gesichter eine Miene eingemeißelt war, die soviel besagte wie: »Am besten versuchst du gar nicht erst daran zu denken.« Später bekamen wir heraus, daß sie allesamt den schwarzen Gurt in Aikido trugen.

Der chinesische Zwerg arbeitete mit jedem Gruppenmitglied einzeln, mit einem nach dem anderen, und mit jedem mehrere Stunden hintereinander. Ich kam am dritten Abend mitten in der Nacht dran. Er hieß fünf gewaltige Typen aus der Gruppe mich niederdrücken. Zuerst kämpfte ich wie ein eingesperrtes Tier gegen sie an, doch bald erkannte ich die Hoffnungslosigkeit dieses Unterfangens und fügte mich drein. Aber ich gab nicht auf. Ich zog nur meine Energie zurück und wurde ganz schlaff. Da sie nun nichts mehr hatten, gegen das sie kämpfen konnten, ließen die Männer locker, und während sie einfältig grinsten und sich in ihren Heldenträumen gefielen, glitt ich in den Körper einer Schlange und entwand mich ihrem Griff. In diesem Moment entdeckte ich den Unterschied zwischen Stärke und Kraft.

Doch es war noch nicht vorbei. Die Gruppe bildete einen Kreis, der Cowboy warf mich in die Mitte und sagte mir, daß ich wieder rauskommen solle. Ich hatte keine Verbündeten – nach drei Tagen ohne Schlaf, ohne Essen, ohne Kaffee, ohne Zigaretten, ohne Zahnbürste, ohne Freunde, ohne die Klamotten gewechselt zu haben, ohne Erinnerungen an die Welt, wie sie zuvor gewesen war, waren wir wie die Jungs in dem Film *Der Herr der Fliegen*.

Eine Dame versuchte mir zu helfen, aber ich warf sie raus, denn für eine Mutter war ich nicht in Stimmung. Die Gesichter der übrigen

Gruppenmitglieder waren kalt; sie beobachteten jede kleinste meiner Bewegungen. Mir wurde klar, daß es körperlich nichts gab, was ich tun konnte, um da rauszukommen. Mit dieser Erkenntnis ging eine merkwürdige Empfindung von Freiheit einher; ich fiel auf den Grund meiner selbst und landete in meinem Humor. Ich fing an, hysterisch zu lachen, vollzog einen völligen Wechsel ins Clownsregister, begann, Purzelbäume und radzuschlagen – benahm mich im Grunde, als wenn ich nicht mehr alle Tassen im Schrank hätte, behielt dabei aber gewissermaßen die Augen im Hinterkopf offen. Ich verführte meine Wächter dazu, sich zu entspannen, sah, wie sich ihre Hände lockerten, und spähte die Schwachstelle in der Kette aus. Schließlich rollte ich zwischen deren Beinen hindurch aus dem Kreis heraus.

Am Ende hatte ich gelernt, daß meine Kraft nicht in meiner physischen Stärke lag, sondern in meiner Verletzlichkeit. Jedesmal, wenn ich mich ihr ganz hingegeben hatte, wurde ich stark. Für dieses Geschenk und dafür, daß er mir den *Shapeshifter* in mir gezeigt hatte, küßte ich dem Subud-Meister die Füße.

Manchmal brauchen wir den Wechsel, um zu überleben, manchmal trägt er uns auch in völlig neue Dimensionen. Ich erinnere mich daran, wie ich einmal eine Woche lang in Big Sur tagsüber eine Gruppe unterrichtete und nachts das Gelände von Esalen überquerte, durch den Garten mit der steinernen Vogelscheuche lief, am Runden Haus und am Wasserfallhaus vorbei, über die Brücke bis zum Großen Haus, wo ich eine andere Welt betrat, die Welt des Don Jose Matsuwa, eines Huichol-Schamanen.

Die Einladung, an der Zeremonie mit ihm teilzunehmen, war eine Ehre für mich. Als ich mich dem Raum näherte, in dem das Ritual stattfand, sah ich ihn zum ersten Mal. Er war weit weg in einem geheimnisvollen Lied, und in seiner Hand wiegte er sanft einen Gebetspfeil. Don Jose war über hundert Jahre alt und sah aus wie Neptun nach tausend Jahren auf dem Meeresgrund. Um seine Stirn trug er ein gewebtes Band, auf seinem Kopf saß ein bunter Hut. Er war ein kleiner Mann, doch sein Geist erfüllte das ganze Haus, hob das Dach in die Höhe und rief den Himmel zum Tanz herab. Er saß vor einem Feuer, und über seinem Kopf hing ein riesiges rotes Stick-Bild, das die Reise des Schamanen zeigte. In der Mitte der Zeichnung war ein Peyote-Button zu sehen, das heilige Sakrament der Huichol, das ihnen Vision und Herz verleiht.

Zum Herzschlag der Trommel, zum Klang der Rassel, zum Gesang des Schamanen tanzten wir in einem Kreis. Wir tanzten im Geist des Hirsches. Fünf Nächte lang tanzten wir die ganze Nacht. Wir tanzten, bis aus unseren Füßen Flügel wuchsen und wir zu einem Stamm von Nomaden aus allen vier Winden geworden waren.

Ich tanzte in eine andere Dimension hinein, in einen Raum, der jenseits meines physischen Selbst lag. In der Bewegung spürte ich, wie ich mich in einen Raben verwandelte und im jammernden Wind zum Flug ansetzte. Im Wind hörte ich all die Dinge, die ich nie gesagt hatte, aber immer hatte sagen wollen. Es durchschüttelte mich bis ins Mark, und meine Einzelteile wurden in alle Richtungen verstreut.

Vor meinem inneren Auge suchte ich verzweifelt die Teile wieder zusammen und legte sie eines neben das andere auf den Altar der Großen Mutter. Sie verbrannten in ihrem Weihrauch, Asche zu Staub. Ich wollte Vergebung, wußte aber nicht, wen ich darum bitten sollte. Ich wußte, wen, aber nicht, wie. Wie, aber nicht, wann. Ich wußte nichts. Alles, was ich tun konnte, war tanzen, immer im Kreis, mein Leiden hinter mir lassen und davonfliegen in eine leuchtende Welt.

Trance ist ein heikler Ort, den nicht viele verstehen. Es ist ein Zustand der Achtsamkeit, der sich nur einstellt, wenn du dir aus dem Weg gehst und in dein wahres Selbst hinabfällst, so tief, daß etwas im Innern klick macht und du gleichzeitig sein und Zeuge deines Seins sein kannst. Daß Trance ein Bann sei, den jemand anders über dich sprechen kann, ist ein Märchen. Trance ist hypnotisch, aber sie ist keine Hypnose. Niemand außer Gott kann dich in Trance versetzen, und Gott läßt dich darum betteln. Es braucht viel innere Vorbereitung, um sich von der Idee zu lösen, man selbst sei derjenige, der bewegt, und statt dessen zuzulassen, daß man bewegt wird. Du wirst getestet, auf tausenderlei Arten.

Wenn wir in Trance sind, begeben wir uns in das größere Ganze. Von diesem Standort aus können wir ins Dunkle unseres Herzens sehen und all das loslassen, was uns verfolgt, und es an den Großen Geist übergeben. Manchmal bewegt mich der Geist des Raben, manchmal bewegt mich der Geist des Flusses, der *Madonna* oder des Windes. Manchmal bewegt mich der Geist der Angst oder des Zorns. Wenn ich loslasse, trägt er mich aus meinem gewöhnlichen zu meinem leuchtenden Selbst. Jede Energie kann zum Tor werden, wenn sie ganz und gar verkörpert ist.

Trance gehört zur Schwingung des Stammes; nur selten kommt sie zum einzelnen. Ich danke Gott für Paris und seine anrüchigen Clubs auf der Rive gauche, denn dort begegnete mir die Trance erstmals außerhalb meines eigenen Tanzes. Ich beobachtete ihr Eintreten in einem verqualmten Club während eines haitianischen Voodoo-Rituals, vor dessen Beginn die Priesterin alles in ihrer Macht Stehende getan hatte, um uns vom Bleiben abzubringen. Wir saßen nicht nur auf den unbequemsten Holzstühlen, die je geschreinert wurden, sondern nach Mitternacht brachte sie erst einmal drei Stunden damit zu, mit Salz Symbole auf den Boden zu zeichnen. Nachdem der Großteil des Publikums in die Nacht entschwunden war, begann sie mit ihrer Zeremonie. Alles an ihr zog mich magnetisch an: ihre intensive Präsenz, ihre Laser-Augen, ihr weißes Gewand mit den goldenen Pailletten, ihre vogelartigen Hände – die eine hielt eine Whiskeyflasche, mit der anderen wischte sie Zeichen ins flackernde Kerzenlicht.

Als die Trommeln mit ihrem faszinierenden Rhythmus einsetzten, intonierte die Priesterin langsam ihre Gesänge. Eine nach der anderen betraten sechs junge Frauen den Raum und fingen an zu tanzen, wobei sie die Symbole aus Salz mit den Füßen traten und in alle Winde zerstreuten. Zwischendurch nahm die Priesterin immer mal wieder einen tiefen Schluck aus der Flasche und spuckte die Flüssigkeit auf eine der Tänzerinnen. Während die Intensität des Tanzes und des Getrommels sich noch weiter steigerte, wurden einige der Tänzerinnen von den hypnotischen Polyrhythmen hinweggefegt, wobei ihre Körper sich wiegten und drehten und ihre Arme sich in der Luft zu Bögen formten wie ein gewalttätiges Gebet. Nachdem sie etwa eine Stunde lang getanzt hatten, raste plötzlich eines der Mädchen geradewegs auf mich zu. Zuerst bekam ich einen wahnsinnigen Schreck, denn sie war ziemlich schwer, und ich hatte keine Möglichkeit, ihr auszuweichen. Ich hob meine Hand in die Höhe, um mich zu schützen, aber in dem Moment der Berührung geschah etwas Eigenartiges: Mit dem Zeigefinger schob ich sie in den Kreis zurück – sie hatte kein Gewicht. Im Zustand der Trance werfen wir alles Gewicht – mental, emotional und physisch – in den Wind und geben uns der Leichtigkeit des Seins hin. In diesem durchscheinenden Seinszustand werden wir neu geboren.

Vor zehn Jahren leitete ich im Weingebiet Nordkaliforniens einen Workshop, in dem es um die Verbindung von Kunst und Heilung ging. Die Teilnehmer waren alle entweder Künstler oder Heiler. Ich gab ihnen den Auftrag, die Fünf Rhythmen mittels ihres jeweiligen Mediums zu gestalten. Einige taten dies mit visuellen Mitteln, andere schufen etwas, das zwischen visueller Kunst und Performance lag, wieder andere stellten die Fünf Rhythmen in einem lehrenden Zusammenhang vor. Eine junge Frau malte Bilder zu den Rhythmen auf Seidentücher, aus denen sie dann wunderschöne Tanzröcke machte – einen davon trage ich seitdem immer wieder. Mein damals 18jähriger Sohn hatte gesagt, daß er in diesem Projekt seine drei Totemtiere tanzen wollte. Es war vorgesehen, daß er dies am letzten Tag tun sollte.

Ich machte gerade ein Nickerchen in meinem Wohnwagen, um der sommerlichen Hitze und den allgegenwärtigen Bienen zu entfliehen, als Jonny ganz aufgeregt durch die Tür gerannt kam. Am Morgen hatte er noch wie eine scheue, verzweifelte *Madonna* an meinem Bett gesessen, weil sich ihm sein drittes Totemtier noch immer nicht offenbart hatte. Ein Freund hatte ihm eins vorgeschlagen, aber das paßte nicht. »Ich kann's nicht spüren, Mama.« »Geh allein hinaus und bete darum, daß das dritte kommt. Höchstwahrscheinlich ist es das, das dir am nächsten ist, und darum hast du solche Schwierigkeiten, es zu sehen.« Jetzt war er zurück und brannte förmlich darauf, mir zu erzählen, was er gesehen hatte.

»Ich war da, wo die Berge anfangen, und bin durch die Wälder gewandert. Ich habe mich dem Universum geöffnet, Steine und Muscheln und Knochen und Federn gesammelt. Dann bin ich auf mein Zimmer zurückgegangen, um zu meditieren. Ich wollte aus tiefster Seele, daß sich mein Totemtier jetzt offenbart. Ich saß in der vollen Lotusposition, schaukelte und sang, bis ich den Drang verspürte, den Großen Geist anzurufen: ›Was ist mein Totemtier?‹ Ich griff nach rechts, wo meine Medizinkarten lagen, breitete sie aus und ließ meine Hand über sie gleiten. Ich zog den Wolf. Als ich die Karte ansah, wurde ich ganz euphorisch. Ich hatte es gewußt, aber mir hatte das Vertrauen gefehlt.«

Jetzt war seine Dreiheit aus Totemtieren komplett: Delphin, Adler und Wolf. In der Überlieferung gilt der Wolf als Pfadfinder, als Erneuerer, als Lehrer. Ich war nicht im mindesten überrascht, daß er den Ruf zum Weg des Lehrens empfangen hatte, daß er sein Leben damit verbringen würde, seine Kraft dazu zu nutzen, andere zu stärken. Am nächsten Tag, als er die Gruppe in eine wunderbare Bewegungs-Session führte, wurden wir alle Zeugen seiner Gabe. Mit einer sehr persönlichen und poetischen Anrufung der vier Himmelsrichtungen begann er seinen Tanz. Er stand in der Mitte des Kreises, in sein langes, blondes Haar waren Federn und Zweige gesteckt, Gesicht und Körper waren mit Symbolen bemalt, und seine Seele gab sich seiner Mission hin. Seine Arme schienen im Körper zu verschwinden, als er zum Delphin wurde und verspielt in dem Kreis umhertanzte, der zu seinem Meer geworden war. Dann verwandelte er sich in einen majestätischen Adler mit enormer Spannweite, und unser Kreis wurde zu seinem Himmel, sein Flug unser Gebet. Dann eine weitere Verwandlung, in den Silberwolf. Mit jedem Wechsel verwandelte sich sein Körper vollständig. Jeder Tanz war Gebet, war Vision. Er endete, indem er uns alle in seinem Tanz versammelte und in die Trance führte. Als es vorüber war, war ich vollkommen perplex. Ich hatte soeben den Stab weitergereicht. Eine neue Generation des Lehrens war geboren.

Für unsere Selbsterkenntnis ist es wichtig, daß wir unsere Totemtiere kennen. Sie verbinden uns mit dem Reich der Tiere und lassen uns an ihrem Wissen teilhaben. Jeder hat eine ganz spezielle Verbindung zum Tier-, Pflanzen- und Mineralreich, und diese Verbindungen sind Nahrung für die Seele. Oft empfehle ich den Menschen, die meine Arbeit unterrichten, ihre Totemtiere zu beobachten, um von ihnen Hinweise für ihren Lehrstil zu erhalten. Ein Adler unterrichtet ganz anders als eine Schildkröte, ein Rabe oder eine Eule. Wer diesen Teil in sich ganz annimmt, verbindet sich mit einem zentralen Aspekt seiner Seele. Meine Freundin Heather ist eine Eule und eine magische Geschichtenerzählerin. Ihre Kraft schaltet sich des Nachts ein. Viele Nächte bin ich ihrem Rhythmus erlegen und habe mich dabei ertappt, wie ich die Sonne anflehte, sie möge sich mit ihrem Erscheinen doch noch ein bißchen länger Zeit lassen.

Während uns *Flowing* lehrte, wie wir zum Teil eines Stammes werden, *Staccato* uns darin unterwies, wie wir Teil einer Gemeinschaft werden und *Chaos* uns darin unterrichtete, wie wir die Energie dieser Verbündeten auf das Ziel des Dienens richten, zeigt uns *Lyrical* unseren Platz im Universum als Ganzes. In *Lyrical* suchen wir sowohl die Wahrheit über uns selbst als auch über unseren Auftrag hier auf Erden. Niemand kann uns diese Suche abnehmen, denn sie gestaltet sich in höchstem Maße individuell. Immer wieder müssen wir uns ins Unbekannte und Mysteriöse unseres Selbst vorwagen, dabei allen Widerstand gegenüber dem schöpferischen Prozeß der Selbsterkenntnis aus dem Weg räumen und gleichzeitig die Disziplin entwickeln, die es braucht, um ein freier Geist zu werden. Um das zu tun, müssen wir bereit sein, jede Verhaftung an eine spezifische Identität loszulassen, die auf Geschlechts- oder Klassenzugehörigkeit, auf Beruf, sexueller Neigung, Nationalität oder Religion beruht, und uns selbst als ständig im Fluß befindliche Energiefelder zu erforschen. Um das zu tun, müssen wir wiederum alle Erwartungen fallenlassen, die wir möglicherweise aus anderen Zeiten, Orten und von anderen Leuten mit uns herumschleppen. Wir müssen uns vollkommen entblößen, bis wir den Schleier lüften, der über unserer nackten Seele liegt.

In *Lyrical* zu sein ist so, als schwebe man in einem Ballon, der mit einem Gas gefüllt ist, das leichter ist als Luft. Unser Körper, angefüllt mit Seele, erhebt sich zum Flug. Wir fliegen auf und davon, lassen die Begrenzungen unserer individuellen Persönlichkeit hinter uns, steigen über die gesellschaftlichen Strukturen unseres Alltagslebens hinaus und werden Zeugen unserer eigenen Entfaltung.

Wenn wir uns aus dieser *Lyrical*-Perspektive beobachten, können wir die Landschaft des Selbst deutlich erkennen. Die Archetypen markieren dabei die unterschiedlichen Zonen des Bewußtseins und des Handelns, durch die wir uns bewegen können. Doch müssen wir der Versuchung widerstehen, uns in ihnen einzuschließen und sie für eine andauernde Identität zu halten. An einer Identität festzuhalten kann tödlich sein und dazu führen, daß wir die Rolle nähren und den Menschen, der darunter lebt, aushungern. Zum Beispiel Supermama: Sie erledigt ihren Job ohne Röntgenblick, sogar ohne das Cape, jongliert mit Kindern, Eltern, Ehemann, Arbeit, Hunden, Katzen, Hamstern, Babysittern, Putzhilfen und Supermärkten. Wenn sie in diesem Archetyp steckenbleibt, ist ihr der Zusammenbruch sicher. Sie braucht einen Schuß *Madonna*-Meditation oder einen wilden *Sohn*-Kaufrausch, um ein Gegengewicht zu schaffen.

Als meine Freundin Clare ihren Lover wegen eines anderen verließ, hatte sie große Schuldgefühle und konzentrierte sich ganz auf die negativen Seiten ihres Ex, um sich besser zu fühlen. Aber das half nicht. »Konzentriere dich auf seine Seele. Erkenne das an, was dich an ihm angezogen hat«, riet ich ihr. »Und im Wissen, daß er immer ein Teil von dir bleiben wird, laß ihn los.« Also sann sie über die Archetypen ihres Freundes nach: »Zuerst liebte ich ihn deswegen, weil sich unter seinem lässigen Charme und seiner sorgfältigen Erscheinung ein scheues kleines Mädchen verbirgt, das mit mir im Bett sitzt oder still dem Gesang einer Amsel lauscht. Dann ist da eine *Mutter* in ihm, die immer will, daß ich tüchtig esse und warm genug angezogen bin, wenn es kalt draußen ist. Ein *Vater*, der präsent ist, die Führung übernimmt und in der Küche alberne Spiele spielt. Dann ist ein verrückter *Sohn* in ihm, der immerzu über rote Ampeln brettert und grinsend den Bullen den Stinkefinger zeigt. Ein *Künstler*, der hofft und lacht und ganz im Moment lebt. Eine *Geliebte*, die mich mit ihrer langbeinigen Anmut und einem Lächeln in den Augen verführt. Und ein *Heiliger Geist* mit Händen voller Liebe, die er vor der Welt verborgen hält, der Muster und Licht zu sehen vermag, der von Dingen weiß, ohne daß man sie ihm gesagt hat, und der sich so schnell verändert, daß es manchmal wie ein Wunder erscheint.«

Davida ruft mich ganz beunruhigt an. Ihr Vater liegt mit Leberversagen im Krankenhaus und wartet dort auf eine Transplantation. »Konzentriere dich nicht auf seinen Körper, konzentriere dich auf seine Seele«, sage ich ihr. »Zur Zeit ist sein Körper in einen Krankenhauskittel eingezwängt, doch seine Seele verändert weiterhin unablässig ihre Gestalt.« Ein paar Tage später schickt sie mir ein Fax: »Ich habe deinen Rat befolgt. Wenn ich meinen Vater dabei beobachte, wie er einen Löffel Vanilleeis in sein *Root beer* tut und darüber kichert, wie es über den Rand des Glases blubbert, dann sehe ich die *Madonna* in ihm. Sein Lächeln macht mich froh. Ich sehe den wilden *Sohn* in ihm, wenn er sich im Krankenhaus an den Schreibtisch schleicht und versucht, seine Akte obenauf zu legen, damit er der nächste ist, der drankommt. Seine *Geliebte* kommt zum Vorschein, wenn er mit den Krankenschwestern flirtet. Mir wird jetzt klar, daß diese Archetypen immer in ihm waren – ich habe sie bloß nie bemerkt. Dabei konnte ich die *Geliebte* in ihm sehen, wenn er auf meinen Geburtstagsparties die Hintern der Mädchen prüfte, die eingeladen waren. Der wilde *Sohn* in ihm hat mich mal zur Schule gebracht und ist alle Stufen vor dem Gebäude mit dem Auto hinaufgefahren, um mich dort aussteigen zu lassen. Der *Vater* in ihm redet über Politik und erklärt mir, wie die Welt funktioniert, während sein *Heiliger Geist* mir aus *König Lear* und *Hamlet* rezitiert.«

Wir können auch uns selbst durch dieses Prisma betrachten und die spezifische Art herausfinden, wie wir diese unterschiedlichen archetypischen Energien bewohnen. Ein Trick dabei ist, mal den Kleiderschrank durchzusehen. Der Teil in dir, der die Klamotten kauft, ist aber nicht notwendigerweise derselbe, der sie dann auch Tag für Tag anzieht. Viele meiner Freundinnen kaufen sich Kleider für die *Geliebte* und schlurfen dann doch wochenlang im selben Outfit durchs Leben, meistens in irgendeinem seesackartigen *Mutter*-Teil, in dem sie sich verstecken können.

Ich habe auch schon das Gegenteil gesehen. Vor ein paar Tagen bewunderte ich die Vinyl-Hosen meiner jungen Freundin Cherie: »Mein Gott, Schwester, die Dinger sind aber heiß!« »Cool, was?« antwortete sie. »Meine *Geliebte* trägt Vinyl. Ich habe String-Tanga-Unterwäsche aus Vinyl, diese Hosen aus Vinyl, eine Jacke aus Vinyl – manchmal denke ich, mein Gehirn sei aus Vinyl! Aber ich bin nicht auf Vinyl festgelegt. Du solltest mal meine Power-Anzüge sehen! Das sind *Vaters* Kommandoklamotten, mit Reißverschlüssen und Kragen. Und mein *Sohn* steht auf abgeschnittene Sachen, auf Flanellhemden und auf alles, was gerippt ist. Und neulich habe ich entdeckt, daß mein *Heiliger Geist* lieber in Jeans und mit einem Rucksack rumläuft, statt mit Heiligenschein in einem geistlichen Gewand einherzuwandeln.«

Diese Energien wohnen auch an bestimmten Orten, die dann zu ihren Kraftplätzen werden. Meine *Mutter*-Energie liebt meine große blaue Badewanne, die *Mutter* meiner leiblichen Mutter lebt am Küchentisch, die *Mutter* meines Sohns am Massagetisch, und die *Mutter* meines Mannes vertreibt sich die Zeit am Strand.

Wenn wir erst mal herausgefunden haben, wo sich die Archetypen verborgen halten und was sie anziehen, ist die Zeit zum Feiern gekommen – ein Fest aller Facetten, aus denen wir bestehen. Dreh die Musik auf und laß sie alle tanzen!

Tun (oder nicht tun) – *Shapeshifter*

Gewahrsein

Welcher Archetyp hat deine Wohnung eingerichtet? *Madonnas* haben Altäre, die von einer Wand bis zur anderen reichen. *Mütter* haben bequeme Sessel und Ottomanen, auf denen sie ihre Füße hochlegen können. *Väter* haben funktionale Möbel, die nicht unbedingt bequem sein müssen. Der wilde *Sohn* könnte in einem Zelt oder einem Baumhaus oder am Rand einer Klippe wohnen, von der aus er die Brandung überblicken kann. Die *Geliebte* richtet sich mit Spitze, Satintüchern, gedämpftem Licht, mit Samt bezogenen Sofas und Pelzüberwürfen ein. Der *Heilige Geist* wohnt in cincr Mönchsklause mit einem Futon auf dem Boden, ohne Rahmengestell, hat eine Leselampe, einen Stapel Bücher und eine Kochplatte.

Wer hat dein Auto ausgesucht? Der Unterschied zwischen einem

Vater-Auto und einem *Sohn*-Auto kann dramatisch sein. Wer fährt Taxi, wer lieber Bus, wer geht am liebsten zu Fuß?

Welcher Teil von dir fühlt sich von der Natur angezogen, und zu welchem Teil von ihr fühlst du dich besonders hingezogen? Brauchst du weite, offene Flächen mit großem Ausblick, brauchst du das Donnern der Brandung oder eher dicht bewachsenen Wald? Wüste oder Gebirge? Felder, auf denen allerlei wächst, oder ebene Flächen, auf denen du selbst etwas anbauen kannst? Bei mir ist es die *Madonna*, die mich in die Natur zieht, während es bei meinem Surf-Baby Jonny der wilde *Sohn* ist, der ihn dorthin lockt. Bei Kathy ist es der *Heilige Geist*, der ihr Verhältnis zur Natur bestimmt.

Unterschiedliche Umgebungen rufen unterschiedliche Seiten in uns wach. Manche fühlen sich von den Sternen angezogen, manche von archäologischen Ausgrabungsstätten, manche wollen Tiere beobachten, wieder andere sind von der menschlichen Natur fasziniert.

Handeln

Mach einen Schnelldurchlauf durch dein Leben, wobei du mit der Kindheit anfängst. Tanze dich als Baby – geh dazu auf den Boden. Wenn du damit fertig bist, brich in deinen Kleinkind-Tanz aus, wackle anschließend in deine Kinderzeit, durchlebe all die Kinderspiele, und spiele sie mit imaginären Freunden. Fühl dann die Schubkraft der Pubertät, die dich ungelenke, alberne, hormongeladene Tänze tanzen läßt. Denk an die Zeit, in der du anfingst, in Discos zu gehen. Mach weiter, laß dich in die Zeit der Reife hinein tanzen, und tanze deinen verantwortlichen Die-Dinge-auf-die-Reihe-kriegen-Tanz, bis du steinmüde bist. Dann laß dich in die süße Hingabe eines Zeitlupentanzes sinken.

Mach ein Recycling mit dir selbst – laß die Vergangenheit und die negativ besetzten Formen los, die du beherbergst, das emotionale Gepäck, das du mit dir herumträgst. Das ist gut für die Umwelt.

Dienst

Setz dich auf dein Sofa – wenn du keins hast, tut es auch ein Kissen – und stelle dir folgende Fragen: Wo kann ich etwas bewirken? Wem kann ich mich anbieten als Gefährte für einen Nachmittag oder Abend oder was auch immer? Gibt es ein gelangweiltes Kind oder einen einsamen alten Menschen, einen Vater oder eine Mutter, denen alles über den Kopf zu wachsen droht, oder jemanden mit einer Behinderung, der oder die meine Liebe und meine Unterstützung brauchen könnte? Streck deine Hände aus, und berühre jemanden.

Mein Geist nimmt den Wind im Handstreich

Diese endlosen Permutationen aus Sand,
diese endlosen Permutationen des Seins -
sein... sein wie ein Kind,
das eine Scherbe aufsammelt und sie in einen Diamanten
  verwandelt
durch seine Worte.
Ich suche... ich suche nach dieser perfekten Schattierung
  aus Purpur,
um meine Augen darin zu färben
und über den Himmel zu streichen
mit meinen Wimpern.

Jewel Mathieson

Achtes Kapitel

STILLNESS

Captain Picard aus der Serie *Star Trek*
Qualle
Butoh-Tänzer
Buddha
Leere Kirche
Arvo Pärt
Marlon Brando
Null
Kauai
Eule
Pantomime
Die Pyramiden von Gizeh
Bogenschießen
Wüste
Bibliothek
Orchideen
Thich Nhat Hanh
Felsen
Schlafende Katze
Schlange
Yoda aus *Krieg der Sterne*
Schildkröte
Kreuzgang eines Klosters
Arc de Triomphe
Picassos Blaue Periode
»Sketches of Spain« von Miles Davis

Ich schlendere mit Terry zum Coffee Shop am Union Square, um ein brasilianisches Mittagessen einzunehmen. Dort läuft Rockmusik, und die Bedienung besteht ausschließlich aus Leuten, die wie exotische Models aussehen. Wir quetschen uns in eine Nische, und während wir uns einen vegetarischen Burger und ein Barbecue-Hähnchensandwich schmecken lassen, unterhalten wir uns über den *Zauberer von Oz* als Metapher für die spirituelle Reise.

Als wir aus dem Restaurant kommen, sehen wir auf der gegenüberliegenden Straßenseite zwei große Reisebusse stehen. Unmengen von tibetisch-buddhistischen Mönchen mit geschorenen Köpfen, ockerfarbenen und karmesinroten Roben und Sandalen steigen aus, einer nach dem anderen. Jeder von ihnen greift sich einen Koffer aus dem Bauch des Busses und läuft damit quer über den Platz zum »Zen Palate«-Restaurant. »Wir brauchen nicht mehr zum Himalaja zu reisen«, sagt Terry. »Sie kommen zu uns.«

Gegenüber vom Farmer's Market fällt uns ein Pantomime auf, der auf einem Milchkasten aus Plastik steht. Auf dem Schild, das daran befestigt ist, lesen wir: »Für eine milde Gabe setzt sich das Stilleben in Bewegung.« Der Mime ist eine Erscheinung ganz in Silber: von den hochhackigen Schuhen über die weiten Hosen und den fließenden Umhang bis zu jedem Quadratzentimeter seiner schwarzen Haut. Auch seine Haare sind bis auf drei schwarze Streifen silberfarben, und er trägt eine schwarze Sonnenbrille.

Ich werfe einen Dollar in die Büchse, um den münzbetriebenen silbernen Mann in Bewegung zu setzen. Seine Miene hellt sich auf, seine rote Zunge schlüpft heraus, und er springt von der Kiste herunter. Er nimmt ein Samenkorn aus seinem Herzen, pflanzt es in den Bürgersteig und sieht gespannt dabei zu, wie eine Blume aus dem Beton emporwächst. Dann schneidet er sie ab und gibt sie mir.

Während viele Leute stehenbleiben, um zuzuschauen, schafft er eine Aura äußerster *Stillness*. Die Kräuselungen und Wellen aus seinen Händen und die Drehungen seiner Hüften vereinen uns in gebanntem Schauen. Die Bewegungen des Pantomimen sind präzise, mechanisch und doch ganz flüssig. Während ich ihn betrachte, muß ich daran denken, daß wir zu 90 Prozent aus Wasser bestehen. Plötzlich hält er inne, schaut in einen kleinen Taschenspiegel, pudert seine silbernen Augenbrauen, springt auf die Kiste zurück und läßt seine Hände am Brustkasten entlang bis auf die Hüftknochen gleiten. Dann lehnt er seinen Kopf nach vorn und nimmt wieder seine steinern unbewegte Pose ein.

»Du wirst es kaum glauben, aber meditieren habe ich ausgerechnet in dieser durchgedrehten Stadt gelernt«, sage ich, zu Terry gewandt. »Als ich in Big Sur lebte, hatte ich ziemliche Schwierigkeiten mit dem Meditieren. Außerhalb meiner selbst war alles ruhig und still, bloß in mir lief alles auf Hochtouren. Als ich dann in den frühen 70er Jahren nach Manhattan zog, drehte sich das Leben gewissermaßen um: Außen war alles laut und schnell, und wenn ich *Stillness* wollte, mußte ich nun bei mir selber Zuflucht suchen. Den ruhigsten Ort in ganz Manhattan fand ich irgendwo tief in mir selbst.«

Ich sitze sehr gerne im Washington Square Park und denke dort in Ruhe über die Mysterien unseres Daseins nach. Die Rhythmen, die Archetypen, die Zyklen, die Wellen – all das findet sich an jedem beliebigen Tag in diesem Park. Ich sitze still da, und ein Typ kommt auf seinen Rollerblades vorbeigerauscht, einen silberfarbenen Hund an der Leine. Bei dem Jungen, der an seinen Walkman angestöpselt ist und aus vollem Halse einen Song von Snoop Doggy Dog mitsingt, hat gerade die *Geliebte* das Sagen. *Madonna* sehe ich in dem jungen Mann neben mir, der gerade in ein Buch vertieft ist, und bei den Schachspielern, die aufmerksam jeden Zug verfolgen. Der Polizeibeamte schlendert vorbei wie der große *Vater*, der sein Königreich überwacht. Der wilde *Sohn* fährt Skateboard, springt über eine Mülltonne und setzt den *Heiligen Geist* des Chassidim in Erstaunen, der rot-weiß bedruckte Schriften mit dem Titel »Wochenblatt für jeden jüdischen Menschen« verteilt.

Und all das geschieht zur selben Zeit. Ich sinne über die Großartigkeit des *Chaos* nach. Unterdessen ist der *Künstler* überall. Zwei Studenten der New York University sitzen auf der Parkbank nebenan und filmen gerade ein Paar ihnen gegenüber, während hinter mir jemand auf der Gitarre klimpert. Ein Mädchen, von Kopf bis Fuß eine *Suchende*, meditiert im vollen Lotussitz auf der Wiese, und eine ältere Dame mit einem hellgelben Hütchen auf dem Kopf fällt in Schlummer. Nicht einmal das schreiende Kind neben ihr vermag sie aus der *Stillness* ihres Traums herauszureißen.

Beim Tanzen erfuhr ich *Stillness* zum ersten Mal, als ich meinen *Lyrical*-Trance-Tanz bei der Huichol-Zeremonie in Big Sur beendet hatte. Nach dem Hirsch-Tanz hörte ich auf und setzte mich zwischen Dutzenden von Leuten, die weiter ihre Rasseln schüttelten und alte, äußerst intensive Melodien in sehr hoher Tonlage sangen, auf den Fußboden. Meine Wirbelsäule schmerzte, und der Klang der Rasseln dröhnte in meinem Kopf. Ich konnte sehen, daß ich am Fuß blutete, aber fühlen konnte ich es nicht. Es kam mir so vor, als betrachtete ich meinen Fuß vom anderen Ende der Welt; vollkommen abgelöst von meinem Körper, und doch tiefer in ihm verwurzelt, als ich es je zuvor gewesen war. Jeder Atemzug war wie eine riesige Welle, die durch mich hindurchrollte und sich an den vermeintlichen Grenzen meines Körpers brach.

Das Mysterium offenbarte mir mich selbst als eine Meditation in Bewegung: Um *Stillness* zu finden, mußte ich mich bewegen; um den Tanz zu spüren, mußte ich aufhören zu tanzen. Später zog es mich in den Kreis der Tänzer zurück, doch hatte ich in mir ein ganz neues Vokabular an Bewegungen gefunden. Jede Bewegung war jetzt subtil, beinahe so, als wäre jede einzelne Zelle meines Körpers ein Universum für sich.

Seit er sich den Schädel kahlrasiert hat, sieht Tim, der Sänger einer meiner Lieblingsrockbands, ein bißchen aus wie ein Engel von einem fremden Stern. Neulich fragte ich ihn beim Abendessen, ob er es neuerdings auf die Mitgliedschaft im Wounded Healer Club abgesehen hätte. Wildes, *chaotisches* Tanzen auf der Bühne ist sein Markenzeichen, und als er kürzlich auf Tournee war, brach er sich dabei einen Wirbel und mußte deshalb eine Halskrause tragen. »Als ich unsere letzte Platte *Whiplash** nannte, hatte ich keine Ahnung, daß das merkwürdige Kräfte auf den Plan rufen würde«, sagte er nachdenklich. »Jetzt wird mein nächstes Album natürlich *I Won The Lottery*** heißen.« Als Entschädigung dafür, daß er nicht wild tanzen konnte, trieb er seine Stimme zum Äußersten und erwachte am nächsten Morgen mit einer rauhen Kehle. Am Abend mußte er in einer Halskrause und mit geschwächter Stimme auftreten. »Ich konnte auf keinen meiner Tricks mehr zurückgreifen und niemanden mehr blenden. Ich konnte bloß einfach nur dasein. Doch das Publikum war mir näher als jemals zuvor. Meine Stimme hatte mehr Resonanz und Präsenz, und ich habe besser geklungen denn je. In meiner Verletzlichkeit hatte ich ganz unerwartet eine besondere, kostbare Kraft entdeckt. Da habe ich zum ersten Mal den Unterschied zwischen der Kraft des Seins und der Kraft des Tuns begriffen.«

An dem Abend, als Robert Kennedy erschossen wurde, war ich auf eine Party zu Ehren des Enkels von Haile Selassie eingeladen, der

---

* Peitschenriemen, med. Schleudertrauma

** Etwa: »Ich hab das große Los gezogen«

damals noch Kaiser von Äthiopien war. Es war zu spät, um die Party abzusagen, und so beschlossen meine äthiopischen Freunde, das Fest im Gedenken an den gefallenen Helden schweigend zu begehen. Die Äthiopier taten dies mit Würde und Anmut. Wie Baumwesen bewegten sie sich durch den Raum, saßen, aßen und waren einfach da. Die Amerikaner, die zu der Party eingeladen waren, fühlten sich unwohl und waren befangen. Sie kicherten, zuckten und liefen ständig auf den Balkon, um eine zu rauchen und miteinander zu flüstern. Es war beschämend zu sehen, wie sehr wir uns vor der Stille fürchten.

Wir Westler scheinen Angst vor *Stillness* und dem Schweigen zu haben. Wenn wir nach Hause kommen, nehmen wir den Walkman ab oder legen unser tragbares Telefon beiseite und schalten den Fernseher ein, selbst wenn wir eigentlich gar nichts anschauen wollen. Als wären wir darauf programmiert, sofort jeden Freiraum mit Geräusch und Aktivität zu füllen. Anscheinend haben wir Angst davor, daß etwas in uns hochkommen und uns überrumpeln könnte, wenn wir eine Lücke lassen. Vielleicht haben wir vor allem Angst vor der Grabesstille; denn die letzte *Stillness* ist schließlich der Tod.

Entweder geht diese Tapete oder ich.
Oscar Wilde auf dem Totenbett

Wenn wir uns dem Tode nähern, bewegen wir uns im Rhythmus von *Stillness.* Vor ein paar Wochen war ich mit Jonathan auf dem Weg zu einem Workshop irgendwo in Uptown New York im Taxi unterwegs. An der Ecke 23. Straße und Sixth Avenue hielt das Taxi mit quietschenden Bremsen vor einer verhutzelten Frau in den Achtzigern, die gerade dabei war, die Straße zu überqueren. Sie brauchte drei Ampelphasen, bis sie auf dem gegenüberliegenden Bürgersteig angekommen war. Unterdessen staute sich der Verkehr hinter uns, und es wurde heftig gehupt. Da nahm Jonny meine Hand und sagte: »Siehst du, Mom, *Stillness.*« Ich empfand tiefes Mitgefühl mit der Frau, und gleichzeitig inspirierte sie mich. Wie mutig von ihr, sich Manhattan auszusetzen und dort noch in der letzten Phase ihres Lebens still ihrem Leben nachzugehen.

Kathy erzählt: »Meine Eltern sind jetzt beide über achtzig, und sie sind noch immer dieselben und doch anders als die, die ich immer gekannt habe. Mein Vater ist noch immer ein unersättlicher Leser, aber inzwischen braucht er für ein Buch, das er früher in einer Nacht verschlungen hätte, eine ganze Woche. Er malt immer noch, aber jetzt nur noch, wenn die Sonne scheint, wenn das Wetter es seinen schwächer werdenden Augen erlaubt, die Farben richtig zu sehen, und seine Hände warm genug sind, um ruhig zu bleiben. Und noch immer läuft er durch dieselben Straßen, durch die er schon als junger Verkäufer ging, doch sein Schritt hat sich sehr verlangsamt. Seit 64 Jahren ist er mit derselben Frau verheiratet. Sie zanken sich nach wie vor, aber selbst das fühlt sich inzwischen an wie ein abgetragener Kaschmirpullover. Bis vor ein paar Jahren noch hat er immer darauf bestanden, mir die Koffer vom Auto bis in den Hausflur zu tragen; jetzt nimmt er diesen Kampf nicht mehr auf sich. Er hat sich dem *Stillness*-Zyklus ergeben, weil er muß, aber er ist darüber nicht glücklich.

Früher war es für meine Mutter einfach, eine Suppe zu kochen; jetzt bedeutet es einen ganz schönen Aufwand für sie. Sie kann nicht mehr am selben Tag einkaufen und kochen und muß sich zwischendurch hinsetzen, wenn sie Gemüse schnippelt und es anbrät. Wenn schließlich alles zubereitet ist und aus dem Kochtopf schimmert und der Duft einen glauben macht, daß alles so sei wie früher, schlappt meine Mutter ins Schlafzimmer und fällt erst mal in einen Erschöpfungsschlaf. Der Mittagsschlaf ist zu einem integralen Bestandteil ihrer Nachmittage geworden. Ich kann fühlen, wie meine Mutter sich danach sehnt, mehr zu machen und zu ihrer alten Lebenskraft zurückzufinden, aber sie ist der Gnade ihres Körpers und des Wetters ausgeliefert. Sie liest Shakespeare und Kurzgeschichten, liest die *Times* von der ersten bis zur letzten Seite und weiß auf die kniffligste Rätselfrage immer noch die richtige Antwort. Aber wie bei einem Blatt, das im Herbst noch am Ast hängt, ist ihr Halt zerbrechlich, ihr Griff vorsichtig geworden.«

Um *Stillness* zu erfahren, brauchen wir nicht zu warten, bis wir 87 sind. Wir tragen unsere Zukunft in uns. Wann immer wir dafür bereit sind, haben wir Zugang zu den Lektionen von *Stillness*: Weisheit, Mitgefühl und Inspiration. Diese drei werden vom Archetyp des *Alchemisten* verkörpert.

Vor einiger Zeit bekam Robert einen Anruf von Vivian, einer Freundin, die im Sterben lag. Sie bat uns zu sich ins Krankenhaus. Als wir dort ankamen, erkannte Robert sie erst nicht und lief an ihrem Bett vorbei – die kräftige, statuenhafte Schönheitskönigin von einst war zu einem schmalen Knochengerüst zusammengeschrumpft. Trotz ihrer Geschwächtheit war Vivian guter Dinge und freute sich über unseren Besuch. Bevor wir uns zum Gehen wandten, gab sie jedem von uns einen Umschlag mit der uns zugedachten Aufgabe bei ihrer Beerdigung. Sie wollte, daß Robert und ich die Totenrede für sie hielten.

Die ganze Choreographie für das Ereignis hatte sie vorweg festgelegt, die Auswahl des Bestattungsinstituts eingeschlossen. Nachdem sie allen einschlägigen Unternehmen in ihrer Umgebung einen Besuch abgestattet hatte, entschied sie sich schließlich für das netteste. Jeden ihrer Freunde hatte sie um das gebeten, was er oder sie am besten konnte. Eine Freundin sollte in der auf ihren Tod folgenden Nacht Vivians Make-up und ihr Haar richten. Einer anderen gab sie ein Geschenk für ihre Tochter, das diese an ihrem 21. Geburtstag erhalten sollte. Wieder einer anderen trug sie auf, ihre Besitztümer zu verschenken. Einer der Freunde war für das Totenfest verantwortlich, dessen Details von Vivians Geist durchdrungen waren, vom Essen über die Musik bis zur Ausstattung. Es war eine echte Feier, bei der weder Platz für falsche Nostalgie noch gar für Trauer war – genau so, wie Vivian es gewollt hatte.

Ihren Tod, dieses traurige Ereignis, in ein schönes Kunstwerk zu verwandeln, das alle, die sie liebte, in einem Teppich aus Schönheit, Liebe, Freundschaft und Kreativität miteinander verwob – anstelle weinerlicher Sentimentalität oder eines toten Rituals, das nichts mit ihr zu tun gehabt hätte –, war das Werk des *Alchemisten* in ihrer Seele. Es war ebensosehr eine Feier ihres Lebens, wie es eine Ehrung ihres Todes war.

Tun (oder nicht tun) – *Stillness*

Mach langsam. Bewege dich in extremer Zeitlupe. Sammle alle Energien nach innen. Sinke in die Leere ein. Verschwinde im Tanz. Halte gelegentlich inne, und nimm die jeweilige Form war, in der du dich gerade befindest. Wenn dein Verstand zu plappern anfängt, mache ein paar rasche Bewegungen zwischen den Haltemomenten.

Laß deine Arme wie Wolken um deinen Körper schweben, während du dein Gewicht von einem Fuß auf den anderen verlagerst. Laß dich in den Haltemomenten richtig nieder, wie ein Pantomime. Dein Tanz sieht aus wie eine Serie von Momentaufnahmen, dazwischen ist Bewegung.

Komm langsam zur Ruhe. Sitze. Schließ deine Augen. Richte deine Aufmerksamkeit auf das Kommen und Gehen deines Atems, auf deinen Herzschlag, auf das Pulsieren deiner Zellen. Und in diesem Leib der Stille, in diesem Lied des Schweigens umarme das Wunder, das du bist.

Es ist alles ein Gebet.

Musiktips:

Das Album *Stillpoint* enthält eine Reihe von Ausdrucksformen dieses Rhythmus, wie auch Chloë Goodchilds Platte *Devi*.

Der Alchemist

Ich nahm einfach die Energie,
die es braucht, um zu schmollen,
und schrieb damit einen Blues.

Duke Ellington

Als ich nach meinem Autounfall in Spanien in London unterrichtete und dort von meinem tibetisch-buddhistischen Osteopathen behandelt wurde, widerfuhr mir noch weiteres Ungemach. Ich verfing mich mit dem Absatz meiner schon etwas ramponierten Stiefelette im Saum meiner ausgestellten Hose, knallte auf den Boden und zog mir an meinem schon von einer Gehirnerschütterung geplagten Hinterkopf eine offene Wunde zu.

Ein verwahrlostes Mädchen mit hellrotem Haar, fast noch ein Kind, half mir auf. Sie und ihr Freund, er in schwerem Leder und mit Nägeln, die er sich durch die Wangen gestochen hatte, trugen mich ins Hotel. Wie mir das Blut das Gesicht hinunterrann, sah ich Jesus mit der Dornenkrone nicht unähnlich.

Es war zu spät, den Workshop abzusagen. Mir blieb gerade noch Zeit für eine ambulante Notfallbehandlung beim Akupunkteur, und dann stand ich wieder auf der Bühne, vor mir ein paar hundert Tanzwütige. Zwei lange Akupunkturnadeln ragten oben aus meinem hämmernden Schädel heraus, und ich starrte all die Körper an, die auf meine nächste Bewegung warteten. Doch ich konnte mich nicht bewegen, ich konnte nur singen. Meinen ganzen Kummer goß ich in diesen Song, wandte mich verzweifelt der klagenden Melodie zu – das war das einzige, was mich aufrecht hielt: »Yanna wanna yana ho ey O yana.«

Jeweils zwei Abendveranstaltungen, zwei Wochen hintereinander, zwei schwere Unfälle – ich wußte: Da versuchte jemand, mich partout zu erreichen. Ich war doch eigentlich nach London gekommen, um dort Workshops abzuhalten, und nicht, um Stück für Stück auseinandergerissen zu werden. Doch ich fühlte, daß beides irgendwie miteinander zusammenhing – das, was ich zu lehren hatte, mit dem, was ich zu lernen hatte.

Nur zwei Dinge sind unendlich,
das Universum und die menschliche Dummheit,
und beim Universum
bin ich mir nicht sicher.

Albert Einstein

Für den Abend hatte ich Live-Musiker engagiert. Während die Musik zum Warmwerden vom Band lief, baute die Band of Holy Joy auf der Bühne hinter mir ihre Instrumente auf: Trommeln, Tablas, eine Geige, Synthesizer. Als sie zu spielen begannen, blendete ein Assistent die Musik vom Band aus. Bald war der Raum von den unheimlichen Melodien der Geige erfüllt, die von komplizierten Tabla-Rhythmen durchkreuzt wurden und von einem Synthesizer-Sound, der klang, als sängen zehntausend Mönche in Zungen.

Ich blickte durch den Raum und nahm den dünnen Arzt wahr, der sich auf Tropenmedizin spezialisiert hat; den Rockstar im kleinen Schwarzen seiner Freundin; das Mädchen mit dem feurigen Blick, jede einzelne ihrer Bewegungen eine Warnung, ihr vom Leibe zu bleiben; den Bauarbeiter mit dem langen, einsamen Gesicht; die PR-Göttin, deren Leben in einer beliebten englischen Sitcom persifliert wird; den Sozialarbeiter mit der eingesunkenen Brust, der in schwarzen Reebok-Turnschuhen tanzt; den Menschenfreund, der wie Moses aussieht und wie Hiob tanzt; die Dichterin mit der Kniestütze; den Skilehrer aus Utah und den Opernregisseur, der mit ihm flirtete. Wie ich sie alle so betrachtete, lösten sie sich langsam in einem großen Meer aus Körpern auf, die sich im hypnotischen Beat bogen und drehten.

Unter normalen Umständen hätte ich ein paar Anweisungen gegeben und auch selber getanzt. Aber in dem angegriffenen Zustand, in dem ich mich befand, konnte ich nur dasitzen und zuschauen. Da ich außerstande war, mich zu bewegen, ließ ich die Wellen von Energie, die im Raum kreisten, durch mich hindurchgehen. Trotz meiner Gehirnerschütterung und der klaffenden Wunde fühlte ich mich bewußter als je zuvor und vollkommen präsent – beinahe so, als wäre ich mit Gewalt in einen anderen Bewußtseinszustand befördert worden.

Es war ein *God, Sex, & the Body*-Workshop, bei dem wir die weiblichen und männlichen Rhythmen erkundeten und die Archetypen *Mutter*, *Geliebte*, *Madonna*, *Vater*, *Sohn* und *Heiliger Geist* tanzten. Die Band spielte im Rhythmus von *Flowing*, und ich trieb die Menschen im Saal dazu an, den Geist der *Mutter* in sich aufzunehmen. Nach ungefähr einer halben Stunde überkam mich eine große Bestürzung – was ich sah, war eine ganze Armee von Donna Reeds*. Das war eigentlich nichts Ungewöhnliches, aber ich erkannte zum ersten Mal, daß etwas an diesem Bild nicht stimmte. Ohne durch meinen eigenen Tanz abgelenkt zu sein, konnte ich nun nicht umhin zu bemerken, wie weit die Tänzer tatsächlich von jeder Wahrheit entfernt waren. Es war geradezu beängstigend, wie tief sie in ihren Stereotypen steckten.

Als ich so in meiner *Stillness* saß und die Tänzer betrachtete, konnte ich den archetypischen Geist der *Mutter* fühlen, wie er sich durch den Raum bewegte und die Tänzer umbrauste wie ein stürmischer Wind. Doch er verkörperte sich kaum. Da sich der Geist nicht in ihnen bewegte, sahen die Tänzer aus, als seien sie von ihren Körpern wie abgeschnitten. Wie konnte ich die *Mutter* wieder in den Leib locken? Genauer: Wie konnte ich die *Mutter* wieder in meinen eigenen Körper locken? Jemand in meiner Verfassung hätte eigentlich ins Bett gehört und nicht in einen Workshop, den er zu leiten hatte. Doch da saß ich nun, bereit, die ganze Welt zu bemuttern, obwohl ich mir selbst jede Fürsorge und Pflege versagte.

Ich war verzweifelt und geriet in einen Strudel größter Hoffnungslosigkeit. Doch die Verzweiflung war nicht nur in mir; ich konnte fühlen, wie sie ihre Schwingung durch den ganzen Raum sandte. Es war offensichtlich, daß dem Tanz etwas fehlte. Ich konnte es im Außen spüren, ungemein gegenwärtig in seiner Abwesenheit, wie ein Phantomschmerz, den man in amputierten Gliedern empfindet.

Erschüttert und voller Gram, unfähig, meinen Körper zu bewegen und im Tanz Zuflucht zu suchen, sah ich, wie der Kollektivkörper des Raums dem Archetyp der verzweifelten *Mutter* Ausdruck gab. Kurz sah ich ihr Gesicht aufblitzen, spürte ihre Gestalt, roch ihren Schweiß und sah, wie uns die Verweigerung ihrer Kraft gefrieren und erstarren ließ, gefangen im Niemandsland, wo es weder Dunkelheit gibt noch Licht.

---

* Figur aus einer populären US-Fernsehserie der 50er Jahre. Prototyp einer braven, angepaßten, netten, adretten, oberflächlich funktionierenden Mutter, nach der sich der Durchschnittsamerikaner zu sehnen pflegte. (Anm. d. Ü.)

Da hatte ich einen Geistesblitz – überhaupt schien aus dem Spalt in meinem Kopf aller Mist herausgefallen zu sein. Ich forderte die Tänzer dazu auf, tief in ihre Dunkelheit hinabzutauchen, in die Schatten, die ihre Träume verdüsterten, in die alles verschlingende *Mutter*, die sie alle mit solcher Macht zurückzudrängen versuchten. Der Band bedeutete ich, intensiver zu spielen. Ich wollte einen fetteren, böseren, härteren Rhythmus.

Da geschah etwas. Plötzlich wurde der Saal lebendig. Die Energie schoß ein, und der ganze Ort geriet unter die Schwingung des Schattens der *Mutter*, den die Gruppe nun verkörperte. Die Tänzer hatten ein unsichtbares Portal durchschritten und waren in ein anderes seelisches Terrain gelangt, an einen unterirdischen Ort, der vertraut war und doch wenig erforscht. Es war der Bereich der Kali, der Muttergottheit der hinduistischen Mythologie, der Göttin des Todes, der Zerstörung und der Unendlichkeit. Wir hatten den hauchdünnen Schleier, der uns von dieser anderen Realität trennt, fortgezogen und einen Zugang zur dunklen Seite des Mondes gefunden. Und wir alle wußten, daß wir diesen Ort nur zu gut kannten.

Masken zerbrachen, manches Lächeln hing plötzlich schief, Augen wandten sich nach innen, klatschnasses Haar flog in alle Richtungen. Beschwingt trugen die Füße die Körper nun auf die andere Seite, die unsichtbare Seite des Lebens, wo alles Geist ist und wo außer Geist nichts ist. Ich konnte tief in die Tänzer hineinsehen und in jedem sein seelenvolles Selbst erkennen. Und in jeder Seele sah ich den *Alchemisten* seine magische Arbeit verrichten, die darin bestand, den dazugehörigen Menschen an den Ort des Wunders, des Staunens und des Mysteriums zu bringen, dem seine Suche galt.

Mir war immer klar gewesen, daß dieser Workshop eine Landkarte ist, die zumindest eines zeigt: wie wenig wir von der Seele verstehen. Aber jetzt hatte er ein neues Geheimnis preisgegeben: Wenn unser Geist von unserem Fleisch getrennt ist, dann schrumpft unsere Seele im Körper und kümmert als winziges, schlafendes Samenkorn vor sich hin. Ich mußte an die Samen denken, die man in altägyptischen Gräbern gefunden hat und die immer noch keimfähig waren, bereit, nach zehntausend Jahren im sterilen Nichts ins Leben zu bersten.

Mein Fall – die Verletzungen, die ich mir bei dem Autounfall und bei dem Sturz auf dem Bürgersteig zugezogen hatte – hatte mich in die geerdete Position der Beobachterin gebracht, in der ich Zeugin des tatsächlichen Resultats unseres kollektiven Sündenfalls wurde. Wie konnten wir uns nur in unseren Ideen darüber, was es bedeutet, ein Mann oder eine Frau zu sein, so verrennen? Was war mit dem Geist des Weiblichen in jedem von uns passiert? Ich dachte an Adam und Eva, den Geist des Männlichen und des Weiblichen, die beide in reiner Seligkeit die Wunder des Lebens feierten. Was hatten wir daraus gelernt? Welches Vermächtnis hatte Eva uns allen an jenem Tag hinterlassen, da sie von der verbotenen Frucht aß?

Für mich ist Evas Vermächtnis – der Sündenfall, den sie mit Adam teilte – die Metapher für unsere kollektive Wunde. Es ist ein Vermächtnis der Zerstückelung, der Abspaltung des Geistes vom Fleisch. Dieser ungeeinte Zustand hat uns für die Angriffe des Egos verwundbar gemacht.

Das Ego besteht aus all den Stimmen, die in unserem Kopf wie eine Horde von Darstellern aus einer Seifenoper durcheinanderreden: die ganzen Divas, Dämonen und dollen Damen, die mit ihren Diamanten klimpern und uns sagen, daß wir nicht reich genug sind, nicht clever genug, nicht schön genug, nicht begabt genug, nicht sexy genug – oder daß wir viel mehr davon haben als alle anderen und daß es die Welt bloß noch nicht gemerkt hat. Diese Stimmen übertönen den Gesang der Seele, jenen Teil in uns, der keine Identität hat, die es zu schützen, und keinen Standpunkt, den es zu wahren gilt.

In diesem Workshop lernte ich, daß es keinen Ausweg gibt, sondern nur den Weg mittendurch. Um mit der reinen Energie eines Archetyps in Kontakt zu kommen, müssen wir seine Schattenseite ebenso tanzen wie seine Sonne. Wir müssen unsere Stetsons aufsetzen und zu J. R. Ewing* werden, unsere Stöckelschuhe anziehen und uns in Alexis Carrington** verwandeln. Die einzige Chance, unseren Ego-Rollen die

---

* Figur aus der US-Fernsehserie *Dallas*. Prototyp des fiesen, erfolgreichen Geschäftsmannes. (Anm. d. Ü.)

** Figur aus der US-Fernsehserie *Denver Clan*. Wegen ihrer Gerissenheit und Skrupellosigkeit auch »das Biest« genannt. (Anm. d. Ü.)

Luft zu nehmen, ist, sie übermäßig aufzublasen. Dann platzt ihr Schwindel. Anstatt ihnen aus dem Weg zu gehen oder sich von ihnen einschüchtern zu lassen, müssen wir von unseren Ego-Rollen Besitz ergreifen und sie maßlos übertreiben. Erst dann wird uns klar, wie lachhaft sie sind und wie jämmerlich wir uns in unserer Unterwürfigkeit gegenüber ihren Forderungen benehmen.

So wie der Alchemist aus Dreck Gold zu machen vermag, so tanzen wir die Dunkelheit und verwandeln sie dadurch in Licht. Negative Energie und Leiden werden zum Wasser auf die Mühle. Im Tanz entdecken wir Teile von uns, die wir im Schatten gehalten haben, und indem wir sie ans Licht bringen, zerstreuen wir die Macht, die sie über uns haben. In ihrem Schatten ist die *Mutter* erstickend und verschlingend. Die *Geliebte* ist starr, genervt und niedergeschlagen. Die *Madonna* ist manipulativ und zwanghaft. Der *Vater* ist anmaßend und streng. Der *Sohn* ist zerstörerisch, ohne Ziel und unfähig zur Kommunikation. Der *Heilige Geist* ist verurteilend und dogmatisch. Die Schattenseite macht aus dem *Künstler* einen Imitator, der auf die Kreativität anderer angewiesen ist. Der *Liebende* betreibt Mißbrauch und ist frigide. Und der *Suchende* gründet natürlich eine Kommune und wird Guru.

Geordie ist eine prima Frau, eine wunderbare Mutter, die vollendet tanzt und fabelhaft massieren kann – sie ist eine Frau, die ihr ganzes Leben lang im Einklang mit den Rhythmen ihres Körpers gelebt hat. Neulich kam sie zu einem *Bones*-Workshop, bereit, in ihre Schattenseiten einzutauchen. Nach einem Abschnitt, in dem wir uns ausgesprochen intensiv bewegt hatten, bat ich die Teilnehmer, sich in *Stillness* mit einem Partner hinzusetzen und ihm oder ihr auf die Frage zu antworten: »Was möchtest du gerne loslassen?« Geordie antwortete darauf: »Diesen grauenhaften, ohrenbetäubenden Schrei, den ich in meiner Brust fühle, eingesperrt wie ein Stein in meinem Herzen.«

Im nächsten Teil des Workshops hatten alle die Aufgabe, über das Thema »Knochen« zu schreiben. Geordie schrieb das folgende Gedicht:

ALTE HEXE

Brennt brennt sie brennt in meinen Knochen
Sie bringt mich bringt mich nach Haus

Sie schwatzt und zischelt und spuckt und flucht
Sie rührt in ihrem Kessel voller Gefühle und Küsse
Sie tanzt den Steinetanz in meinem Herzen
Sie ist Kali und Pele und alte Hexe

Hexe die jede Frau zur Königin krönt
Ihr trefft sie bei Vollmond im Schein des Feuers schreiend
Sie möchte sprechen sie möchte schreien
Ihr wildes hexenhaftes Geschnatter, ihr Anheulen des Mondes

Dunkle Königin der Nacht in meinem Blut und meinen Knochen
Und ich erweise ihrem Tanz durch meine Adern die Ehre
Nimm mich oh nimm mich, ich bin Dein, Dame Tod

Auch wenn ich zittre und bebe an deiner Tür
Da ist kein Umkehren für die Dame in Schwarz
Für diese wunderbare Versucherin die brennt

Brennt brennt sie brennt in meinen Knochen
Sie bringt mich nach Haus
BRENNT BRENNT SIE BRENNT IN MEINEN KNOCHEN
SIE BRINGT MICH NACH HAUS

Nach der Schreibübung teilten wir uns in kleine Gruppen auf, um rituelles Theater zu spielen. Geordies Gruppe choreographierte ihr Gedicht. Sie trug es mit brennender Intensität vor, ihre Stimme war kräftig und klar. Bei den letzten Zeilen setzte ein Chor ein, der in ein irres Gekecker ausbrach, das den ganzen Raum in Angst und Schrecken versetzte. Dies war der Schrei, der in ihrer Brust eingesperrt gewesen war. Geordies *Alchemist* war am Werk: Zuerst hatte er sie tanzen lassen, bis sie ihr steinernes Herz spürte. Dann hatte sie ihm in ihrem Gedicht Ausdruck verliehen, es in der Performance losgelassen und die kreischende Hexe schließlich in eine kraftvolle, weise alte Frau verwandelt.

Vier Wochen später rief Geordie mich aus Kalifornien an. »Du wirst es nicht glauben, Gabrielle, aber ich schwöre, daß es wahr ist, so wahr der Körper meine Bibel ist. In den drei Wochen nach dem Workshop ist mir etwas total Seltsames passiert. Ständig habe ich winzig kleine Körnchen irgendeines Stoffs über die Haut abgegeben, vor allem, wenn ich schwitzte. Etwas, das sich wie Sand anfühlte, kam aus meinem Rücken, meiner Brust, meinem Bauch. Ich war erst ganz entsetzt und bin zum Arzt gerannt, aber der sagte, er hätte so was noch nie gesehen, und im übrigen sähe ich ganz gesund aus und sollte mir mal keine Sorgen machen. Schließlich ahnte ich, was es sein könnte. Es war dieses steinerne Herz, das sich in mir irgendwie pulverisiert hatte und nun aus meinem Körper hinausbefördert wurde.«

Der *Alchemist* stoppt die Endlosschleifen unserer zwanghaften Gedanken.

Noch bevor Eva ihre Vorliebe für Frauen entdeckte, spürte sie, daß da etwas faul war im Staate Dänemark. Nach einem besonders intensiven Workshop verbrachte sie zwei Wochen zurückgezogen im Tanzstudio ihres Hauses und vermied jeden Kontakt zu ihrer Familie und zu Freunden. »Mein Verstand spann ein ganzes Netz aus all den Dingen, die falsch waren in meinem Leben. Ich war wie in einem isolierten Bezirk gefangen, verheiratet mit einem guten Freund, der kein Geliebter war, und kaum in Kontakt mit meinem steifen, alternden Körper. Zwanghaft drehte sich mein Verstand im Kreis – nicht wie ein Derwisch auf Gott zu, sondern wie eine Tragödin ins Elend hinein. Während ich im Dunkeln Kette rauchte, schrieb ich Haikus an den Gott, den ich nicht fühlen konnte.

Bitte füll das Loch
Ich halt' die Leere nicht aus
Keinen Moment mehr

Dann raffte ich mich auf und fing an zu tanzen – ich hielt mich nicht mal mit Musik auf. Anstatt Angst vor dem leeren Loch zu haben, stürzte ich mich mitten hinein. Ich dachte mir, Alice* hat das gemacht, dann kann ich's auch. Ich tanzte und tanzte, bis das Hohle heilig wurde und die Leere zum sakralen Raum.«

Anstatt vor unseren Ängsten davonzulaufen, müssen wir den Mut aufbringen, innezuhalten und sie kennenzulernen. Nur dann können wir sie überwinden; nur dann werden diese tief verwurzelten Ängste, die Teil unseres Egos geworden sind, ihre Herrschaft über uns verlieren. Kürzlich sah ich eine Kellnerin in einem Restaurant vor Wut zittern. Dennoch brachte sie ein knappes Lächeln zustande und fragte mich, was ich wünschte. Am liebsten hätte ich eine wütende Musik aufgelegt, zum Beispiel *Nine Inch Nails*, den Lautstärkeregler auf volle Pulle gedreht und sie genötigt, ihren ganzen Zorn in einem Tanz abzuladen. Statt dessen bestellte ich einen Salat und eine Tasse Earl Grey.

Es war traurig, daß diese junge Frau mit einem Teil ihrer selbst so identifiziert war, daß er alles andere von ihr verschluckte und sie eine miese Einstellung nach außen kehren ließ. Ich kannte sie ebensowenig wie sie mich, aber ich kannte ihren Zorn, und ich wußte, daß sie mit ihrem starren kleinen Lächeln niemanden täuschen konnte. So nett sie auch zu sein versuchte, ihr Zorn bestimmte den Klang ihrer Stimme, er formte ihren Körper und ihre Gedanken, und er garantierte ihr einen versauten Tag.

Ehe wir alle unsere Einzelteile wieder richtig zusammensetzen, müssen wir uns die Möglichkeit geben, einmal vollständig auseinanderzubrechen. Nur haben wir nicht die leiseste Ahnung, wie das geht, und wir wissen nicht, wer wir dann sind oder wie wir unser Leben dann führen sollen. Das sind Fragen, auf die wir wirklich eine Antwort brauchen. Wir sehnen uns danach, größer als all die offenbar auseinanderstrebenden Anteile unserer selbst zu sein – der Wütende, der Lächler, der Grollende und der, der wirklich hilfsbereit, aufmerksam und liebevoll ist. Wir

* Gemeint ist die Romanfigur von Lewis Carrolls *Alice im Wunderland* (Anm. d. Ü.)

sehnen uns danach, unser Ego zu überwältigen, das uns mit all seinen jämmerlichen Meckereien, Vergleichen und Konkurrenzspielchen in Schach hält.

Ich danke Gott für
all die Dinge, die
ich nicht habe.
Teresa von Avila

Aber wie können wir all diese unbedeutenden Tyrannen kleinkriegen, wenn wir kein Fläschchen zur Hand haben, auf dem »Trink mich«* steht? Hier werden Gewahrsein und Aufmerksamkeit zu unseren Verbündeten. Wir können uns unser Wettbewerbsdenken bewußtmachen, unsere Gier und unsere Begehrlichkeit, aber wir brauchen ihnen keinerlei Aufmerksamkeit zu geben. Anders gesagt: Füttere das Monster nicht, sondern hungere es aus. Wenn dir bewußt wird, daß du vom Konkurrenzgedanken bestimmt wirst, dann läßt dieses Bewußtsein dir die Wahl: Entweder kannst du dem Konkurrenzgedanken Aufmerksamkeit schenken und diesem Gefühl Energie zuführen, oder du verlegst dich auf schöpferisches Handeln. Ich tanze in solchen Fällen immer.

Neid, Langeweile und all die anderen Gebiete in Egoland sind bloß Energiefelder, durch die wir hindurchmüssen. Diese Haltungen an sich sind nicht persönlich; sie werden es erst, wenn wir daran kleben; nicht die Energie, sondern das Anhaften an Energie ist tödlich. Das Gegenmittel gegen Verhaftung ist Bewegung.

Nicht das bewußte Wahrnehmen der Schattenkräfte ist der Feind, so schmerzhaft das zuerst auch sein mag, sondern das unbewußte Ausagieren derselben.

Wir müssen die rosarote Brille absetzen; das Leben ist keine Sitcom. Aber ein Begräbnis ist es auch nicht. Wir alle haben Wunden davonge-

---

* Anspielung auf Lewis Carrolls *Alice im Wunderland.* Alice findet ein solcherart beschriftetes Fläschchen, trinkt es aus und erfährt danach eine dramatische Verkleinerung ihres Körpers. (Anm. d. Ü.)

tragen, selbst wenn man dich noch nicht dazu aufgefordert hat, darüber in einer dieser Nachmittagstalkshows im Fernsehen zu berichten. Es ist Zeit, daß wir über uns hinausgehen, unser Kreuz weglegen und all das hinter uns lassen. Ich bin es leid, ständig zu hören, wie wir uns ausschließlich über unsere Wunden definieren, und dabei vergessen, daß wir auch die Kraft zur Selbstheilung in uns tragen.

Der *Alchemist* nimmt sich unserer Schmerzen an und verwandelt sie in Mitgefühl für uns und für andere. Er hält die Kraft bereit, die uns hilft, noch über den schrecklichsten Mißbrauch hinwegzukommen. Ich bin immer erstaunt, wenn ich Interviews mit Holocaust-Opfern lese, die beschwingt, aktiv und dem Leben ganz zugewandt sind, statt sich in der Opferrolle auszubreiten. Sie lassen sich von ihrem inneren *Alchemisten* unterstützen.

Die Astronomen haben herausgefunden, daß der größte Teil des Universums aus unsichtbarer, fehlender Masse besteht, die dunkle Materie genannt wird. Einige sehen Licht aus dieser dunklen Materie herausscheinen. Ich auch. Und im Ruhepunkt dieses Lichts sehe ich den *Alchemisten*, wie er aus Angst Liebe spinnt und aus Schmerzen Gebete.

Tun (oder nicht tun) - *Alchemist*

Gewahrsein

Du bist ein *Alchemist*. Du kannst deine Schmerzen in Kunst verwandeln, Negativität in Kreativität, Wut in Mitgefühl. Denke daran: Man braucht Abfall, um Kompost zu machen.

Um diese Gebirge aus Dreck in der Dunkelheit zu überqueren, ist Entschlossenheit nötig; es gibt keinen Ausweg, nur den Weg mittendurch. Und du wirst dabei auch Humor brauchen können, glaub mir.

Wie sieht deine verborgene Wirklichkeit aus? Was kehrst du unter den Teppich, was vergräbst du in der hintersten Ecke deines Schranks, was gärt in dir, ohne daß du es herausläßt? Was liegt jenseits von deiner Trägheit, was verbirgt sich in deiner Erstarrung, was ist deiner Verwirrung beigemengt? Was bringt dich dazu, abzudrehen und nichts mehr auf die Reihe zu kriegen? Welches emotionale Gepäck trägst du mit dir herum? Ist deine Angst in Verfolgungswahn umgeschlagen, deine Wut in Schuldzuweisungen, deine Traurigkeit in Depression? Bremst du dich in deiner Freude aus? Bist du eine 1000-Watt-Glühbirne, die auf 100 Watt gedimmt ist? Welche Schattenfiguren treten in deiner Seifenoper auf? An wen hast du die Macht über dich abgegeben? Wen möchtest du gern beherrschen?

Gäbe es keine Sünder, wer bräuchte dann Heilige?

Handeln

Auch die Rhythmen haben ihre Schattenseiten. Tanz deine Trägheit – ohne Musik. Laß dich von der Trägheit in deine *Flowing*-Schwingung hineintragen. Tanze so lange striktes, verspanntes, zickiges *Staccato*, bis du zu deinem Puls vorgedrungen bist, zu deiner Leidenschaft und Verspieltheit. Tanz deine Konfusion, deine Wirrköpfigkeit, deine Panik, bis sie dich dem *Chaos* überlassen. Tanz deinen abgedrehten, entrückten, vom Boden abgehobenen Tanz, bis du in *Lyrical* landest. Untersuche die Bewegungslosigkeit, ihre Formen, ihre Erstarrung, ihr totes Gewicht, mach deine Tote-können-doch-nicht-tanzen-Nummer, bis sie dich in *Stillness* entläßt.

Und mach das alles mindestens tausend Mal!

Eine Party für den Schatten

Veranstalte eine Party unter dem Motto »Die dunkle Seite des Mondes«. Nur der Schatten weiß, wie man sich zu dieser Gelegenheit kleidet. Ermuntere jeden dazu, so dunkel zu erscheinen, wie er nur kann. Mach dich zum Beispiel als gräßlicher Angeber oder als Angsthase zurecht, als Schöntuer oder als Schmoller vom Dienst, als Schurke oder als Opfer. Sei kreativ. Trau dich. Trage dick auf. Auf dieser Party soll schließlich der Schatten ans Licht gelockt werden.

Dazu ein paar Anregungen: Laß die ganze Party bei Kerzenschein stattfinden; mach Schwarzweißfotos; laß ein Tuch von der Decke herabhängen, beleuchte es von hinten und veranstalte eine Show mit lauter Schattenwesen. Inszeniere eine Scharade mit Schattengestalten, bei der die Gäste jeweils den Lieblingssatz einer Figur erraten müssen. Vergib einen Harald-Schmidt-Preis für den schwärzesten Humor oder einen Anne-Rice-Preis* für die Rolle, die am schlechtesten mit dem Licht klarkommt.

* Anne Rice, amerikanische Autorin, wurde mit ihrem Buch *Interview With The Vampire* berühmt, in dem naturgemäß lichtscheue Wesen die Hauptrolle spielen. (Anm. d. Ü.)

An die Lügen, die zu uns werden

Dieser Körper ist dazu da, Fragen zu stellen.
Dieser Körper ist dazu da, jene Fragen zu stellen,
  die nicht im Verstand wohnen
Diese Fragen haben ihr eigenes Leben
  und ihren eigenen Tod.

Grabstätten im Herzen, mein Freund,
Eine Schaufel und ein Lageplan.
Grab, wo du willst,
Der Schatz liegt überall.

Dieser Körper ist die Antwort.
Dieser Körper ist dazu da, sich zu entleeren.
Dieser Körper ist dazu da, sich in den Äther zu entleeren,
sich in Seelenlandschaften hinein zu öffnen, die man nur
  auf Zehenspitzen umkreist
Dieser Körper ist dazu da, zu verlocken.
Dieser Körper ist dazu da, das Selbst und gottgegebene
  Wahrheiten zurück in die Materie zu locken.
Dieser Körper ist dazu da, zu halten.
Dieser Körper ist dazu da, der heiligen Stadt der Seele in
  sich Raum zu geben.

Stoß sie auf. Stoß auf diese Zellen.
Trauer hat es geschafft, alle Fenster zu öffnen,
alle Türen zu öffnen.

Diese Dinge geschehen.
Diese Dinge geschehen, wenn du in deinen Knochen dein Haus
  baust,
Wenn jede Fußspur zum Altar wird
Für das Opfer des nächsten Tänzers.

Jewel Mathieson

Neuntes Kapitel

WELLEN

Ich liebe Wellen; am liebsten hätte ich welche im Haar. Mein Vater hatte welliges Haar, aber ich bin wohl an einer anderen Stelle in den Pool der Gene gesprungen. Virginia Woolf hat mit *Die Wellen* mein Lieblingsbuch geschrieben, und ich habe einen Sohn, der auf ihnen surft. Tausendmal habe ich zu dem Song »Wave« von Patti Smith getanzt, und bei tausend Abschieden habe ich diese wellenförmige Handbewegung beim Winken gemacht. Ich habe Wellen herankommen und mein Haus davontragen sehen. Sie überfluteten dasselbe Schlafzimmer, in dem sie zuvor ungezählte Liebesnächte begleitet hatten. Ich bin auf den Wellen der Wehen, des Kummers und der Seligkeit geritten. Auch die Rhythmen betrachte ich als eine Welle, als kontinuierlichen Energiefluß, wobei jede einzelne alle anderen enthält. Die Welle der Fünf Rhythmen ist mein Weg, meine Übung, mein Blick auf die Welt.

Die Welle der Rhythmen enthält den Schlüssel zum gesamten schöpferischen Prozeß, ob es sich nun ums Gebären handelt oder um die Choreographie eines Tanzes, um ein Bauvorhaben, eine Regieaufgabe oder um einen Orgasmus. So beginne ich etwa ein neues Album damit, Ideen zu sammeln, darüber nachzugrübeln, sie hin und her zu wenden, damit sie langsam einsinken können (*Flowing*). Wenn ich diesem Prozeß genügend Zeit lasse, werden die Ideen anfangen, sich von selbst zu Songs zu formen (*Staccato*). Dann komme ich ins Studio, zuversichtlich, daß alles zusammenbrechen wird, und das geschieht meistens auch

(*Chaos*). Erlaube ich den Kräften von Planung und Prozeß, von Form und Inhalt, von Robert und Gabrielle, ihren Tanz zu vollenden, dann wird das Album in einem neuen Licht in Erscheinung treten und seine eigene Richtung bekommen (*Lyrical*). Am Ende, wenn ich das fertige Album in der Hand halte, kommt das große Aufatmen – die süße *Stillness* der Vollendung.

Aus Erfahrung weiß ich, daß ich alles, so schwierig es auch sein mag, im Tanz loslassen kann und daß das Tanzen mir helfen wird. Es hält mich locker und flexibel, befreit mich von festen Ansichten, die ich womöglich darüber entwickle, wie die Dinge sein sollten, und es sorgt dafür, daß ich fasziniert und auf Draht bleibe, offen für Veränderung, wach und intuitiv.

Die Fünf Rhythmen sind eine Landkarte für jedes Ziel, das du ansteuern möchtest, und zwar auf allen Ebenen des Bewußtseins – innen und außen, vorwärts und rückwärts, physisch, emotional und intellektuell. Sie sind Markierungen auf dem Weg zurück zum wahren Selbst, das verletzlich ist und wild, leidenschaftlich und instinktiv. Es ist ein Selbst, das den Tod von tausend Egos lohnt, damit du deine Seele verkörpern, sie umarmen und für ihre Entwicklung in Freiheit sorgen kannst.

Vinnie schreibt: »Mir ist was Komisches mit den Rhythmen passiert; es scheint so, als würden sie zu einem Vehikel, durch das ich mich neu kennenlerne. Ich sehe sie nicht einmal mehr als etwas, das ich tue; eher sind sie das, was ich zu werden im Begriff bin.«

In *Flowing* entdeckst du dich. In *Staccato* definierst du dich. *Chaos* hilft dir dabei, dich aufzulösen, so daß du nicht in dem Selbst erstarrst, das du entdeckt und definiert hast. *Lyrical* inspiriert dich dazu, dich der gründlichen Suche nach dem einzigartigen Ausdruck deiner Energie zu verschreiben. Und *Stillness* läßt dich in der großen Energie aufgehen, die uns alle hält, so daß du den ganzen Prozeß wieder von vorn beginnen kannst.

Um zu zeigen, wie sehr diese Rhythmen zum alltäglichen Leben gehören, habe ich eine Reihe von Texten von Freunden und Schülern gesammelt (einige stammen auch von mir). In diesen Texten wird jeweils eine Welle beschrieben, die im Verlauf der alltäglichen Lebensreise aufgetreten ist. Einige Texte sind poetisch, einige sind geradlinig, einige sprunghaft; alle wollen dich dazu ermutigen, deinen Blick so zu erweitern, daß du das Leben aus dieser Perspektive betrachten kannst.

U-Bahn-Welle - *Gabrielle*

Nachdem ich kürzlich an einem Sonntagmorgen bei J&R Zubehörteile für den Computer gekauft hatte, fuhr ich von der City Hall mit dem N-Train nach Hause. In meinem Wagen saßen nur ein paar Leute, Singles und Paare aus Brooklyn, die auf dem Weg in die Stadt waren. Die Stimmung war entspannt. Ich überließ mich meiner U-Bahn-Trance, hörte auf den Klang der Räder und spürte das langsame Schaukeln des Zuges in *Flowing*.

An der Canal Street in Chinatown stiegen mehrere Gruppen von Chinesen zu. Sogleich schlug die Atmosphäre im Waggon in *Staccato* um, denn sie unterhielten sich angeregt und lautstark in kurzen Sätzen. Kinder flitzten durch den Gang und sprangen herum. Ich spielte Verstecken mit einem Kind, das sich hinter dem Rock der Mutter verborgen hielt.

An der Prince Street stürmte eine Truppe weiblicher Teenager den Wagen. Sie schwatzten, kicherten, neckten und beleidigten sich und grölten, um die Jungle-Musik zu übertönen, die aus ihrem Ghetto-Blaster drang. Sie übertönten auch die armen Chinesen, die sie höchst erstaunt anstarrten. Als wir an der Eighth Street hielten, stellten die Teenybopper fest, daß wir uptown fuhren, während sie eigentlich downtown wollten, und so erreichte das *Chaos* seinen Höhepunkt, als die Mädchen drängelten und rangelten und schubsten und kreischten, um zusammen mit den verdutzten chinesischen Familien auszusteigen.

Als der Zug wieder anfuhr, kam ein Geiger in Khaki-Shorts, mit weißen Turnschuhen, silbrigem, à la David Niven gestutzten Schnurrbart und einer schmutzigen weißen Golfkappe aus dem Nebenwaggon in unser Abteil und brachte mir und dem übriggebliebenen Pärchen aus

Brooklyn mit einem halbklassischen Lied in *Lyrical*-Stimmung ein Ständchen. Kurz vor dem nächsten Halt trug er seinen Becher einmal auf und ab. Als ich ihm einen Dollar gab, konnte ich ein Zwinkern in seinen Augen sehen.

Als ich am Union Square ausstieg, betrat ich einen leeren Bahnsteig. Der Zug fuhr weiter und ließ mich in Schweigen und tiefer *Stillness* zurück.

Wander-Welle – *Eliezer Sobel (Autor)*

Nachdem ich eine ganze Woche hindurch die Fünf Rhythmen getanzt habe, scheinen sie sich bei der Besteigung eines der Berge bei Big Sur ganz selbstverständlich in den Bewegungen meiner Beine auf dem Erdboden fortzusetzen. Der Aufstieg ist langsam, gleichmäßig, kräftig und *flowing*. Ich überwinde meine Trägheit, der Atem geht schneller, und ich spüre den Kontakt zwischen meinen Füßen und der Erde. Später, beim Abstieg, bekommen die Schwerkraft und ich mehr Energie, und ich fange an, schneller zu laufen, wobei ich ein »links, rechts, links, rechts«-Gleichmaß entwickle. Ganz spontan gerate ich in den *Staccato*-Rhythmus. Als es dunkel wird, beginne ich irgendwo auf dem Weg unvermittelt in einer Art Freistil-Slalom bergab zu springen. Dabei krache ich durch ein paar Äste, falle auf den Hintern und rutsche eine moosbewachsene Klamm hinunter. Im *Chaos* renne ich nachts einen Berg hinunter, und doch fühle ich mich ganz sicher, denn ich habe gelernt, in diesem Rhythmus zu tanzen, so daß sich jeder Weg, auf dem ich mich gerade befinde, anfühlt, als sei er mein Tanzpartner. Unten, auf ebener Erde, empfinde ich die Leichtigkeit und Freude des *Lyrical* darüber, angekommen zu sein, es geschafft zu haben. Rennend und springend strebe ich dem frischen Big-Sur-Bergbach zu, an dem ich schließlich in *Stillness* zur Ruhe komme und Wasser trinke wie ein Hirsch im Wald.

Beziehungs-Welle - *Gabrielle & Robert*

Courtship (Werben)
Commitment (Verpflichtung)
Collision (Widerstreit)
Communion (Gemeinschaft)
Confluence (Zusammenfluß)

Gedenkfeier-Welle - *Chris Donovan (Krankenschwester)*

Ein früher Samstagmorgen. Im fließenden Stadtverkehr fahre ich zum Friedhof. Meine Freundin hat mich zu einer Gedenkfeier anläßlich des ersten Jahrestages der Totgeburt ihres Sohnes eingeladen. Nachdem ich das eiserne Tor passiert habe, fahre ich langsam auf dem schmalen Band der Straße entlang. Es geht an Standbildern und Grabsteinen vorbei, die im Schatten alter, immergrüner Pflanzen stehen, bis ich zur Kapelle komme, die sich in einem großen Mausoleum befindet.

Drinnen herrscht Grabesstille. Nur mein Herz kann ich schlagen hören. Während ich die geraden, engen, marmornen Korridore entlanggehe, bildet das Klacken meiner Absätze auf dem Boden einen Rhythmus des Lebens, der aus der tiefen Stille des Todes widerhallt. Meine eigene Sterblichkeit kommt mir in den Sinn. Der Priester steht hinter flackernd erhellten Votivtafeln und sagt gerade, daß die erste und die letzte Sekunde im Leben Gott gehören. Der Großvater des tot geborenen Babys drückt mir eine Gedenkkarte in die Hand, der Vater eine Rose.

Nach dem Gottesdienst geleiten die Eltern uns nach draußen, um gemeinsam zu dem Bereich zu gehen, wo die Kinder beerdigt werden und wo auch das Grab ihres Babys liegt. Dort angekommen, stellt die Großmutter fest, daß seit dem vergangenen Jahr eine Menge neuer Gräber hinzugekommen sind. Sie spricht leise darüber, wie sie mit ihrer Tochter auf Friedhöfen gewesen ist, um sich und andere Mütter zu trösten, die ihnen begegneten und die auch geliebte Menschen verloren hatten. Ich stehe inmitten vieler kleiner Gräber, deren jedes einzigartig geschmückt ist, und höre ihr zu. Eines zieht mich besonders an; es ist mit verblichenen Bilderbüchern und vom Wetter arg mitgenommenen Kuscheltieren, mit Spielzeug und einem goldenen Engel bedeckt, als hätte das Kind seine Spielzeugkiste ausgekippt und wäre dann verschwunden. Diese Vorstellung bringt mich aus der Fassung, und ich fange an zu weinen. Meine Tränen fallen auf die Erde, die die Kinder birgt.

Die Großmutter führt das Zusammentreffen an der Grabstelle mit Würde zu Ende. Sie erklärt, daß es in der Familie Brauch sei, anschließend gemeinsam zu essen, sich zu unterhalten und das Leben zu feiern. Im Korso fahren wir in ein vornehmes Lokal, wo man uns viele Gänge farbenfroh und kreativ angerichteten Essens serviert. Die Urgroßmutter erzählt Geschichten, und durch das herzliche Gelächter hindurch kann ich das Netz der Familie und der Freunde schimmern sehen.

Nachdem alle sich verabschiedet und bedankt haben, fahre ich tief bewegt zurück und höre dabei eine Kassette mit ekstatischer Poesie von Rumi.

Da ist ein Ort, an dem die Worte aus der Stille kommen,
Ein Ort, an dem des Herzens Flüstern sich erhebt.
Da ist ein Ort, wo Stimmen singend deine Schönheit preisen,
Ein Ort, wo jeder Atemzug
dein Bild in meiner Seele Stoff graviert.

Rumi

Mein Körper kommt zur Ruhe, während Rumis Worte mich nach Hause und zum Geist hin führen.

Gartenarbeits-Welle – *Andrea Juhan (Psychotherapeutin)*

Flowing: Frühjahrsträume vom Garten; Pläne, Vorbereitungen

Staccato: Die Arbeit im späten Frühjahr; Pflanzen, Graben, Anlegen, das Umsetzen der Pläne

Chaos: Hochsommer, wenn der Garten alles auf einmal braucht – Wässern, Schneiden, Düngen

Lyrical: Die Ernte im Herbst

Stillness: Alles Wachstum ist vorüber, die Pflanzen ruhen auf dem Kompost für den Garten im nächsten Jahr

Rock-'n'-Roll-Welle – *Jamie Catto (Rocksänger)*

Ich treffe die Jungs im Tourbus. Auf der Fahrt zur Halle ist alles ganz easy und familiär und *flowing*. Matty spielt eins seiner neuen Stücke an, und alle finden's tierisch gut. Als wir am Konzertort vorfahren, trägt das noch zu der sich ohnehin schon steigernden Aufregung bei.

Die Türen werden geöffnet. Presseleute und Fans quatschen alle durcheinander und halten mir Fotos von mir unter die Nase, die ich noch nie gesehen habe und die ich ihnen jetzt signieren soll. Manche schauen mich dabei nicht einmal an. Ich sehe, wie Max unter einem wimmeligen Haufen junger Teenager begraben wird, die die Arme ausstrecken und alle schwarze Filzstifte in den Händen halten. Aufregend, aber bedeutungslos. Der Soundcheck ist der Wahn. Die Anlage qualmt. Fünfhundert Fremde rennen mit Gerüstmaterial und losen Steckern, Kabeln und Gitarrensaiten rum. Was haben wir uns da bloß eingebrockt? »Sei vorsichtig, was du dir wünschst!«

Bewaffnet mit knisternden Walkie-talkies führen uns die Leute vom Sicherheitsdienst ohne jede persönliche Regung hinter die Bühne, von wo wir schon das Gejohle und Gejubel des total aufgekratzten Publikums hören können. Als wir auf die Bühne kommen, gibt es eine Explosion aus bunten Lichtern, Rauch und Sound. An das, was in der nächsten Stunde passiert, kann ich mich nicht erinnern, da ich von House zu

HipHop geworfen werde und von den Rhythmen und dem Geschrei (hauptsächlich meinem eigenen) völlig in Anspruch genommen bin. Die Energie erreicht ihren Höhepunkt, und nachdem wir uns vom Publikum in einem abschließenden Akt freundlich und dankbar verabschieden, zerstreut sie sich.

Nach dem Konzert leert sich die Halle. Pappbecher und Flyer, Kippen und Stille bleiben zurück. Wir steigen wieder in den Bus und schlafen, bis wir in der nächsten Stadt ankommen.

Skifahrer-Welle - *Todd Howard (Skilehrer)*

Ich gehe gern ganz früh morgens auf den Snowbird rauf und mache von meinem Vorrecht als Skilehrer Gebrauch, das es mir gestattet, auf Liften zu fahren, die für das Publikum noch nicht geöffnet sind. Wenn sonst keiner auf dem Berg ist, kann ich fahren, wo immer ich will und so schnell ich will. Am geilsten ist es, wenn sie die Regulator-Piste glatt machen. Dann springe ich über den Rand der Spur, die der Schneepflug gezogen hat, und während ich den ersten Schwung fahre, beanspruche ich meine Skier aufs äußerste. Vier Schwünge bis zum Wendepunkt, und dann bin ich so richtig in Fahrt. Meine Kufen schneiden durch den Schnee, der wie ein Stück Samtcord daliegt. Ich mache gleichmäßige Schwünge zu beiden Seiten der Fallinie und befinde mich dabei in Übereinstimmung mit meinem inneren Rhythmus. Wenn ich auf meine Spur im Schnee zurückblicke, sehe ich die Signatur von *Flowing*.

Auf dem Snowbird liegen einige der steilsten Skipisten, die noch per Lift zugänglich sind. Vom Gipfel des Great Scot sieht man zweieinhalb Meter tief in eine Schneewächte, die sich in eine Bahn mit 40 Prozent Gefälle fortsetzt. Ich gehe zur ersten Kehre runter, biege scharf rechts ab und nehme eine kleine Erhebung, deren Senke ungefähr anderthalb Meter tiefer liegt. Mein Oberkörper bleibt ganz ruhig, ich arbeite nur mit dem Unterkörper. Ich atme im selben Rhythmus aus, in dem ich meine Stöcke setze. Stock setzen, Kanten prüfen, loslassen – das ist *Staccato*.

Wenn der Schnee schwierig ist, kann ich am besten sehen, ob ich wirklich so gut bin, wie ich immer behaupte. Ich sage nur drei Worte: bröckliger, verharschter Schnee. Im einen Moment bin ich noch oberhalb des Schnees und habe alles unter Kontrolle, im nächsten breche ich ein und bin viel zu schnell. Mit gewaltigem Druck werfe ich mich mit dem Oberkörper hügelabwärts und stoße dabei meine Hüften nach vorne, so daß sie über den Füßen stehen. Sobald ich wieder oben bin, halte ich meinen Druck in den Kurven möglichst leicht, um schnell auf alles reagieren zu können. Meine Anstrengungen sind gut ausbalanciert; ich habe auch gar keine Zeit, über den letzten Fehler oder die letzte richtige Entscheidung nachzudenken. Ich muß total präsent sein, im puren *Chaos*.

Ich fahre zur Zufahrtsstraße runter und breche etwa drei Meter weit in den oberen Silver Fox ein. Dort lande ich in etwa 70 Zentimeter tiefem, weichem Sulz. In drei kurzen Drehungen bin ich am steilen Trichter. Noch zwei Schwünge weiter, und jetzt spüre ich, wie ich ein ultimatives Tempo draufkriege. Beim nächsten Schwung rumse ich in eine mit Pulverschnee bedeckte Unebenheit und kriege eine fette Ladung ins Gesicht. Der nächste Schwung führt mich in einem großen Bogen zur Abfahrt am Rock. Ohne noch groß auf meine Geschwindigkeit zu achten, kachle ich die Abfahrt runter und überlasse die weitere Kontrolle meinem Körper. Jetzt bin ich in der *Zone*, sause ohne Anstrengung hinab und fühle mich vollkommen im Gleichgewicht. Bei dieser *Lyrical*-Abfahrt scheint der Spirit persönlich Ski zu fahren, und ich habe ein riesengroßes Grinsen im Gesicht.

Einmal hatten wir gut zwei Meter Neuschnee in fünf Tagen. Weil Lawinen bis über die Straße runtergekommen waren und die Schlucht blockiert hatten, blieb das Skigebiet für zwei Tage geschlossen. An einem wunderschönen Morgen hatte ich's endlich geschafft, dort hinzukommen. Gerade als die Lifte ihren Betrieb wiederaufnehmen sollten, ging jedoch wieder eine Lawine bis zur Straße runter und blockierte sie erneut, diesmal bis zum späten Nachmittag. Die Folge war, daß der Berg bis dahin einer Handvoll Glücklicher allein gehörte. Ich fuhr die Traverse entlang, bis ich scharf rechts über den Rand sprang und über neun

Meter tief unter mir in den größten Kissenberg fiel, den man sich vorstellen kann. Am Ende eines Schwungs versank ich ganz im Schnee und kam für die nächsten sieben Schwünge nicht mehr daraus hervor. Ich konnte nichts sehen, nichts hören und nicht atmen, es gab nur noch den »Weißen Raum«. *Stillness* in Vollendung.

Sturm-Welle – *Kate Engineer (Tänzerin)*

Ich bin in Italien, liege nachts in dem kleinen Apartment hoch über den Felsen im Bett und kann durchs Fenster die Horizontlinie erkennen, wo das Blau des Meeres an das Blau des Himmels grenzt. Alles ist ruhig, nur das Meer brandet in seinem hypnotischen Rhythmus unten an die Felsen. Da höre ich leises Donnergrollen. Es steigert sich, bis das Brausen eines aufkommenden Sturms spürbar wird. Später zerteilen Blitze mit großen, weißen, gezackten Strichen den Himmel und werfen für Sekundenbruchteile Licht auf das Land. Die Blitze werden häufiger. Regen prasselt herunter, der Donner kracht. Alles scheint in Schall und Rauch aufzugehen – krachend, elementar, gefährlich und aufregend. Dann beruhigt es sich, wird langsamer, und der Regen läßt nach. Die Morgendämmerung ist weich und klar. Die Luft funkelt. Alles erscheint neu und still, und die Sonne läßt das Regenwasser verdunsten. Frieden liegt über dem Land.

Intensivstation-Welle – *Jay Kaplan (Arzt)*

Kein schlechter Tag in der Notfall-Abteilung. Viele Patienten, ein paar davon sind ziemlich krank, aber es ist kein Fall darunter, dem ich mich nicht gewachsen fühlen würde. Ich gehe die Gänge der Abteilung auf und ab, beobachte dabei die Patienten und halte Kontakt zu den Schwestern. Plötzlich sagt Oberschwester Katie: »Jay, du solltest dir unbedingt Herrn Garabino auf der Medical 2 ansehen. Er hat Schmerzen in der Brust.« In der Stimme der Schwester schwingt Unruhe mit. Klingt so, als sollte es mit der Leichtigkeit und dem gemächlichen Fluß dieses Tages schon vorüber sein. Mein Herzschlag beschleunigt sich, ich lege eine andere Gangart ein und laufe eilig zu seinem Bett. Herr Garabino schwitzt heftig, seine Pein ist offensichtlich. Auf einer Skala von 1 bis 10 lägen seine Schmerzen bei 10, sagt er mir. Er sieht ganz grau aus, und sowohl seine Augen als auch mein Bauch sagen mir, daß es ihm gar nicht gutgeht. Die Schwestern sind da, bereit… gut, fangen wir mit Sauerstoff an, voll aufgedreht durch die Beatmungsmaske, zwei Spritzen in den zentralen Venenkatheter, 25 mg Aspirin oral, eine Dosis Nitroglyzerin direkt in die Herzvene zur Linderung der Schmerzen. ›Wo ist das EKG?‹ belle ich. Jemand hält es mir vor die Nase. Ich sehe, daß er einen schweren Herzanfall hat. Wie ist sein Blutdruck? »90 zu 60«, ruft jemand. Was wir tun, ist perfekt aufeinander abgestimmt; wir wissen, wie wir den alten Herrn behandeln müssen.

Plötzlich rutschen ihm die Augen weg, und er beginnt zu zucken. Kurzer Blick auf den Kardiomonitor: Herzkammerflimmern. Der gleichmäßige Herzschlag ist verschwunden, statt dessen bewegt sich sein Herz so ungeordnet wie ein Haufen Würmer in der Angelkiste. Jetzt beschleunigt sich das Tempo der Dinge, die überlegt und geordnet getan werden müssen. Wir arbeiten alle zugleich. Für einen Außenstehenden mag das chaotisch erscheinen, tatsächlich aber hat dieses Chaos feste Wurzeln. Mit der Hand schlage ich auf seine Brust. Der Computerzugang ist geöffnet, der Elektroschock-Apparat ist funktionsbereit, die Gel-Pads sind auf seine Brust geklatscht, die Elektroden angeschlossen. Und: »Geht alle ein Stück zurück, ich gebe ihm jetzt einen Schock!« Wumm! Sein Körper zuckt in alle Richtungen gleichzeitig, aber sein Herz schlägt immer noch chaotisch. »Spritz ihm etwas Lidocain und ein paar Einheiten Adrenalin! Und jetzt laßt ihn los!« Wumm! Er zuckt wieder, aber diesmal reagiert er stärker, sein Herz findet zu einem Rhythmus zurück. Manchmal ist er noch unregelmäßig, manche Schläge kommen zu früh und hüpfen etwas, aber es kommt eindeutig Leben in seinen Körper. »Noch mal 50 mg Lidocain, und hängt ihn mit zwei mg pro Minute an den Tropf«, sage ich lächelnd zu der Schwester, der ich die Anweisung gebe. Sie lächelt zurück. Jetzt schlägt Herrn

Garabinos Herz wieder regelmäßig, und er atmet auch wieder selbständig. »Blutdruck?« »120 zu 80«, heißt die Antwort. Wir alle seufzen erleichtert, und die enorme Spannung der vergangenen Minuten löst sich auf. »Gut, jetzt können wir ihm die anderen Mittel geben, das thrombolytische und das Heparin.« Herrn Garabinos Lider zucken etwas, dann schaut er fragend um sich. »Ihr Herz hat für kurze Zeit ausgesetzt. Aber mit etwas Nachhilfe ist es jetzt wieder in Gang gekommen. Es wird wieder gut«, sage ich freundlich zu ihm. Seine Augen sind klar, seine Farbe ist wieder rosig, und seine Haut ist warm und trocken. »Was für einen erstaunlichen Lebenswillen Sie haben! Es ist noch nicht an der Zeit, daß Sie gehen«, stelle ich mit einem ruhigen Lächeln fest, während ich seine Hand halte. Er weiß, daß er dem Tod noch mal von der Schippe gesprungen ist. Während er nacheinander jeden von uns dankbar ansieht, quellen ein paar Tränen aus seinen Augenwinkeln. Wir genießen diesen Augenblick der *Stillness* nach einer Krise und vor der nächsten, im Bewußtsein, daß gerade etwas Bedeutsames geschehen ist und daß es ein großes Privileg ist, Menschen dabei helfen zu dürfen, weiterzuleben.

Angst-Welle – *Andrea Juhan*

Ich bin mit meinem Mann und meinem siebenjährigen Sohn Tristan auf einem Star-Trek-Fantreffen. Nachdem wir stundenlang herumgelaufen sind, um allerlei Star-Trek-Memorabilien anzuschauen, gehen wir in den Saal und nehmen auf dem Balkon Platz, um Number One (Riker) über Commander Data, Warp-Geschwindigkeit und klingonische Konsorten reden zu hören.

Nach einiger Zeit muß Tristan aufs Klo. Die Toiletten sind oben, die Treppe rauf und dann rechts. Weil er gerade erst dort war, lasse ich ihn allein hingehen. Währenddessen ruhe ich mich weiter aus und ziehe mir Riker rein. Dabei verliere ich etwas das Gefühl für Raum und Zeit. Der Gedanke »Wo ist Tristan?« bringt mich zurück in die Gegenwart. Eigentlich müßte er längst wieder da sein, aber vielleicht ist er auch noch gar nicht so lange weg, wie es mir vorkommt. Das Gefühl für Raum und Zeit schwindet noch etwas mehr. Als ich erneut in die Gegenwart zurückkomme, denke ich, daß Tristan auf jeden Fall zurück sein müßte. Ist er aber nicht. Ich bin etwas beunruhigt.

Besonnen fange ich an, ihn zu suchen. Ich gehe die Treppe hoch, auf die Herrentoilette zu und durch die Halle. Hm, kein Tristan. Vielleicht habe ich ihn verpaßt, und er sitzt inzwischen wieder auf seinem Platz? Ich gehe zu unserem Platz zurück. Mein Mann ist da, Tristan nicht. Aus meiner Unruhe wird echte Sorge.

Treppe rauf, zurück zum Platz, wieder zur Herrentoilette. Ich spüre, wie sich die Angst in meinem Körper immer mehr ausbreitet. Meine Bewegungen werden immer schneller, und ich verliere die Kontrolle über meinen Verstand.

Dann flippe ich aus. Wo ist er? Und wenn er verlorengegangen ist, und wenn ihn jemand geklaut oder entführt hat? Sind das nicht überhaupt alles ziemlich seltsame Typen, die so auf Star Trek abfahren? Im Zuschauerraum und draußen rufe ich laut nach Tristan, renne aufs Herrenklo, aufs Damenklo, die Gänge auf und ab. Endlich sehe ich ihn unten ganz hinten in der Halle vor einem Automaten mit Süßigkeiten stehen.

Sofort fühle ich mich erleichtert. Mit dieser Bestimmtheit, die ihr Ziel kennt, renne ich zu ihm. Tristan bekommt meine Panik mit und ist verwirrt. Er will doch bloß einen Lutscher. Sowie ich ihn bei der Hand nehme, fließt die Energie der Verzweiflung aus mir heraus, und mein Körper beruhigt sich wieder.

Bistro-Welle - *Martha Clark-Peabody (Künstlerin)*

Ich ziehe mich schick an
Und schwebe durch den Speisesaal
Öffne die Tür
Gehe ans Telefon
Begrüße & weise Sitzplätze an & lächle (süß) alle zugleich an

Bin einladend freundlich taktvoll charmant
Trage das Herz einer Bedienung auf meinem Ärmel
Lasse die Eigentümerin / Chefin raushängen wenn alles
anfängt drunter und drüber zu gehen –
Außer Kontrolle gerät
Zuviel
Zuwenig
Zu lange Wartezeit für einen Sechsertisch
Alle wollen & brauchen & verlangen nach mehr
Brot
Wasser
Aufmerksamkeit
Füttere mich – bediene mich – befriedige mich

Dampfende Teller werden eilig durch den Raum getragen,
Wein wird eingeschenkt und in einem Eimer gekühlt,
der zu nah an der Tischkante steht – Achtung, das Glas! Dieses Steak ist noch roh. Ich dachte, es gäbe Reis zum Hühnchen. Seit wann habt Ihr den Laden? Die Musik ist zu laut. Das Telefon klingelt. Tisch 10 möchte Nachtisch. Wo ist die Toilette?
KANN ICH BITTE EINE GABEL HABEN
Die gutgeölte Maschine wird in den höchsten Gang geschaltet
Alle Bedürfnisse sind befriedigt, die leeren Teller schnell verschwunden
Der Tanz des Dienens verlangsamt sich zu einem
Groove aus Nachtisch & Kaffee, süß und mit Schuß
Zufriedenes Ausatmen der Sattheit
Gefährten schwatzen & lachen beim gespielten Kampf um
die Süßigkeiten, die am Ende des Mahls serviert werden
Werden wieder wie die Kinder
Sorglos für einen kurzen Moment
Aufgehoben im Ganzen.

Die Tür geht zu
Die Kerzen werden gelöscht

Die Tische sitzen so still da wie ich
Die ich die sauberen Gläser betrachte
die darauf warten
wieder erfüllt/gefüllt zu
werden.

Kinder-Welle - *Vin Marti (Tänzer)*

In den letzten sechs Jahren habe ich im Rahmen des *Upward-Bound*-Programms, das die Schulen bei uns in Portland veranstalten, für eine Gruppe gefährdeter Stadtkinder jeden Sommer einen Workshop über die Fünf Rhythmen geleitet. Letzten Sommer erzählte mir ihr Lehrer, daß sie sich im Unterricht mit der Idee der Gemeinschaft beschäftigt hatten. Das schien mir eine tolle Gelegenheit, den Kids zu zeigen, daß die Fünf Rhythmen sich in ihrem Lebensumfeld bestens anwenden lassen.

Nachdem ich die Welle erklärt und ihnen gezeigt hatte, wie sie im Körper zum Ausdruck kommt, gab ich ihnen die Möglichkeit, selbst die Rhythmen zu erforschen. Das taten sie mit der Begeisterung und Neugier und Leidenschaft, die Teenager an den Tag legen können, wenn etwas sie wirklich anmacht. Dann verteilte ich Stifte und Papier und ging mit ihnen zu einem Platz in der Stadt, an dem sie die Welle in Aktion beobachten und protokollieren konnten.

In ihren Texten offenbarten sich Ehrfurcht, Staunen und eine Begabung für intuitives Schreiben. Ihnen war die *Flowing*-Bewegung des Wassers aufgefallen, das an einer Ziegelwand hinabrinnt. *Staccato* war in den Spielen gegenwärtig, die auf dem Platz gespielt wurden. Einige fanden, daß die Gesten, die Männer aus dem Mittleren Orient beim Reden machen, *chaotisch* aussehen. Der Schwung der Leute, die am Bahnhof die nächste S-Bahn kriegen wollten, schien ihnen zu *Lyrical* zu passen. Und einer landete einen Treffer mit der Beobachtung einer schwangeren Frau, die in Ruhe und *Stillness* ging.

Was die Kids danach taten, blieb ganz ihnen überlassen. Einige gingen noch mal auf den Platz, diesmal mit einer Kamera, fotografierten und präsentierten den Mitschülern die Welle der Fünf Rhythmen später in einer Multimedia-Show. Ein paar Kids tanzten die Rhythmen, während andere laut die Texte verlasen, die an jenem Tag geschrieben worden waren. Unterdessen wurden im Hintergrund die Dias gezeigt.

In diesem Sommer habe ich eine Menge über die Rhythmen dazugelernt.

Eier-Welle – *Linda Kahn (Lektorin)*

Flowing – weich gekocht
Staccato – hart gekocht
Chaos – Rührei
Lyrical – Spiegelei
Stillness – pochiert

Einzelhandels-Welle – *Janice Hogarth (Marketingleiterin)*

Es war am Tag nach Thanksgiving, dem Tag im Jahr, an dem aller Erfahrung nach im Einzelhandel am meisten los ist. Ich arbeitete in der Merchandising-Abteilung des Hard Rock Cafés in New York, wo ich an einem engen Stand gleich neben der Garderobe T-Shirts verkaufte.

Als der große Tag kam, standen die Leute schon eine Stunde Schlange, ehe wir überhaupt geöffnet hatten. Und so blieb es die nächsten fünfzehn Stunden, in denen der Laden dann auf hatte. Es war der schiere Wahn. Um ihnen Schutz vor dem Frost draußen zu gewähren, durften so viele Leute, wie es eben ging, drinnen anstehen. Sie warteten gegenüber von unserem Stand, und es war eng wie in einer Sardinenbüchse. Die Stones, die Beatles und die Doors dröhnten aus den Lautsprechern, so daß man schreien mußte, um sich verständlich zu machen.

Am Anfang, als die Dämmerung des Tages ruhig wie ein Album der Dire Straits kam und ging, umflossen wir uns alle noch in leichten, weichen und nährenden *Flowing*-Bewegungen. Während wir die T-Shirts falteten, hinlegten und zu Stapeln aufbauten, berührten wir uns manchmal leicht. Zur Mittagszeit wurden unsere Bewegungen schärfer und zielgerichteter, denn die Schlange wurde immer länger und die Geduld der Leute immer kürzer. Schneller und effektiver Gebrauch unserer Energie war gefragt, klare *Staccato*-Grenzen wurden erforderlich. Aus dem Hintergrund schrie Mick Jagger: »Start Me Up«. Langsam bekamen die Leute Hunger. An dem scheinbar kleiner gewordenen Arbeitsplatz rempelten wir uns jetzt öfter an.

Als wir wirklich nicht mehr schneller machen, schneller atmen und noch lauter schreien konnten, kamen wir ins *Chaos*. Unsere Körper flogen nur so über den kleinen Verkaufsstand, T-Shirts, Hüte und Buttons ebenso. Die Kunden waren außer Rand und Band, warfen uns Zehner, Zwanziger, Hunderter hin und schmissen ohne Besinnung ihr Geld raus. (Dabei habe ich festgestellt, daß *Chaos* dem Anstieg des Einzelhandelsumsatzes sehr förderlich ist.) Wir dachten alle, daß wir gleich verrückt würden. Seltsamerweise aber geschah das nicht. Wir trieben es auf die Spitze und verloren die Kontrolle, aber einige machten die Erfahrung, daß sich dabei Wunder ereigneten, wenn sie in ihrem Körper und mit beiden Beinen auf der Erde blieben.

Als der Himmel über Manhattan schließlich zu dämmern begann, wurde das Ganze leichter. Wir traten in *Lyrical* ein. Plötzlich wurden die Kunden liebenswürdig. Wir rempelten einander nicht mehr an, und der Raum schien sich wieder auszudehnen. Jetzt nahmen wir uns die Zeit, mal auf die Toilette zu gehen und uns mit Essen und Trinken zu stärken. Wie besoffen von diesem Tag fielen wir in gemeinsames Gelächter.

Dann kam *Stillness*, süße *Stillness*. Die Musik war gedämpft, und wir konnten unseren Atem deutlich hören. Unsere Körper kamen zur Ruhe. Zum ersten Mal an diesem Tag sahen wir einander tief in die Augen und konnten kaum glauben, was wir durchgestanden hatten.

Mit diesem Tag kamen wir für den Umsatz pro Quadratmeter ins Guinness-Buch der Rekorde, denn wir hatten T-Shirts und Sweatshirts im Wert von 86000 Dollar verkauft. Das sind im Schnitt etwa 500 Hemden pro Stunde! Im Vergleich dazu erscheint einem ein Tag an der New Yorker Börse wie eine Platte von Enya.

Essens-Welle – *Amber Rose Kaplan (Mutter)*

Ich komme hungrig ins Restaurant, setze mich zu meinen Freunden und bestelle ein Glas Rotwein. Ich vertiefe mich in die Karte, lasse mir diverse Möglichkeiten durch den Kopf gehen und bediene mich meiner Vorstellungskraft. Der Kellner umwandert unseren Tisch und nimmt unsere Bestellungen auf. Die Suppe kommt, und vorsichtig genieße ich ihre Wärme. Danach wird ein knackiger Salat serviert. Ich mache mich über die rohen Gemüse und die Croutons her und kaue und kaue, bis der Garten auf meinem Teller verschwunden ist. Die Unterhaltung wird angeregter, während sich jeder auf sein Festmahl freut. Die Teller sind groß, und es gibt so viele Kombinationen aus verschiedenen Geschmäckern zu betrachten! Ich bin etwas überwältigt, aber gleichzeitig auch aufgeregt. Messer und Gabel setzen sich in Bewegung und tanzen sich ins *Chaos* hinein. Ich versuche ein bißchen von diesem und von jenem und tausche mit guten Freunden ein Häppchen aus. Und alles ist so lecker – ich bin in Ekstase. Ich liebe Essen! Essen und sich dabei der großen Freude bewußt sein, die uns als Menschen gegeben ist – ja, das ist Leben für mich! Jetzt lachen wir miteinander, verraten uns Geheimnisse, erzählen uns Geschichten und Träume und sprechen von unseren Hoffnungen. Viel Platz ist nicht mehr, aber für ein Dessert reicht es gerade noch. Mein Löffel taucht in die Süße einer glatten Crème brulée ein, die zugleich Biß hat und meine Sinne überrascht. Sie kitzelt meine Zunge und küßt mich zart mit Wonnen der Köstlichkeit. Während das Tischgespräch abebbt, trinke ich einen Café au lait. Dann zahlen wir, und einige gehen. Das Mahl ist zu Ende, und ich bin dankbar in *Stillness*.

Architektur-Welle – *Hans Li (Suchender)*

Seele mit hunderttausend Körpern,
Alles bin ich. Nur von mir spreche ich.
Einer Welle gleich wachse ich in meinem Körper –
Meer und Welle sind dasselbe wilde Wasser.

Rumi

Eero Saarinen
Abfertigungshalle von TWA am Flughafen J.F.K. in New York
Flowing

Frank Lloyd Wright „Falling Water" Kaufmann-Haus
1936
STACCATO!

Frank Gehry, Walt Disney Concert Hall, Los Angeles 1988/92-1997

CHAOS

Horyu-Ji, Nara, Japan 607-746 n. Chr.

Lyrical

Hans Li © 1997

Die Akropolis . Athen

Stillness

Ob in der U-Bahn oder auf der Skipiste, auf der Intensivstation oder im Sitzungssaal – wenn wir die Fünf Rhythmen üben, können wir uns auf die Muster einstimmen, die unserem Leben im Alltag zugrunde liegen. Sie lehren uns, daß das Leben Energie in Bewegung ist, und sie befreien uns von fixen Ideen über andere Menschen, Orte, Gegenstände oder Vorstellungen. Da es nichts festzuhalten gibt, gibt es auch nichts loszulassen.

Wenn die Dinge des Lebens ins Stocken zu geraten drohen, lautet mein Rat: Strample dich frei. Identifiziere dich nicht mit der Seite in dir oder mit der Situation, die im Sumpf der Trägheit steckt, sondern identifiziere dich immer mit der Seite, die in Bewegung ist, und folge ihr. Halte den Kopf über Wasser und die Beine in Bewegung, so daß du bereit bist, wenn die nächste Welle kommt.

So wie die Wellen die Praxis des Wassers sind, sind die Rhythmen die Praxis des Körpers. Schließlich besteht der Körper überwiegend aus Wasser. Die Rhythmen halten mich in Kontakt mit dem Flüssigen des Körpers, mit der wechselhaften Natur aller Dinge mit Ausnahme des Wandels selbst. Nur dann, wenn mir die Vergänglichkeit meines jeweiligen Seinszustands klar wird, spüre ich etwas wahrhaft Ewiges: ein Muster unaufhörlicher Bewegung mit einer einfachen Botschaft. Es ist dieselbe, die meine Oma immer für mich hatte, wenn mir etwas sehr weh tat: Auch das geht vorbei.

Nimm es als Mantra für alle Lebenslagen, in denen du glaubst, nicht weiterzukommen, in denen du mit schwer zu lösenden Problemen konfrontiert bist oder von großem Kummer überwältigt wirst. Hab Vertrauen in deine Entwicklung, Vertrauen in die Rhythmen in dir, denen du deine Last aufbürden kannst und die dich tragen werden. Du brauchst dich nur hinzugeben und auf den Wellen zu surfen.

Ist es der letzte Tanz
Dann tanze ihn rückwärts.
Bo

Tun (oder nicht tun) – *Wellen*

Gewahrsein

Alle Energie bewegt sich in einem dieser fünf universellen Rhythmen, und wenn du erst mal herausgefunden hast, welcher davon dein Leben am stärksten prägt, dann hast du etwas Grundlegendes über dich erfahren.

Wie würdest du dich durch den Tag bewegen, wärst du ganz auf deine eigenen Mittel gestellt? Stell dir vor, du hättest keine Verpflichtungen, müßtest nirgendwo hin und hättest nichts zu tun. Für manche ist diese Vorstellung erschreckend, für andere ist sie Luxus. Welcher Rhythmus, glaubst du, würde diesen Raum prägen? Ich lebe in einer Welt, die nur aus *Staccato* und *Chaos* besteht, doch wenn ich ganz auf mich gestellt bin, verlangsamt sich alles zu einem sehr stillen *Flow*.

Handeln

Mache eine Liste mit den Namen aller, die du kennst. Schreibe neben ihren Namen den Rhythmus, der zu ihrer Energie am besten paßt. Stelle deine Liste so zusammen, daß Cliquen entstehen. Die *Flowing*-Clique. Die *Staccato*-Clique. Die *Chaos*-Clique. Die *Lyrical*-Clique. Die *Stillness*-Clique. Wenn du für einen der Rhythmen niemanden kennst, halte ein und frage dich, warum das so ist.

Mache die fünf Rhythmen in der Reihenfolge *Flowing*, *Staccato*, *Chaos*, *Lyrical* und *Stillness* als fortlaufende Welle zum Klang deines Atems. Laß die Übergänge zwischen den Rhythmen geschehen, mach sie nicht. Mach so viele Wellen, wie du kannst. Wenn du in *Stillness* bist, warte auf den Impuls zum erneuten *Flowing*. Wenn du mit dem Tanzen fertig bist, setz dich hin und beobachte deinen Atem.

Tanze die Welle zu jedem der folgenden Stücke:

The Endless Wave, Vol. 1
Bones (Songs 2-6)
Trance (Songs 4-8)
Initiation (Songs 1-5)

Epilog

DER STAMM

Davida zieht nach Los Angeles um. Deshalb schmeißt Maryann für sie eine Abschiedsparty in Leons Wohnung, die im fünften Stock eines Hauses ohne Fahrstuhl im East Village liegt. Die Party hat recht träge angefangen. Tim liegt auf dem Sofa, um seinem Hals vor der bevorstehenden Lollapalooza-Tour noch etwas Ruhe zu gönnen, und schnurrt Kate etwas ins Ohr. Pierre, Fotograf aus Paris, zeigt mir seine Mappe, und wir unterhalten uns über den Zusammenhang zwischen den Fünf Rhythmen und der Fotografie. Lorca hockt neben uns und singt uns ein Country-Liebeslied vor, das sie geschrieben hat. Unter einem Bild vom wandernden Juden massiert Jonny Robert die Schultern. Maryann sitzt auf der Feuertreppe und raucht eine Zigarette mit Gary, der ziemlich scharf aussieht in seinem engen Leoparden-T-Shirt – nicht schlecht für ein Computergenie. Ich schlängele mich zu ihm durch und necke ihn damit, daß ich ein Fünf-Schritte-Programm für alle meine Tänzerfreunde entwickeln werde, mit dem sie sich das Rauchen abgewöhnen können. In seiner Antwort zitiert er sinngemäß Rilke – ich möchte meine Teufel nicht austreiben, weil ich fürchte, daß dann auch die Engel verschwinden.

Greg schlendert mit ein paar Freunden vom Eislaufen herein und fängt auf seine unnachahmliche Weise zu flirten an. Davidas Zwillingsschwester Gabrielle erzählt mir, daß sie, obwohl sie schon ein paar Workshops mitgemacht hat, erst beim letzten *Staccato* wirklich begriffen hat und wie klasse das für sie war. Und Zeet sagt: »Mein schöner

Vogel in Schwarz, ich *bin Staccato* und muß trotzdem noch Workshops machen.«

Davida bekommt ihr Abschiedsgeschenk von mir. Vor ein paar Tagen hatte ich mitbekommen, wie sie jemandem sagte, daß sie auf ewig glücklich wäre, wenn sie ein schwarzes Kleid von meinem Lieblingsdesigner Ghost hätte. Ich wollte diese Theorie überprüfen und bin nun ziemlich angetan davon, wie das Kleid sich an ihre Kurven schmiegt und ihre *Geliebte* volles Rohr zur Geltung bringt. Los Angeles wird nie mehr so sein, wie es war.

Die silbrige Art-déco-Spitze des Chrysler Buildings schimmert im Schein des Vollmonds. Ich muß tanzen. Im Wohnzimmer gebe ich meinen Füßen nach und liefere mich Natasha Atlas und ihrem Gesang »Fun Does Not Exist« aus.

Gary drückt seine Zigarette aus und schließt sich mir an. Während sich sein Körper unter Natashas wellenförmigem Gesang wie Wasser bewegt, muß ich daran denken, was für eine erstaunliche Wandlung sich in ihm vollzogen hat. Als er mir das erste Mal in einem meiner Workshops auffiel, war er ein zitterndes Nervenbündel, wie einer, dem man gerade eine dreifache Dosis Scheu injiziert hat. Jetzt tanzt er wie der wilde Mann. Gary verkörpert den Geist meiner Arbeit: In den letzten sieben Jahren hat er von San Francisco bis London mit allen Lehrern geübt, die ich ausgebildet habe, hat sie getestet, wie ein Kenner vorzügliche Weine probiert. Er versteht, daß der wahre Lehrer die Lehre selbst ist.

Vor zwanzig Jahren, als ich einmal in meinem Wohnzimmer in San Rafael mit Blick auf die Skyline der Stadt jenseits der San Francisco Bay tanzte, hatte ich eine Vision. Als hätte mich ein Blitzschlag getroffen, klebte ich am Boden fest und ließ eine ganze Serie von Bildern durch meinen Kopf strömen. Ich sah Krankenhäuser, Schulen, Kirchen, Theater, und ich sah die Rhythmen, wie sie sich durch diese Gebäude hindurchbewegten wie Schlangen. Als ich aus diesem Trance-Zustand wieder erwachte, da wußte ich, daß meine Arbeit nie in festen Formen erstarren, sondern immer fließend bleiben würde: ein Organismus, keine Organisation, inspirierend, nicht institutionalisiert. Sie würde eine Verbindung von Kunst und Heilung herstellen und eher schon vorhandenen Strukturen neues Leben einhauchen, als neue Strukturen zu schaffen.

Ich war total überwältigt und rief eine außergewöhnlich hellsichtige Frau an, die ich einmal in der Wüste von Oklahoma getroffen hatte. Sie sagte: »Du hattest gerade eine Vision, nicht wahr? Kein Grund zur Sorge. Du wirst sie nicht allein vollbringen müssen.«

Sie hatte recht.

Seitdem ist aus der einsamen Wölfin, die um ihr Überleben tanzt, ein Mitglied eines Stammes aus Tanzwütigen geworden. Ich bin auf der Welle der Fünf Rhythmen durch *Flowing* geritten, als ich diese Arbeit gebar, durch *Staccato*, als ich ihr Form gab. Ihre *chaotische* Phase durchlief die Arbeit, als ich, umgeben von einem kleinen Team tantrischer Terroristen, auf diversen Sofas in mancherlei Teilen der Welt saß und versuchte, das alles auf die Reihe zu kriegen. Aber man kann es natürlich weder auf die Reihe kriegen noch festmachen – es ist ein Körper in Bewegung, der ein Herz und einen Verstand hat, eine Seele und einen Geist.

Bei jedem Tanz werfe ich die Haut des Getrenntseins ab und spüre die Frequenz meines Stammes. Mir wird jetzt klar, daß dieser Stamm die Schlange aus meiner Vision ist. Sie hat sich in ein internationales Netzwerk von Menschen verwandelt, die verrückt auf die Rhythmen sind.

Ich schaue aus dem Fenster des World Trade Centers. Die Erde weiß nichts davon, daß sie Grenzen hat, für sie besteht zwischen Peru und Kalifornien kein Unterschied. Wir machen es uns bequem, wenn wir uns die Erde als etwas vorstellen, das unterteilt ist. So wird es auch für die Moderatoren von CNN überschaubarer, doch in Wahrheit ist sie eins. Ganz ähnlich zeigen auch wir unterschiedlichen Menschen möglicherweise unterschiedliche Seiten von uns selbst, doch auch wir sind eins, nicht nur in uns, sondern miteinander, mit der Erde und mit dem Universum. Berühren wir einen Teil des Ganzen, spürt es ein anderer Teil. Da erscheint eine Resonanz, das Bewußtsein eines größeren Zusammenhangs.

Die Party ist jetzt in vollem Gang. Ich sehe von meinem Tanz auf und erblicke Krishna, den tanzende Mädchen umkreisen und der von einem uralten Wandbehang auf mich herunterschaut. In der süßen Umarmung der Fünf Rhythmen habe ich Verbindung zu fast allen im Raum. Sie sind wie Spiegel, die alle Welten, die sich im Tanz eröffnen, auf mich zurückwerfen. Manchmal sind sie meine Schüler, manchmal sind sie meine Lehrer. Immer aber sind sie meine Freunde.

Und jenseits der Wände dieser Wohnung setzen sich die Kräuselungen der Welle fort und nehmen uns mit in sie hinein. Von Mati und Saryo in Holland über Kathy und Lori in San Francisco bis zu Martha und Zeet in New Jersey, von Jonny und Angel, die irgendwo unterwegs sind, über den Maori-Tänzer in Neuseeland bis zum Zulu-Priester in Südafrika und zur Fußballmama in Seattle – wir alle sind ein Teil der Welle, ein Teil des Stammes. Ich weiß, weshalb ich in meiner Vision eine Schlange sah. Es ist die alte Schlange von damals, doch diesmal führt sie uns ins Paradies zurück, zurück zur Erde. Wir betreten sie ganz und geheilt, und Geist und Fleisch sind wieder versöhnt.

Anhang

Danksagung

Ich möchte aus ganzem Herzen folgenden Menschen danken:

Robert Ansell, meinem geliebten Seelenpartner, der unsichtbaren Kraft, die jede Seite dieses Buchs geformt hat und dessen strahlende Präsenz jede Seite meines Lebens segnet.
Jonathan Horan, meinem lieben Sohn, dafür, daß er mein Gefährte auf dem Weg zur Freiheit ist und mich immer tiefer in die Mysterien meines Lebens und meiner Arbeit einführt. Ich habe tiefen Respekt vor seinem Vertrauen und verlasse mich auf seine Klarheit mehr, als Worte es auszudrücken vermögen.
Kathryn Altman und Lori Saltzman, den schlauen Schlampen von der Westküste, deren Humor mich in guten wie in schlechten Zeiten aufbaute oder flachlegte – und von dem ich nie genug bekommen kann. Sie sind meine Seelenschwestern und meine Bande. Ohne sie reite ich nirgendwohin. Sie haben jede Meile und jede noch so kleine Einzelheit auf dieser Reise mit mir geteilt. Besonderen Dank an beide dafür, daß sie mit Ausnahme des Babys alles stehen und liegen ließen und an die Ostküste flogen, damit Kathy mir dabei helfen konnte, die »Tun (oder nicht tun)«-Passagen zu schreiben, und für ihre tägliche Dosis an Inspiration und Feedback.
Martha Clark-Peabody für das großzügige Geschenk ihrer Worte und ihrer Weisheit.
Susannah und Ya'Acov dafür, daß sie immer nur ein Fax weit weg waren, und für ihre Bereitschaft, ihre Seelen in einem Herzschlag zu entblößen.
Christine Donovan dafür, daß sie mir half, mein Bewußtsein voranzutreiben.
Johnny Dark für Gespräche, die wie Jazz waren.
Terry Iacuzzo für ihr freigeistiges, mystisches Mundwerk und ihr innerstädtisches Erbgut.
Natalie Goldberg für ihre Zen-sibilität und ihre seelenvolle Unterstützung.
Vasilisa für ihren Tanz.
Lev Spiro für seine spritzigen e-Mails.
Sanga dafür, daß er den Rhythmus hält.
Dr. Ming Jin dafür, daß er mich am Leben erhält.
Ruth Pontivianne und Anne Downes für ihre Hände, ihre Herzen, ihre Heilkräfte.
Lynn Franks dafür, daß sie Lynn Franks ist.

Linda Kahn dafür, daß sie meine Lektorin, Retterin, Göttin der Grammatik, mein Kumpel, meine Mentorin und Hebamme ist. Ihre Intelligenz, ihr Wissen und ihre Weisheit ziehen sich durch das ganze Buch.

Joel Fotinos dafür, daß er der seelenvollste Verleger im ganzen Business ist und einer der coolsten Engel auf Erden dazu. Ohne seine verlegerische, emotionale und inspirierende Unterstützung wäre dieses Buch nicht entstanden.
Candace Fuhrman, meiner tollen Agentin, Vertrauten und bestangezogenen Freundin, für die unerschöpfliche Energie, die sie in dieses Projekt gesteckt hat. (Und Jane Hogan dafür, daß sie mir Candace empfohlen hat.)
Irene Prokop für ihr unerschütterliches Vertrauen und ihren klugen Rat.
Michael Craft dafür, daß er eine beseelte Inspirationsquelle ist.
Hal Bennett dafür, ein guter Freund zu sein, mein Coach beim Schreiben, und für seine Anregungen, Verbesserungen und Ideen zu diesem Buch sowie für seine editorische Hilfe.
Linda Michaels, meiner Auslandsagentin, für ihre klugen Vorschläge und ihre begeisterte Unterstützung.
Hans Li für die erstaunliche Anmut, die er auch unter Streß noch bewahrt, und für seinen unermüdlichen Einsatz, um die visuellen Symbole für dieses Buch zu kreieren.
Jeremy Tarcher für seine Vision.
Allen Mitarbeitern bei Tarcher, vor allem Jocelyn Wright, die mir bei allen Änderungen barmherzig zur Seite stand. Tim Meyer für seine behutsamen Korrekturen und sein bereicherndes Feedback.

Greg Wittrock dafür, daß er sich bis auf den Grund seiner Seele hinabwühlte und uns dabei half, das Cover zu entwickeln, obwohl er zu der Zeit viel lieber auf dem Eis gewesen wäre, um seine eigene Sache zu machen.
Michelle Wetherbee für das schöne Cover.
Pat Sweeney und Maria Duerr für die Schreibarbeit.

Orte, an denen das Buch bei unzähligen Abendessen zu unvorhersagbaren Zeiten zusammengebraut wurde. Ich danke für ihre großzügige Gastfreundschaft:
Gotham Bar & Grill – Laurie
Il Bagatto – Julio, Beatrice, Pilar
Indochine
Arte – Martino
Campagna

Für ihre schonungslose Innenschau:
Kathryn Altman, Robert Ansell, Adam Barley, Tim Booth, Martha Clark-Peabody, Jo Cobbit, Ya'Acov Darling-Kahn, Susannah Darling-Kahn, Andrea Davis, Lisa Demoney, Eleanor Devinney, Christine Donovan, Kate Engineer, Erik Larsen, Lynn Franks, Kathleena Gorga, Cora Greenhill, Jane Hogan, Jasmine Horan, Jonathan Horan, Todd Howard, Georgina Jahner, Mary Lapides, Deborah Jay-Levin, Amber Rose Kaplan, Jay Kaplan, Stefanie Kaye, Dan Lent, Jo Ann Levitt, Hans Li, Alex Mackay, Kelsey Maddox-Bell, Jaihn Makayute, Vin Marti, Nicholas Naylor-Leyland, Tierre Nirav, Zeet Peabody, Lori Saltzman, Tom Schulz, Rick Schwartz, Rick Sinderman, Clare Scott-McCarthy, Dana Shaw, Vivian Shaw, Lorca Simons, Julie Skarratt, Michael Skelton, Lori Smullin, Eliezer Sobel, Davida Taurek, Pauline Wakeham, Bruce Werner, Greg Wittrock, Maryann Wood.
Robo, unserem Kater, dafür, daß er uns unablässig daran erinnert, wie die wahre Natur eines freien Geistes beschaffen ist.

Informationen für Leser

Für Informationen über Vorträge, Workshops, Ausbildung und Performances von und mit Gabrielle Roth wenden Sie sich bitte an:

THE MOVING CENTER
P.O. Box 2034
Red Bank, NJ 07701, USA
Tel.: 001-973-642 19 79
Fax: 001-973-621-2185
e-mail: ravenrec@panix.com
http://www.ravenrecording.com

Gabrielles Arbeit können Sie auch über folgende Medien kennenlernen:

Videos

- *The Wave: Ecstatic Dance for Body & Soul*
  Dieses Video brachte Gabrielles revolutionäre Bewegungsmeditation erstmals ins Wohnzimmer.
- *I Dance The Body Electric*
  Gabrielle im inspirierten und inspirierenden Gespräch über ihren einzigartigen Zugang zur Heilung durch den Prozeß schöpferischen Tuns und über das Leben als Kunst.

Buch

- *Das befreite Herz*. Wilhelm Heyne Verlag, München 1990
  Gabrielles erstes Buch über ihre Arbeit, das in viele Sprachen übersetzt wurde.

Musik von Gabrielle Roth & the Mirrors

- *Endless Wave: Vol. 1*
  Enthält den Soundtrack zu Gabrielles außergewöhnlichem Video *The Wave*. Darin führt Gabrielle die Tänzer durch die einzelnen Körperteile und die Fünf Rhythmen. Nach einer Pause von einer halben Minute folgt ein zweiter Durchgang durch die Fünf Rhythmen zu einer starken, neu aufgenommenen Percussion-Begleitung, diesmal ohne Sprechtext.

- *Refuge*
  Eine Verbindung aus dem World-Beat-Percussion-Stil von Gabrielle Roth & The Mirrors und tibetisch-buddhistischen Chants, die der legendäre russische Rockmusiker Boris Grebenshikov singt.
- *Zone Unknown*
  Warm, anregend, trancy.
- *Stillpoint (A Compilation)*
  Eine Zusammenstellung verschiedener, zuvor bereits veröffentlichter Stücke zu *Stillness* – besonders gut geeignet für Massage, Meditation und Yoga.
- *Tongues*
  Eine lyrische, beschwingte Reise durch die Rhythmen.
- *Luna* (wurde 1994 für einen INDIE als bestes New-Age-Album nominiert)
  Starke, tief berührende Musik, die die Mysterien des Weiblichen anruft. Der Schwerpunkt liegt auf *Flowing.*
- *Trance*
  Nach drei Stücken zum Aufwärmen folgt ein Durchgang durch die Fünf Rhythmen.
- *Waves*
  Hochenergetische Musik. Der Schwerpunkt liegt auf *Staccato* und *Chaos.*
- *Ritual*
  Musik zur Entspannung und zur Inspiration. Der Schwerpunkt liegt auf den Rhythmen *Stillness* und *Flowing.*
- *Bones*
  Hymnen an die Geister heiliger Tiere. Einem Stück zum Aufwärmen folgt ein Durchgang durch die Fünf Rhythmen.
- *Initiation*
  Die erste Sequenz bietet einen Durchgang durch die Fünf Rhythmen. Die zweite leitet musikalisch durch die Körperteile – Kopf, Schultern, Ellenbogen usw.
- *Totem*
  Gabrielles erste Aufnahme, die bei vielen auch die bekannteste ist, enthält schamanisches Trommeln und Trancetanz-Musik.

Informationen und Vertrieb über:
RAVEN RECORDING
P.O. Box 2034
Red Bank, NJ 07701, USA

oder in Deutschland über:

AQUARIUS!
Carl-Benz-Str. 10
D-82205 Gilching
Tel.: 08105-38 48 00
e-mail: aquarius-music @t-online.de